本书获北京化工大学马克思主义学院学术著作出版资助

奥地利马克思主义理论与实践研究

STUDY ON THE THEORY AND PRACTICE
OF AUSTRO-MARXISM

杨戏戏　著

社会科学文献出版社
SOCIAL SCIENCES ACADEMIC PRESS (CHINA)

目　录

导　论

国外马克思主义流派众多，其中以马克斯·阿德勒、鲁道夫·希法亭、奥托·鲍威尔、卡尔·伦纳等为代表的奥地利马克思主义是国外马克思主义早期重要流派之一，为国外马克思主义理论丰富与发展提供了重要的学术资源。与其他国外马克思主义流派一样，奥地利马克思主义关注现实，注重重新发现马克思主义，试图冲破理论教条的框框架架，努力回答时代提出的课题。奥地利马克思主义申明以马克思主义理论为基础研究现实问题，在经济、政治、民族、文化、法律等方面都有自己独到的见解并形成了丰富的理论成果，其对资本主义发展阶段的判断，对金融垄断的分析，对民族文化认同、文化共同体、工人阶级与新阶层、经济民主与政治民主关系等的关注与分析具有理论价值，其思想甚至一度成为奥地利社会民主党的指导思想。在奥地利马克思主义思想的指导下，1919—1934年奥地利社会民主党取得了维也纳的城市管控权，通过对维也纳进行一系列社会改革而将维也纳变为举世闻名的社会主义实验基地，马克思主义思想深入人心，人们将当时的维也纳称为"红色维也纳"。实际上，奥地利马克思主义在塑造20世纪上半叶中西欧的政治与思想上发挥了重要的作用。不仅如此，其理论与实践在当今仍具有研究意义。

第一节　研究意义

一　被遗忘的国外马克思主义流派

奥地利马克思主义是19世纪末至20世纪三四十年代活跃在国际舞台上的一个马克思主义流派，该流派在马克思主义政治、经济、文化、民族、法律等方面的理论与实践研究上有重要贡献。国际著名马克思主义研究学者戴维·麦克莱伦（又译戴维·麦克莱兰）指出，"奥地马克思主义并不是一个政治组织或工人组织，而是一种思想流派"。[①] "奥地利马克思主义"一词最早被一位美国社会民主党人用来描述该流派对马克思主义研究的独特性，此后被鲍威尔等奥地利马克思主义者接受并传播开来，体现了奥地利社会主义者中的一种倾向。[②] 就其理论特点而言，奥地利马克思主义强调灵活运用马克思主义方法并吸收借鉴当代社会科学的方法来研究现实问题，对马克思主义进行新的阐释。两次世界大战期间，鲍威尔等人认为维护工人运动的统一是奥地利马克思主义的核心要义，强调将奥地利马克思主义思想看作维护工人团结统一的意识形态，"今日的'奥地利马克思主义'无非是工人运动统一的意识形态！"。[③] 与此同时，奥地利马克思主义强调在政治倾向上"不偏不倚""不左不右"，试图在社会主义的左右两派之间采取"中间"态度，强调既不放弃马克思主义的基本理论方法，又不将马克思主义理论教条化，力求在左派与右派理论中间找到一个平衡点，因而其理论带有鲜明的折中主义色彩。与此同时，鲍威尔、阿德勒、希法亭、伦纳等奥地利马克思主义者力图摆脱一些政事政务、行政命令的束缚，尽管他们各自研究兴趣点不同，但因为共同的科学工作意趣联合起来，他们充分发挥各自研究特长，吸收借鉴当时优秀理论或流行理论，坚持马克思主义研究方向，对哲学、经济、文化、法律、民族、社会主义、政党等方面进行深入研究，并结合时代发展状况对马克思主义相关理论进行了新的阐释与理解，这些方面的研究构成了奥地利马克思主义理论的基本面貌，全面展示了奥地利马克思主义的折中性，体现了其既不同于传统马克思主义者对马克思主义的教条式理解，又不同于伯恩施坦等人的歪曲式理解的理论特色。总体上，奥地利马克思主义理论是将马克思主义与奥地利本国国情结合起来的理论，带有鲜明的奥地利特色，

---

① 〔英〕戴维·麦克莱兰：《马克思以后的马克思主义》，林春、徐贤珍译，东方出版社，1986，第73页。

② 〔英〕戴维·麦克莱兰：《马克思以后的马克思主义》，林春、徐贤珍译，东方出版社，1986，第73页。

③ 殷叙彝编《鲍威尔文选》，人民出版社，2008，第330页。

是马克思主义奥地利本土化的重要理论成果。

此外，绝大部分奥地利马克思主义者同时又是早期奥地利社会民主党的杰出代表，领导奥地利社会民主党团结工人阶级开展各种社会主义运动，在塑造 20 世纪上半叶西欧、中欧的政治和思想上发挥了重要作用，对世界社会主义发展产生过重要影响，是世界社会主义运动与马克思主义发展史上不容忽视的一个思想流派。但由于该理论具有鲜明的折中主义色彩，且与苏联所理解的马克思主义有所不同，引起列宁、卢森堡等马克思主义者的批评，又因为其曾经致力于充当第二国际与第三国际的调停人，成立了所谓的"第二半国际"，而第二半国际并没有完成统一两个国际的目标，相反最终与第二国际合并，造成了国际工人阶级的分裂，因而长期受到政治批判。加之，在第二次世界大战前奥地利被德国吞并，众多奥地利马克思主义理论家丧失生命或流亡海外，奥地利马克思主义的理论与实践成果遭到了毁灭性打击，致使奥地利马克思主义一度被理论界所遗忘或误解。

事实上，绝大部分奥地利马克思主义者采纳了马克思主义基本理论主张，他们强调其理论要坚持马克思主义基本理论与方法，以建立社会主义、解放工人阶级、实现民族统一、促进国际工人阶级团结为己任，以奥地利社会民主党为实践载体，以奥地利国情为依据，吸收借鉴当时先进的社会科学理论，从政治、经济、文化、社会、哲学等方面对马克思主义进行自己的独特解读，致力于丰富和发展马克思主义理论，尝试探索一条不同于苏联模式的奥地利道路。尽管奥地利马克思主义理论存在误读马克思主义，带有改良主义倾向等缺陷，但是我们不能否定奥地利马克思主义者在探索马克思主义本土化过程中的努力。奥地利马克思主义认为应坚持马克思主义基本理论主张，并结合奥地利实际情况进行理论创新，以期更好地指导社会实践。这与中国特色社会主义是马克思主义本土化的体现类似。从奥地利马克思主义产生背景及形成历程来看，奥地利马克思主义同样体现了马克思主义本土化。而且，尽管其理论和政治实践是基于 20 世纪欧洲动荡时代所面临的社会经济、政治和文化等问题提出的，但它的许多思想和经验并没有过时，在今天仍然有借鉴意义，因而系统研究奥地利马克思主义理论及其实践具有一定价值。

二 重新研究奥地利马克思主义的理论与现实意义

习近平总书记多次强调要加强对西方优秀文明理论的学习借鉴。他指出："他山之石，可以攻玉。中国共产党历来强调树立世界眼光，积极学习借鉴世界各国人民创造的文明成果，并结合中国实际加以运用。"① 此后，他多次表示要加强对国外理论与实践经验的总结，以中国国情与具体实际为依据吸收借鉴其经验教训。奥地利马克思主义者以奥地利社会民主党为依托实现其理论构想，在社会民主党管辖维也纳时期，通过各种方式不断发展壮大工人阶级队伍，为工人阶级争取了经济权利与政治权利。其理论与实践具有一定特色，值得研究。而研究奥地利马克思主义理论与实践是我国积极吸收借鉴先进文明成果的展现，奥地利马克思主义者对文化、法学、哲学等的深入研究，在"红色维也纳"时期为促进工人阶级意识觉醒，推动马克思主义思想的广泛传播所做的努力等都对我国进行文化建设与精神文明建设、维护社会主义核心价值观、建设法治社会等有着借鉴意义；奥地利马克思主义对政治民主与经济民主的探索，包括对民主选举的论述，对民主问题的分析，对国有化的理解，对资本主义的揭露等对我国沿着社会主义道路全面深化改革、大力推进改革开放，加深对资本主义与社会主义理解，推动新时代中国特色社会主义理论创新与发展具有重要的理论与现实借鉴意义。

从学术研究角度来看，国内现有研究还不充分，对该派别理论与实践的挖掘还不够深入。从笔者掌握的材料来看，截止到 2023 年，在译著方面有 5 本，即关于奥托·鲍威尔的《鲍威尔文选》《鲍威尔言论》《到社会主义之路》，希法亭的《金融资本——资本主义最新发展的研究》与卡尔·伦纳的《私法的制度及其社会功能》。其他较为直接的中文研究资料中，著作仅有两三本，另有为数不多的学位论文和篇幅较小、多为简短介绍性的文章。与此同时，研究者所参考的外文资料、一手资料比较有限，因而研究成果必然受

---

① 习近平：《携手建设更加美好的世界——在中国共产党与世界政党高层对话会上的主旨讲话》，人民出版社，2017，第 10 页。

到资料很大限制。而要了解一个思想流派应该了解其前世今生，了解其整个历史发展脉络与世界发展中的历史流变，了解其理论运用与实际效果，需理解其理论发生改变的原因并对其进行长期跟踪。而由于其折中主义主张、早期苏联批判以及在二战中受到毁灭性打击，在很长时间里其贡献都被人为忽略了。20世纪八九十年代这方面研究在我国有所回温，但由于种种原因，这方面研究直至今天仍十分不足。然而在国外，对奥地利马克思主义理论及其实践的研究从来都不是冷门，学者们从多角度对其进行研究，并取得了一定成果，这需要引起我们重视。

此外，国内相关研究多局限于某一理论、某个著名人物（如希法亭与鲍威尔），或简单对其理论进行概述。在对待奥地利马克思主义的态度上，受苏联影响，在仅有的一些研究中，多将观点、结论落脚于简单介绍或批判上，而不能对其理论价值及现实意义进行深入挖掘，缺乏对奥地利马克思主义对世界影响的研究，缺乏对奥地利马克思主义实践经验的考察，也就无法让人们真正认识到奥地利马克思主义的研究价值。与此同时，有些研究简单粗暴地将该理论直接归入第二国际理论之中，只看到该理论中存在的改良主义倾向，没有看到该理论的独特性及具有马克思主义属性的一面，也无法看到其实践成果对世界产生的影响，因而也就无法看到其进步的一面，不能使人更加具体直观地了解奥地利马克思主义理论及其实践。同时，在国外马克思主义研究中，理论界对奥地利马克思主义研究甚少，在传统划分上也仅仅只是从卢卡奇、葛兰西、科尔施开始研究，忽略了奥地利马克思主义在理论上与西方马克思主义的互动与联系，因而十分有必要对其进行深入研究，理清二者之间的联系，全面理解奥地利马克思主义。

尽管从国土面积上来看，奥地利称不上是一个大国，但在其土壤上孕育而生的奥地利马克思主义在20世纪初的中西欧很有影响力，直到今天，奥地利马克思主义思想对西方社会民主党仍有着或多或少的影响。奥地利马克思主义者申明以马克思主义理论为基础研究政治、经济、哲学、社会科学及革命等问题，重新阐释马克思主义并根据本国实际情况创造性发展马克思主义。奥地利马克思主义甚至一度成为奥地利社会民主党的指导思想，而恩格斯也多次对奥地利社会民主党予以赞扬。1889 年，恩格斯撰写《可能派的代表资格证》一文，向奥地利马克思主义者、社会民主党早期领导人、弗里德里希·阿德勒的父亲维克多·阿德勒揭示"可能派"的虚假性，对他致力于奥地利社会主义运动改组工作表示赞扬。1891 年 6 月 26 日，恩格斯在祝贺奥地利社会民主党第二次代表大会顺利召开的信中，也高度夸奖了奥地利社会主义运动取得的成果及其为工人阶级的国际团结所付出的努力，这实际上也间接肯定了奥地利马克思主义的部分努力。

在当今国与国之间交往越来越密切的局势下，没有哪个国家能够独善其身，故步自封、夜郎自大，将使其无法在当今世界获得良好有序的发展，学习永远在路上。今天我们在坚持理论自信的同时，也应该看到我们理论体系构建、研究方法等与国外相比仍有一段距离，国外先进理论成果，尤其是国外马克思主义优秀理论成果应该成为我们学习、甄别并提高理论研究水平的有力助手。习近平总书记在谈及如何对待国外理论时强调，"对国外马克思主义研究新成果，我们要密切关注和研究，有分析、有鉴别，既不能采取一概排斥的态度，也不能搞全盘照搬。同时，我们要坚持把自己的事情办好，不断发展中国特色社会主义，不断壮大我国综合国力，充分展示我国社会主义制度的优越性"。[①] 对待奥地利马克思主义理论研究成果亦是如此。奥地利马克思主义在经济、政治、民族、文化、法律等方面都有自己独到的见解并形成了丰富的理论成果，其对资本主义阶段性的判断，对金融垄断的分析，对民族文化认同、文化共同体、工人阶级与新阶层、经济民主与政治民主关系等的关注与分析是以往学术界未曾有过深入探讨的。而当前随着资本主义对第三世界国家的"新殖民主义"的进一步发展，民族问题、种族问题、东西方文化冲突问题等仍是世界不稳定的重要因素，这使资本主义、民族问题、帝国主义理论、文化共同体等理论研究再一次成为热点。因此，研究奥地利马克思主义理论及其实践对吸收借鉴国外马克思主义理论经验、不断探究中国特色社会主义内在逻辑有着重大意义。

作为曾影响欧洲社会主义发展进程，影响欧洲民主社会主义思潮的主要

---

① 《习近平谈治国理政》第 2 卷，外文出版社，2017，第 67 页。

思想流派，奥地利马克思主义与西方社会民主党发展有着千丝万缕的联系，其思想是西方社会民主党的理论渊源之一，因而研究奥地利马克思主义有利于帮助我们更好地把握欧洲社会民主党的普遍执政思想与规律，加深对社会民主党的认识，找准契合点，加强中国共产党与左翼政党的沟通与联系，构建人类命运共同体。客观地总结和评价奥地利马克思主义理论及其实践的经验和教训，取其所长，避其所短，为我国党建发展提供一定借鉴。

在奥地利社会民主党取得维也纳地区的控制权后，奥地利马克思主义者以维也纳为根据地，以奥地利马克思主义思想为指导，进行了一系列具有可行性的实践，提出了一系列社会主义改革措施，成效显著。他们致力于为人民服务，积极推动国有化，赋予人民合法权益，进行一系列社会改革，完善社会保障制度，缓解阶级矛盾，使奥地利社会始终处于相对稳定的社会状态。而其对阶级的分析为认识当今不断涌现的新阶层也提供了借鉴。例如，由于社会的变化，新阶层不断出现，社会主义国家面临如何定位新出现的阶层在国家构成中的地位，如何看待其与工人阶级关系，以及其在无产阶级专政中的作用的问题。奥地利马克思主义者很早就对新阶层进行关注，他们认为无产阶级结构发生变换，新的阶层出现，新兴起的阶层无属性，亲近工人阶级。纵然该理论有一定缺陷，但是，从另一角度看，其对新阶层的关注，看到了新阶层与工人阶级之间密切关系，对丰富对当今我国社会阶层的理解，以及使新阶层认识到自身具有的工人阶级属性，将新阶层团结到实现我国长远目标的统一战线上十分必要且重要。而谈及法律，在社会主义制度下，奥地利马克思主义者关于法学的研究对我国依法治国，建设法治国家有着现实意义。在社会主义制度下保证工人阶级的合法权利，要求法律保障工人阶级当家作主的权利，确保经济民主、政治民主、工人阶级地位平等，而社会主义法治社会的建立也必然依靠工人阶级。

当今世界社会主义发展受挫，国际工人运动潮起潮落，苏联东欧社会主义道路探索停滞，中国成为世界社会主义发展的中流砥柱。对苏联东欧模式的反思越来越要求各国依据当时当地具体条件发展和运用马克思主义。奥地利马克思主义者寄希望于用知识改变奥地利政治命运，因而提出一系列围绕奥地利统一发展的政治主张，他们认为马克思主义应该是发展的理论，要根据出现的新情况重新分析资本主义，根据变化的情况采取新的措施夺取政权。坚持理论与时俱进的精神，时刻关注发展变化的资本主义的理论态度，也是我们应该重新审视奥地利马克思主义的要点。

此外，奥地利地处中欧南部，有 8 个邻国，奥地利社会民主党是奥地利主流政党。1971 年在奥地利社会民主党执政期间奥地利与中国建立外交关系，此后加入欧盟。其在执政及与其他政党联合执政期间，在外交方面表现十分活跃，相对于其他西方国家政党，其对华比较友好，双方领导人曾多次访问会晤。奥地利社会民主党党校——伦纳学院积极参与对华文化教育合作，是奥地利宣传中国文化、奥地利文化的主干力量。而奥地利社会民主党早期是奥地利马克思主义理论的践行者，即使二战后其纲领发生变化，但在政策制定及思想倾向上仍带有奥地利马克思主义思想的印记，一直以来对华十分友好，在 21 世纪更是中国"一带一路"倡议的积极推动者与参与者。鉴于其对欧洲多瑙河沿岸国家的传统影响力和历史亲和力以及对中国友好姿态，奥地利社会民主党能够在"一带一路"倡议中充分发挥重要作用。因而，研究奥地利马克思主义理论及其实践对我们了解共建"一带一路"国家，服务我国"一带一路"倡议和全球治理总体发展，以及我国对外开放和现代化建设事业都具有现实价值与深远意义。

第二节　研究现状

一　国内研究现状

国内学术界对奥地利马克思主义系统研究的相关著作并不多。从现有资料来看，译介存在明显不足。从已有专著和发表的论文来看，国内学术界对这方面的研究主要集中于对奥地利马克思主义整体思想的研究与个别著名人物思想的研究，其中尤以对希法亭与鲍威尔的研究居多。除此之外，国内研究对奥地利马克思主义实践的依托——奥地利社会民主党的部分实践也有一定涉及。

　　关于奥地利马克思主义思想的宏观概述。20 世纪八九十年代，随着改革开放，国外一些学术思潮传入我国，一些学者对奥地利马克思主义进行了宏观介绍，这是我国学术界最早接触奥地利马克思主义的时期。就笔者掌握资料来看，最早对奥地利马克思主义进行宏观介绍并引入国内的是殷叙彝先生，他在其文章中大致介绍了奥地利马克思主义的形成过程、主要代表人物、主要思想等，[①] 较为完整地勾勒了这一马克思主义流派。在此基础上，一批学者对奥地利马克思主义做了进一步研究，如北京大学陈林、中央党校何云都对奥地利马克思主义思想进行了简单介绍，指出奥地利马克思主义思想与考茨基、梅林、拉法格等的思想有所不同，更加强调将马克思主义方法理论与现代社会科学相结合。[②] 其中，陈林还对奥地利马克思主义在国际共运中的影响以及与民主社会主义的关系进行了研究，[③] 指出奥地利马克思主义在世界社会主义发展中有着不可替代的作用，奥地利马克思主义并不像改良主义那样完全向资本主义妥协，从某种程度上说，其发展到后期充其量是民主社会主义中的激进派，而正是这种激进倾向使其不同于通常意义上的民主社会主义，并与传统伯恩施坦式的民主社会主义相交织，在不同时期影响着工人运动的开展。苏萍翻译了继承奥地利马克思主义思想衣钵的、时任奥地利社会民主党总书记布鲁诺·克赖斯基的文章，[④] 文中克赖斯基对奥地利马克思主义及其与民主社会主义关系的阐述与评价，验证了陈林的观点的合理性。

　　进入 21 世纪以来，随着奥地利马克思主义一些资料被重新发现，国外对奥地利马克思主义的研究也不断发展，奥地利马克思主义又重新走入国内学者的视野。国内第一本详细介绍奥地利马克思主义理论与主张的图书出版，殷华成在其书中向大众介绍了奥地利马克思主义哲学、政治经济学、社

---

① 殷叙彝：《“奥地利马克思主义”》，中共中央马克思恩格斯列宁斯大林著作编译局国际共运史研究室编《国际共运研究资料》第 3 辑，人民出版社，1981。

② 何云：《奥地利马克思主义》，《中共中央党校学报》1991 年第 16 期。

③ 陈林：《试论奥地利马克思主义在社会主义工人国际中的作用和影响》，《国际政治研究》1992 年第 1 期；《浅析奥地利马克思主义与民主社会主义在理论上的逻辑关系》，《当代世界社会主义问题》1992 年第 2 期。

④ 〔奥〕布鲁诺·克赖斯基：《民主和社会主义是钥匙——对奥地利马克思主义的思想与社会民主党实践的回顾》，苏萍译，《中共中央党校学报》1991 年第 4 期。

会主义理论及其与西方马克思主义、中国化的马克思主义之间关系等。① 此后，华中师范大学青年学者孟飞在其博士学位论文基础上出版《奥地利马克思主义理论与实践》，并与姚顺良合作撰写了多篇论文加深其研究。② 王校楠则从《资本论》入手，指出奥地利马克思主义政治经济学对马克思主义政治经济学的发展。③ 尽管21世纪以来国内研究有所回温，但是仅仅有一位学者对其进行长期持久的跟踪研究，显然研究奥地利马克思主义人才队伍欠缺。

关于奥地利马克思主义者思想的具体研究。这方面主要集中于对早期重要领导人的思想研究，其中对奥托·鲍威尔与希法亭的研究相对来说较其他奥地利马克思主义者更加充分，如对希法亭的金融资本理论、"有组织的资本主义"的研究，④ 对鲍威尔的民族理论、⑤ 国家理论、"整体社会

---

① 参见殷华成《奥地利马克思主义研究》，中国社会科学出版社，2014。
② 孟飞：《奥地利马克思主义理论与实践》，社会科学文献出版社，2019。孟飞、姚顺良：《奥地利马克思主义学派生成的历史境遇》，《南京社会科学》2015年第7期；《奥地利马克思主义学派生成的思想背景》，《广西社会科学》2015年第8期；《晚期奥地利马克思主义的辉煌、覆灭与启示》，《理论月刊》2016年第5期；《奥地利马克思主义：源流、学理与实践》，《中国社会科学报》2016年8月16日，第6版；《奥地利马克思主义者对革命的改良主义解释及其历史教训——纪念十月革命胜利100周年》，《安徽大学学报》（哲学社会科学版）2017年第5期。
③ 王校楠：《德语世界〈资本论〉研究的互动与传承——从奥地利马克思主义到德国"新马克思阅读"运动》，《教学与研究》2019年第4期。
④ 这方面文章有姚顺良《希法亭对马克思资本主义理解模式的逻辑转换》，《南京大学学报》（哲学·人文科学·社会科学）2009年第3期；殷叙彝《从有组织的资本主义到民主共和国的崇拜——论鲁道夫·希法亭的国家观》，《当代世界社会主义问题》2003年第2期；陈其人《希法亭不是发展而是根本违背了马克思的货币理论》，《当代经济研究》2007年第5期；顾海良《希法亭反驳庞巴维克对马克思的批判》，中共中央马克思恩格斯列宁斯大林著作编译局《马列主义研究资料》编辑部编《马列主义研究资料》1988年第3辑，人民出版社，1988；商德文《希法亭对金融资本论的贡献及其历史局限性》，《经济科学》1991年第2期；孟飞、姚顺良《从总罢工到议会制度——鲁道夫·希法亭阶级斗争观念的演变》，《马克思主义哲学研究》2017年第1期；等等。
⑤ 比较有代表性的，如孟飞《社会主义与民族问题——奥托·鲍威尔论社会主义的民族策略》，《中央民族大学学报》（哲学社会科学版）2019年第2期；孟飞《奥地利马克思主义民族理论的得失》，《中国社会科学报》2017年3月30日，第4版；孙军《民族文化自治理论评析》，《黑龙江民族丛刊》2013年第2期；王幸平《奥托·鲍威尔民族理论的历史命运及现实意义》，《人民论坛》2015年第12期；王幸平《奥托·鲍威尔"民族文化自治"视域中的"民族-国家"批判与启示》，《中国民族报》2016年4月1日，第6版；王幸平《奥托·鲍威尔民族理论研究》，中国社会科学出版社，2017。

主义"、① 无产阶级等理论研究甚广，而这些理论基本被奥地利社会民主党所吸收。从这些文章中，我们可以很清楚地看到随着时间的推移，单纯认为奥地利马克思主义理论是修正主义的论断已经减少，尤其是在今天，学者们更愿意辩证看待奥地利马克思主义的思想理论，挖掘其理论的闪光点。

关于奥地利社会民主党、第二国际等相关研究。奥地利马克思主义是国际上著名的中派，其成员也大多位居奥地利社会民主党的领导层，对奥地利马克思主义的研究必然涉及奥地利社会民主党、第二国际，同时也必然涉及国际共运史以及马克思主义发展史。

早期研究中，国内学者在研究第二国际、国际共运、马克思主义发展史等的著作中已经注意到将奥地利马克思主义或奥地利社会民主党归入其中，并尝试对其属性予以界定。刘佩弦、马健行在其书中单独用一章介绍了奥地利马克思主义的哲学思想、政治经济学思想及政治主张等，并对奥地利马克思主义重要成员生平做了简单介绍。② 殷叙彝在其论述民主社会主义的书中也用一节内容单独研究了奥地利马克思主义的理论，并对奥地利马克思主义做了较为客观的评价。③ 中国人民大学的马列主义发展史研究所站在马克思主义立场上对奥地利马克思主义做了定性，指出奥地利马克思主义是在世界资本主义向帝国主义过渡已经完成、国际共产主义运动因伯恩施坦修正主义的出现而发生大分化的时期产生的一个思想流派。④ 学者黄楠森、黄宗良、林勋建也不谋而合地将奥地利马克思主义定性为"中派主义"，认为其具有摇摆性。⑤

在对奥地利马克思主义实践的研究中，对二战后奥地利社会民主党的研

① 吴晓春：《奥托·鲍威尔的民主社会主义思想》，《中国特色社会主义研究》2007 年第 3 期；孟飞：《对奥托·鲍威尔社会主义观的评析》，《山西高等学校社会科学学报》2017 年第 5 期；马丽雅：《另一种社会主义的逻辑——奥托·鲍威尔思想研究》，硕士学位论文，上海社会科学院，2009。

② 参见刘佩弦、马健行主编《第二国际若干人物的思想研究》，中国人民大学出版社，1994。

③ 殷叙彝：《民主社会主义论》，中央编译出版社，2007；《"奥地利马克思主义"》，中共中央马克思恩格斯列宁斯大林著作编译局国际共运史研究室编《国际共运史研究资料》第 3 辑，人民出版社，1981。

④ 参见中国人民大学马列主义发展史研究所编《马克思主义史》第 2 卷，人民出版社，1995。

⑤ 参见黄楠森主编《马克思主义哲学史》，高等教育出版社，1999；黄宗良、林勋建主编《共产党和社会党百年关系史》，北京大学出版社，2002。

究较为突出，缺乏对两次世界大战期间，受奥地利马克思主义者直接领导的早期奥地利社会民主党的实践（主要为"红色维也纳"实践）方面的研究。专门论述二战后奥地利社会民主党较为翔实的著作有王海霞的《奥地利社会民主党研究》。[①] 该书主要介绍了二战后奥地利社会民主党的基本情况、理论基础及实践主张，指出奥地利社会民主党的政治路线与思想体系长久以来承袭奥地利马克思主义，二战后奥地利马克思主义思想仍对奥地利社会民主党政策产生了重要影响。该书为我们进一步研究奥地利马克思主义实践及其影响提供了一定支撑。就搜集到的文章来看，直接论述奥地利社会民主党的并不多，[②] 且多以对二战后奥地利社会民主党及其实践的宏观介绍为主，篇幅较短，缺乏较为深刻的分析，但也能为我们初步了解二战后奥地利社会民主党政策及其对奥地利马克思主义思想的继承与偏离提供一定材料支撑。

关于奥地利马克思主义者主要著作的译介。研究奥地利马克思主义离不开对奥地利马克思主义成员代表著作的研究。国内译著主要分为两部分，一是奥地利马克思主义者的代表论著，二是国外学者对奥地利马克思主义研究的论著，这些材料成为我们研究奥地利马克思主义相关理论及实践的重要支撑。

奥地利马克思主义者相关译著主要涉及鲍威尔、希法亭以及伦纳三人。1978 年，中央编译局编译了《鲍威尔言论》，当时编译这本书的目的是批判修正主义，带有明显的政治批判色彩，但这是国内第一次将奥地利马克思主义者的著作进行翻译的不可多得的宝贵材料，里面包含了鲍威尔民族理论、政治理论及部分经济理论，基本囊括了鲍威尔的重要思想主张，正是通过这本译著，国内开始对奥地利马克思主义，尤其是鲍威尔的主要思想进行深入

---

① 参见王海霞《奥地利社会民主党研究》，北京广播学院出版社，2003。

② 截止到 2023 年，笔者所搜集到的资料仅有王海霞《从八十年代以来社会民主党的力量消长看奥地利政党政治的演变》，《当代世界社会主义问题》1999 年第 2 期；曾伯岑《转型变革：西欧社会党新形势下的新选择——对奥地利社会党下野的个案分析》，《中共云南省委党校学报》2001 年第 4 期；张珊珍《任重道远的奥地利社会民主党》，《当代世界》2003 年第 6 期；赵建波《20 世纪末奥地利社会民主党大选失利的原因探析》，《胜利油田党校学报》2006 年第 4 期；赵建波《奥地利社会民主党的国家观探析》，《理论探索》2006 年第 4 期；张仲媛《20 世纪奥地利社会民主党执政历程探析》，《文艺生活》2011 年第 3 期；方祥生《"社会伙伴关系"成为奥地利平稳发展"压舱石"》，《光明日报》2014 年 4 月 10 日，第 8 版。

研究。在此基础上，2008 年，殷叙彝重新对鲍威尔主要文章进行编译，形成《鲍威尔文选》，与《鲍威尔言论》不同的是，该书尽量做到客观编译，对一些内容进行了补充与修正，是研究鲍威尔重要的学术材料。国内引进的希法亭著作为《金融资本——资本主义最新发展的研究》，该著作为希法亭的重要代表作也是其成名作，对资本主义最新发展、金融资本的形成以及资本主义的新发展对危机及各阶级政策的影响进行了分析，并为应对资本主义新发展产生的影响提供政策性建议，进而提出了"有组织的资本主义"的概念。伦纳著作是近些年才被翻译到国内的，由王家国翻译的《私法的制度及其社会功能》是伦纳的重要代表作，也是理解伦纳思想不可多得的学术材料。全书分为三章，伦纳从法律制度与经济结构入手，对法的产生、发展、功能以及法律同经济、社会的关系进行了论述，指出资本主义法是统治者用于维护私有财产的产物，其从产生起就对无产阶级采取了剥削与压迫手段，该书批判了资本主义法的虚伪性及对人的剥削，论证了社会主义法的合法性。

就对国外学者相关研究的译介来看，西方关于奥地利马克思主义者的相关著作、学术会议及研究评介等被引介到国内。在译文方面，奥托·鲍威尔的相关研究较多，如辛庚编译的《奥托·鲍威尔著作集》、① 周懋庸编译的《关于奥托·鲍威尔的一次学术会议和论文选集：〈奥托·鲍威尔理论和政策〉》② 等对奥托·鲍威尔思想及国外研究状况进行了介绍。③ 在译著方面，英国学者 G. D. H. 柯尔在《社会主义思想史》④ 中对鲍威尔的民族理论进行评价，指出其受到了康德哲学的影响。戴维·麦克莱伦也在其书⑤中对鲍威

---

① 辛庚：《奥托·鲍威尔著作集》，《当代世界与社会主义》1981 年第 3 期。

② 周懋庸：《关于奥托·鲍威尔的一次学术会议和论文选集：〈奥托·鲍威尔理论和政策〉》，《当代世界与社会主义》1987 年第 1 期。

③ 编译的论文还有殷叙彝编译《德国学者乌利·舍勒尔论述奥托·鲍威尔思想的现实意义》，《国外理论动态》（旬刊）1996 年第 5 期；〔奥〕弗里茨·韦伯《奥托·鲍威尔关于社会主义、民主和俄国革命的观点——西方马克思主义与列宁思想差别的一个实例》，苏春梅、姜锡润译，陶德麟主编《马克思主义哲学研究》(2013)，湖北人民出版社，2013；〔奥〕马克·布鲁姆《奥托·鲍威尔社会主义观念的演变及反思》，孟飞译，《理论月刊》2020 年第 4 期；等等。

④ 〔英〕G. D. H. 柯尔：《社会主义思想史》第 3 卷下册，何慕李译，商务印书馆，1986。

⑤ 〔英〕戴维·麦克莱兰：《马克思以后的马克思主义》，林春、徐贤珍等译，东方出版社，1986。

尔的民族理论予以分析，指出其在民族问题上的研究具有创见。英国学者唐纳德·萨松在《欧洲社会主义百年史》①中着重介绍了奥地利马克思主义的政治主张，指出其政治核心意图是在资本主义允许的条件下逐渐进行社会主义建设，走符合奥地利特色的"第三条道路"。南斯拉夫学者普雷德腊格·弗兰尼茨基约在其编写的《马克思主义史》②中对奥地利马克思主义代表人物及思想主张进行了阐述并对其思想——进行评价，作者认为马克斯·阿德勒在马克思主义康德化方面走得太远了，伦纳则因为改良主义的主张而逐渐背离了革命的社会主义，鲍威尔作为其中最重要的理论家则又因采取中间立场而最终滑向考茨基的机会主义。美国学者罗伯特·戈尔曼编的《"新马克思主义"传记辞典》③与英国学者汤姆·博托莫尔的《马克思主义思想辞典》④都对奥地利马克思主义重要人物进行了收录并对这些人物的基本理论贡献进行了宏观概述，且对奥地利马克思主义进行了定性，指出奥地利马克思主义是试图将道德与认识论的学说同马克思主义的革命主义联系起来的一种理论流派，强调人们开始重新对奥地利马克思主义予以重视，对其马克思主义社会学及对资本主义问题的研究产生浓厚兴趣。史蒂芬·贝莱尔的《奥地利史》⑤与奥地利学者埃里希·策尔纳的《奥地利史：从开端至现代》⑥对奥地利历史发展进程、文化习俗、民族状况、宗教习惯、经济条件等做了详细介绍，为理解奥地利马克思主义产生的历史境遇提供了重要材料。祖波克对红色维也纳时期的福利实践、住房计划、社会背景等做了充分分析。⑦迈克尔·鲍尔弗，约翰·梅尔也在合著的书中对二战后四国对奥地利的管制

---

① 〔英〕唐纳德·萨松：《欧洲社会主义百年史》上册，蒋辉、于海青等译，社会科学文献出版社，2008。

② 〔南〕普·弗兰尼茨基：《马克思主义史》上册，徐致敬等译，生活·读书·新知三联书店，1963。

③ 〔美〕罗伯特·戈尔曼编《"新马克思主义"传记辞典》，赵培杰等译，重庆出版社，1990。

④ 〔英〕汤姆·博托莫尔：《马克思主义思想辞典》，陈叔平等译，河南人民出版社，1994。

⑤ 〔美〕史蒂芬·贝莱尔：《奥地利史》，黄艳红译，中国大百科全书出版社，2009。

⑥ 〔奥〕埃里希·策尔纳：《奥地利史：从开端至现代》，李澍泖等译，商务印书馆，1981。

⑦ 〔苏〕祖波克：《现代世界史一九一八至一九三九年时期的奥地利》，中国人民大学世界通史教研室译，中国人民大学出版社，1954。

进行了详细阐述。① 时任奥地利总理的社会民主党人、奥地利马克思主义者卡尔·伦纳面临着实现民族独立与恢复国民经济的双重压力，如何解决这两个难题是摆在奥地利社会民主党面前的重大问题，而这也是奥地利永久中立政策施行的重要原因之一。

综上，国内对奥地利马克思主义各领域有一定研究，在某些领域也取得了一定成果，这对加深我们对奥地利马克思主义的认识有很大帮助，但不足之处也十分明显。首先，在既有研究中，宏观概述性研究较多，主要对某一领域或对奥地利马克思主义理论整体的一般性介绍研究居多，对奥地利马克思主义理论与实践的专门性研究尚十分缺乏，尤其对其在一战后执政维也纳时期进行的著名社会主义性质的"红色维也纳"实践的研究更是寥寥无几。其次，研究队伍不够强大，新鲜血液明显供应不足，断代严重，能够对这一理论流派进行持久性研究的人才相对缺乏。最后，对一些人物、思想理论挖掘不够，在论述奥地利马克思主义某一领域的实践措施时，多数研究仍未明确提出奥地利马克思主义思想指导下的奥地利社会民主党的中左翼政党的属性及结构，奥地利马克思主义在世界社会主义运动中的地位、影响等。

二　国外研究现状

奥地利马克思主义在国外尤其在欧洲是一个颇具特色及影响力的流派，为国际工人运动做出过重要贡献。西方学界围绕奥地利马克思主义进行研究的著作及文章较多，但由于研究者个人背景及研究兴趣点不同，研究呈现的侧重点不尽相同。

关于奥地利马克思主义的整体研究。马克·布卢姆的专著使他成为奥地利马克思主义研究的顶尖学者。早年他在宾夕法尼亚大学的博士学位论文及专著中对奥地利马克思主义者的政治理论思想进行了研究。此后，布卢姆于1985年出版《奥地利马克思主义者传记（1890—1918）》，介绍了奥地利马克思主义者的思想萌芽、形成与发展历程。安森·拉宾巴赫主编

---

① 〔英〕迈克尔·鲍尔弗、约翰·梅尔：《第二次世界大战全史10：四国对德国和奥地利的管制（1945—1946年）》，安徽大学外语系译，上海译文出版社，2015。

的论文集《奥地利社会主义实践（1918—1934）》对 20 世纪初奥地利马克思主义者进行社会实践的社会背景、社会民主状况、"红色维也纳"实践及实践失败的原因进行了详细论述，为我们了解奥地利马克思主义的实践提供了材料支撑。奥地利学者冈瑟·桑德纳在《从摇篮到坟墓：奥地利马克思主义文化研究》《奥地利马克思主义对文化多元主义的研究》等多篇文章中对奥地利马克思主义的文化观进行了研究，并指出其文化观存在的局限。马克·布卢姆、威廉·斯莫尔多合编的《奥地利马克思主义：统一的意识形态》对鲍威尔、伦纳、弗里德里希·阿德勒、奥托·纽拉特、希法亭等人的思想进行了介绍，指出纵然他们的社会主义实践由于二战而惨遭失败，但这并没有削弱他们丰富的思想及其经验对解决我们这个时代存在的问题的价值。① 奥地利学者迈克尔·特拉特克也对奥地利马克思主义进行了深入研究，他的《奥地利马克思主义与其他马克思主义的异同》及《奥地利马克思主义与批判主义理论》对奥地利马克思主义与其他马克思主义流派进行了比较研究，指出奥地利马克思主义也属于马克思主义，与东欧马克思主义、西方马克思主义等一样都是马克思主义的一个流派，但奥地利马克思主义的主张又与批判主义不同，奥地利马克思主义者虽然批判资本主义现实，但批判本身不是目的，目的是改变现实，这也是其与西方马克思主义的重要不同之处。

关于奥地利马克思主义者及其观点的研究。与国内研究不同的是，国外对奥地利马克思主义者及其观点的研究范围更广，涉及人物更多，为我们了解奥地利马克思主义内部交织的不同思想主张提供了丰富材料。奥地利学者迈克尔·克拉特克的《马克斯·阿德勒和奥地利马克思主义》对阿德勒的哲学思想及其在奥地利马克思主义内部的地位与影响进行了深入研究，是研究马克斯·阿德勒不可多得的材料。与国内研究相似，对鲍威尔及其思想的研究在国外奥地利马克思主义研究中当数最多，但其研究更加深入而不仅仅停留于对鲍威尔思想的介绍。举其一二，如史蒂文·罗厄在

---

① Mark E. Blum, William Smaldone, eds., *Austro-Marxism：The Ideology of Unity*, Leiden：Brill, 2016.

《少数民族权利与民族辩证法：奥托·鲍威尔的民族理论及其对多元文化理论和全球化的贡献》一文中着重分析了奥托·鲍威尔的民族思想，并对自由民族主义与欧洲少数民族权利扩张进行了评价。作者认为鲍威尔的文化自治思想对推进欧洲的少数民族权利有重要启示。特别是，作者认为鲍威尔的倡议为促进《欧盟基本权利宪章》的社会文化权利提供了可能的途径，应对其理论进行重视。[1] 伊娃·切尔文斯卡－舒普在《奥托·鲍威尔（1881—1938）：思想家与政治家》中指出鲍威尔对丰富帝国主义论、民族理论、唯物史观、战争理论等做出了突出贡献，是 20 世纪伟大的思想家与政治家。[2] 奥托·纽拉特在奥地利马克思主义内部的贡献往往被国内研究者所忽略，而国外在研究中则对其评价甚高。迈克尔·托克的《奥托·纽拉特与经济学中的语言学转向》探讨了以引领维也纳哲学家圈子的发展而闻名的奥托·纽拉特在经济学上的思想主张及贡献，并指出其为"红色维也纳"时期市政建设中的经济规划提供了重要支持。[3] 约翰·弗雷德里克·哈特勒在《维也纳方法后的图片统计》的导言中介绍了奥托·纽拉特的生平及其为教育事业做出的贡献，指出纽拉特是奥地利马克思主义中最重视教育发展及致力于向工人阶级普及知识的理论家、实践家，其创立的图像统计学法至今仍在被广泛使用。此外，国外除了对奥地利马克思主义者早期领袖们思想进程进行研究外，还对奥地利马克思主义的继承者进行了一定研究，为我们充分理解奥地利马克思主义对奥地利社会民主党及二战后奥地利建设的影响提供了重要支撑。作为奥地利马克思主义精神忠实继承者的奥地利社会民主党前总书记布鲁诺·克赖斯基的思想具有一定的研究价值，也成为当前国外研究奥地利马克思主义人物及思想的一个热点。马修·保罗·伯格、吉尔·路易斯、奥利弗·拉什科布合编的《为民主奥地利而战：布鲁诺·克赖斯基谈和

---

① Steven C. Roaeh, "Minority Rights and the Dialectics of the Nation: Otto Bauer's Theory of the Nation and Its Contributions to Multicultural Theory and Globalization", *Human Rights Review*, Vol. 6, No. 1, 2004.

② Ewa Czerwińska-Schupp, *Otto Bauer (1881 – 1938): Thinker and Politician*, Leiden: Brill, 2017.

③ Michael Turk, "Otto Neurath and the Linguistic Turn in Economics", *Journal of the History of Economic Thought*, Vol. 38, No. 3, 2016.

平和社会正义》中，编者认为克赖斯基通过建立（正在瓦解的）"社会伙伴关系"，为奥地利的繁荣做出了贡献。这种伙伴关系虽然确实也存在一定问题，但其给奥地利带来了经济增长，同时也带来了低通胀和社会稳定。[①] 奥利弗·拉什科布、艾琳·埃泽尔斯多弗、威利·布兰特通过整理克赖斯基早年文章著作、讲话等阐释克赖斯基思想的形成过程。[②] B. 维韦卡南丹在《奥洛夫·帕尔姆、布鲁诺·克赖斯基和威利·布兰特的全球愿景：国际和平与安全、合作与发展》中，部分阐述了克赖斯基的对外实践，指出他与另两位重要政治家致力于用以自由、平等、民主、团结为核心的社会民主原则为基础的全球改革方案造福全球人类，[③] 并给予其高度评价。

关于对奥地利马克思主义具有社会主义色彩实践的研究。这一方面的研究内容多为对奥地利社会民主党在维也纳及二战后（部分）进行的社会治理实践的分析，包括针对儿童健康与教育、住房问题、工人工作问题、医疗问题等带有明显红色倾向性的实践。二战前，奥地利马克思主义者主导的奥地利社会民主党执政维也纳时期的社会实践具有明显的奥地利特色，同时其所取得的成就举世瞩目。赫尔穆特·格鲁伯的《红色维也纳：1919—1934 年工人阶级文化的实验》对著名的红色维也纳时期奥地利社会民主党的实践进行了详细而深入的分析，这些实践涉及工人家庭生活、休闲娱乐、宗教、青年教育等。他尤其指出当时的维也纳是社会主义的实验场，社会民主党坚信文化改造工人阶级头脑的重要性，通过一个旨在改造工人阶级的复杂的网络组织，大胆探索文化与政治的交融。作者指出尽管这个文化工程不是按照蓝图进行的，而是在日常实践的基础上发展起来的，但其确实证明了文化可以在阶级斗争中发挥重要作用。[④] 吉尔·路易斯在《红色维也纳：城市中的社会

---

① Matthew Paul Berg, Jill Lewis, Oliver Rathkolb, eds. , *The Struggle for a Democratic Austria*: *Bruno Kreisky on Peace and Social Justice*, New York：Berghahn Books, 2000.

② Oliver Rathkolb, Irene Etzersdorfer, Willy Brandt, eds. , *Der junge Kreisky*：*Schriften*，*Reden*，*Dokumente*，*1931 – 1945*（*Kreisky Papers*，Vol. I）, Vienna-Munich：Jugend und Volk, 1986.

③ B. Vivekanandan, *Global Visions of Olof Palme*，*Bruno Kreisky and Willy Brandt*：*International Peace and Security*，*Co-operation*，*and Development*, Switzerland：Springer, 2016.

④ Helmut Gruber, *Red Vienna*，*Experiment in Working-Class Culture 1919 – 1934*, New York：Oxford University Press, 1991.

主义》一文中着重分析讨论了 20 世纪 20 年代奥地利马克思主义者进行的一系列实践，并批驳了一些人歪曲事实，将当时社会经济不景气归因于这一时期的经济实践对奥地利贸易与工业发展的损害的观点。他指出这一时期的实践，尤其是作为住房实践基础的大规模建筑工程修建和严格的租金限制，大大改善了维也纳工人阶级的物质条件，值得今人学习借鉴。[1] 安森·拉宾巴赫在《奥地利社会主义的危机：从红色维也纳到内战》一书中，从奥托·鲍威尔及其实践来分析 1934 年红色维也纳失败的根本原因。[2] 多伦多大学的马格瑞特·哈格尔在其博士学位论文《政治与空间：通过政治创造理想公民——以"红色维也纳"和冷战时期柏林的住房政治为例》中，部分探讨了红色维也纳时期奥地利马克思主义者通过建造集居民日常生活、娱乐、教育等功能于一身的住房，使社会主义文化渗透进工人日常生活的成功案例，进一步探讨政治与空间的相互作用。[3] 除此之外，威廉·约翰斯顿、卡尔·社尔斯克等也对这一时期的福利实践、住房计划、社会背景等做了充分分析。[4] 二战后，奥地利社会民主党在伦纳的带领下赢得了国家大选成为执政党，其将"红色维也纳"时期的部分经验普及全国，但其政策明显又发生变化，库尔特·利奥·谢尔在《奥地利社会主义的转变》中对奥地利社会民主党及其未来发展走向做了全面而权威的描述，他深刻指出，当今的奥地利社会民主党已经不再拥有充满马克思主义阶级斗争色彩的声音和愤怒，相反，其传统标签掩盖了其已经迷失的方向、明确的使命感以及早前设想的"国中之国"的职能。[5] 梅拉妮·A. 苏利在《奥地利社会主义的连续性与变化——第三条道

---

① Jill Lewis, "Red Vienna: Socialism in One City, 1918 – 27", *European Studies Review*, Vol. 13, No. 3, 1983.

② Anson Rabinbach, *The Crisis of Austrian Socialism: From Red Vienna to Civil War, 1927 – 1934*, Chicago: University of Chicago Press, 1983.

③ Margarete Haderer, Politics and Space: Creating the Ideal Citizen through Politics of Dwelling in Red Vienna and Cold War Berlin, Ph. D. diss., University of Toronto, 2014.

④ William M. Johnston, *The Austrian Mind: An Intellectual and Social History 1848 – 1938*, Berkeley and Los Angeles: University of California Press, 1972; Carl E. Schorske, *Fin-de-Siècle Vienna: Politics and Culture*, New York: Alfred A. Knopf, 1981.

⑤ Kurt Leo Shell, *The Transformation of Austrian Socialism*, California: Literary Licensing, LLC, 2012.

路的永恒追求》一书中对奥地利走"第三条道路"的背景、实践及效果进行了详细分析，对奥地利社会主义路线的前后变化进行了梳理并阐明这一变化的原因，认为尽管发生了变化，但"第三条道路"是奥地利社会民主党坚持具有奥地利特色的社会主义的重要理论成果。① 伊瓦尔德·诺沃特尼在《奥地利"社会伙伴关系"与民主》一文中介绍了奥地利"社会伙伴关系"的独特性，指出这一政策与奥地利马克思主义思想的渊源，同时认为与其他国家相比，奥地利的"社会伙伴关系"不仅是一种劳动管理关系或工资谈判制度，而且是一种劳工、企业和政府之间制度化的合作制度，涉及经济和社会实践的所有重要方面。它是在自愿和非正式的基础上由奥地利工会联合会、农业总会、联邦劳动公会及联邦商会在 20 世纪 50 年代初为控制战后通货膨胀而建立的，后来发展成为在经济和社会实践领域的一个全面的影响系统。② 罗伯特·吉尔伯特在《奥地利的"社会伙伴关系"：独特的劳资合作法外体系》中也对奥地利"社会伙伴关系"进行了分析，指出"社会伙伴关系"是企业与劳动者在经济与社会合作方面的一个持续性实验，事实证明具有可行性与可借鉴性。③ 约瑟夫·L. 昆兹着重研究了奥地利社会民主党提出"永久中立"政策的背景、内容、目的及其作用。④ 露丝·沃达克、安东·佩林卡、冈特·比朔夫编写了《奥地利的中立政策》一书，该书认为，长期以来，奥地利的永久中立被视为该国身份的一个组成部分，至少在很长一段时间（如果不是永久的话）内，这种中立将持续存在。⑤

综上，国外对奥地利马克思主义理论与实践等研究较多，为我们进一步研究提供了重要资料，但是对奥地利马克思主义同马克思主义关系、对国际

① Melanie A. Sully, *Continuity and Change in Austrian Socialism: The External Quest for the Third Way*, New York: Columbia Press, 1982.

② Ewald Nowotny, "The Austrian Social Partnership and Democracy", *Working Paper*, Vol. 93, No. 1, 1993.

③ Robert W. Gilbert, "Austria's Social Partnership: A Unique Extralegal System of Labor-Management Cooperation", *The Labor Lawyer*, Vol. 3, No. 2, 1987.

④ Josef L. Kunz, "Austria's Permanent Neutrality", *The American Journal of International Law*, Vol. 50, No. 2, 1956.

⑤ Ruth Wodak, Anton Pelinka, Gunter Bischof, eds., *Neutrality in Austria*, New York: Routledge, 2018.

共运的影响、理论局限性、对西方马克思主义的影响、对他国的影响及奥地利马克思主义性质、奥地利道路具体内涵等研究相对较少。此外，如何运用马克思主义基本原理看待奥地利马克思主义理论及其实践，显然也是国外学者较少涉及的。

第三节　研究方法及研究理路

一　研究方法与创新点

本书坚持在马克思主义思想的指导下分析问题、解决问题。

（1）运用理论与实践相统一的方法，梳理奥地利马克思主义的主要观点主张，并对其理论的实际应用情况进行考察，突出历史进程中的关键事件，注重梳理的逻辑性，分析的合理性。

（2）运用文献研究法。本书总体上是对奥地利马克思主义理论的研究，包括对其理论产生的背景、重要理论主张、实践效果等的分析。因此在分析过程中必然要对奥地利马克思主义理论著作及奥地利社会民主党纲领实践、其他研究者著作等有一个比较全面的认识与分析，否则很难对这样一个流派有一个较为客观、全面且系统的认识。因而，文献研究法在本书中将占有十分重要的地位。

（3）辩证分析法。本书对奥地利马克思主义理论及其实践的研究力求全面、客观、辩证，既要看到其理论贡献与实践经验，又要看到其存在的局限性。既不对其理论贡献与实践经验做过高估计，也不对其理论与实践过度贬低，在深刻把握其性质的同时，也对其世界影响做充分估计。

在创新方面，本书主要从研究视角、研究内容与材料方面实现了创新。

（1）从研究视角来看，本书开展的研究既不是仅仅针对性地介绍个别人物的主要观点，也不是仅非常宏观地概述奥地利马克思主义的整个发展历程或思想主张，而是采取专题研究、理论与实践相结合的研究范式，展现其折中性，并结合我国理论与实践发展需要，集中研究奥地利马克思主义理论与实践，并探讨其主要理论与实践的历史地位、对西方马克思主义发展影响、局限性及对中国特色社会主义发展的启示，注重挖掘其理论与实践价值为我所用。

（2）从研究内容看，本书通过对奥地利马克思主义理论与实践的集中研究，将进一步阐释其关于民族、社会主义、社会治理与保障、阶级关系等方面的主要观点，同时注重挖掘其实践活动经验，尤其是两次世界大战期间的"红色维也纳"实践经验，明确其在国际工人运动中的历史地位，力求多层次、全方面展现奥地利马克思主义理论与实践的特点。

（3）从材料看，本研究不局限于国内过往材料，力图挖掘国内外新发现材料，力图克服国内关于奥地利马克思主义研究材料不足的缺点，通过对新材料的挖掘以及对材料进行辩证分析，以期能为对奥地利马克思主义理论与实践的进一步研究贡献绵薄之力。

二　研究理路

本书主要按照奥地利马克思主义理论—主要实践—评价与启示这一逻辑来安排章节目。在内容安排上，本书首先对奥地利马克思主义产生的历史背景进行考察。奥地利地处中欧，与多国接壤，历史上既是中欧重要的门户，又曾是神圣罗马帝国的重要组成部分，深受德国思想文化影响，有着浓厚的文化氛围及深厚的历史积淀，这为马克思主义在奥地利的传播提供了良好的土壤。但奥地利民族构成较为复杂，经济落后，统治阶级穷兵黩武造成国内社会长期动荡不安、民族分离主义兴起、人民生活困苦。社会主义运动蓬勃发展，马克思主义思想越来越成为各国工人开展斗争运动的指导思想，奥地利社会民主党的建立为奥地利马克思主义理论的形成、发展及应用提供了重要依托。而随着自然科学取得突破性进展，马赫主义、新康德主义等新哲学思潮产生，第二国际伯恩施坦与考茨基等改良主义思想盛行，这些思想为试图找寻奥地利出路的奥地利青年学者所吸收、借鉴，最终形成了颇具奥地利特色的奥地利马克思主义理论。

其次，对奥地利马克思主义重要理论进行考察。奥地利马克思主义理论涉及范围甚广，但都带有明显的折中主义色彩。一方面，该理论是奥地利马克思主义者在接受马克思主义的前提下逐渐形成的，奥地利马克思主义者也多次在公开场合强调其理论对马克思主义的继承；另一方面，该理论又受到一些非马克思主义思想的影响，包括一些改良主义思想。在哲学方面，年轻的奥地利马克思主义者用马赫主义、新康德主义来进行他们所谓的"丰富和发展"马克思主义，试图摆脱传统唯物主义与唯心主义二元对立，从认识论出发将马克思主义看作一门具体的科学，以重新认识马克思主义，避免党派纷争，但最终却还是落入了唯心主义窠臼，将马克思主义核心要义篡改，违背马克思主义精神实质。在政治经济学方面，奥地利马克思主义者对资本主义发展变化进行了考察，并对资本集中、集聚，垄断产生与发展，工业资本与银行资本融合，信用发展以及帝国主义政策等做了比较系统而详尽的分析，提出了金融资本、危机理论等重要理论，为后继者开展这方面的研究提供了一定理论基础，推动了马克思主义政治经济学的发展。但他们对"有组织的资本主义"的分析又使其走向了改良主义，对在资本主义环境下实现社会主义抱有幻想。在文化与法律方面，奥地利马克思主义者重视意识形态话语权的重要性，提出了无产阶级要在文化上与资产阶级争夺霸权的主张，揭示了资本主义法的虚伪性及建立社会主义法的重要性，具有进步性。在民族理论上，奥地利马克思主义者考察了民族问题及其产生的根源，对民族概念进行重新定义，提出了解决民族问题的民族文化自治原则。在社会主义理论方面，他们坚持结合奥地利特殊国情，强调探索本国社会主义道路的重要性，提出了一系列具有特色的理论主张。在政党理论上，强调奥地利社会民主党坚持马克思主义基本思想方法，坚持中央集权，强调党中央核心作用，坚持团结群众思想，将广大人民群众团结在工人阶级周围，扩大党的影响力。

再次，对奥地利马克思主义实践活动进行考察。奥地利马克思主义理论部分得到了实践验证，创建了名噪一时的"红色维也纳"。二战前，以奥地利马克思主义思想为指导的奥地利社会民主党取得对维也纳的治理权，围绕住房、教育、医疗等方面进行了社会主义改造，致力于将维也纳打造成一个提供广泛福利与教育的社会主义大都市，为工人阶级赢取更多的平等权利，其社会主义改造取得了一系列成果，在当时名声大噪，但也受到了保守党派的非议。二战后，奥地利社会民主党成为执政党，尽管大部分奥地利马克思主义者在战争中丧生，但奥地利马克思主义思想仍得到了奥地利社会民主党一定的继承。该党提出的"社会伙伴关系"、处理国有企业与中小企业关系的相关政策、在对外关系中保持中立原则等，都体现了对奥地利马克思主义理论思想精髓的继承。

最后，对奥地利马克思主义理论及其实践进行了总评析。奥地利马克思主义如同其他国外马克思主义流派一样对世界社会主义发展有着一定贡献，但也存在理论与实践的局限性，要注重对其经验教训的总结。奥地利马克思主义者反对第二国际伯恩施坦等人的修正主义，也反对对马克思主义做教条化理解，但从总体来看，其理论与实践具有鲜明的折中主义色彩。

在具体章节安排上，第一章详细介绍奥地利马克思主义理论产生背景，包括文化历史传统、民族宗教情况、国内外经济社会状况、理论来源等；第二章和第三章重点介绍奥地利马克思主义主要理论主张，包括在哲学、政治经济学、社会主义、文化、民族、法律、政党等方面的理论思想；第四章和第五章主要论述奥地利马克思主义理论的实践情况及效果，主要涉及二战前"红色维也纳"时期奥地利马克思主义依托奥地利社会民主党进行的社会改革，以及奥地利马克思主义对二战后奥地利社会民主党的影响。这些实践虽与其理论体系存在一定偏差，但仍主要是对其理论体系的贯彻与运用；第六章对奥地利马克思主义理论及其实践进行评析，阐明其历史贡献、局限性及对当代中国马克思主义的启示等。

第一章
奥地利马克思主义产生的背景

奥地利马克思主义的产生不是偶然现象，与当时奥地利的国内政治历史情况、经济社会发展水平、民族状况以及世界社会主义发展进程等都有着密切联系。奥地利马克思主义产生于濒临分崩离析的奥匈帝国统治时期。奥匈帝国的统治阶级为了维护统治，扩大帝国影响力，提高其国际地位，长期以来对外穷兵黩武，与其他国家矛盾不断，对内又实行高压专制手段剥削奴役人民，使人民倍感压迫，国内政治局势动荡不安。长期的政治动荡使国内经济发展受到严重影响，而统治阶级又没有采取促进经济发展的强有力措施，相反将国内经济命脉拱手出让给外国公司，造成资本外流，致使奥地利经济发展长期以来滞后于其他资本主义国家。在民族问题上，肆意打压犹太民族，无法公平对待其他少数族裔，民族主义盛行，各民族之间摩擦不断，矛盾十分尖锐。然而，当奥地利国内各方面都处于混乱状态时，世界社会主义运动蓬勃发展，工人阶级在马克思主义旗帜的引领下不断开展争取自身合法权利的斗争，而奥地利国内工人阶级也受此鼓舞不断自发地开展罢工等反抗资产阶级剥削的斗争。此后，在奥地利社会民主党等社会主义政党带领下，奥地利国内工人阶级团结起来，以马克思主义思想为旗帜，融合第二国际思想、新哲学思潮，根据本国实际情况，致力于实现马克思主义本土化，以指导本国开展社会主义革命。至此，奥地利马克思主义作为一支独立力量登上世界社会主义运动舞台。

第一节　奥地利马克思主义产生的社会环境

奥地利马克思主义的诞生有其特殊的社会环境。落后的经济发展状况、动荡的政治环境、矛盾尖锐的民族关系以及工人运动发展与奥地利社会民主党的建立，都是其理论产生的社会环境。加之，奥地利地理位置特殊，历史上就是西欧、中欧交通的必经之地，与多国接壤，尤其是与具有哲学传统与作为马克思恩格斯故乡的德国接壤，在历史上又是神圣罗马帝国的重要成员，有着浓厚的文化氛围及深厚的历史积淀且深受德国思想文化影响，这些都为奥地利马克思主义的形成提供了良好的土壤。

一 经济发展落后

统治奥地利六百四十年的哈布斯堡王朝（1278—1918）后期在经济调控上始终处于无能状态，无法对国内经济发展起到推动作用，相反其政策往往阻碍经济发展，且由于其经常采取同周边国家敌对的战争政策，无法与周边国家形成良好的、持久稳定的贸易往来关系，尤其是在对外出口贸易方面时常与其他国家产生纠纷。而哈布斯堡王朝在政策上往往限制资本主义发展，这就使得在 19 世纪欧洲大陆的多数国家纷纷进入资本主义国家行列，发展工业资本时，奥地利仍在经济方面依赖农业生产，资本主义经济发展缓慢，出口贸易产品多为农畜产品，高度受制于其他国家的贸易政策。例如，德国实行限制奥地利牲畜出口的经济政策，而奥地利与塞尔维亚又因农产品出口问题未达成协议，致使奥地利在农畜产品出口方面发展不顺畅。因而，长期以来奥地利经济实力远远落后于其他资本主义国家。

随着奥地利资本主义发展，资产阶级对发展生产的要求越来越强烈，它不满于政府对经济发展的限制，强烈要求政府出台有利于本国资本主义经济发展的相关政策，维护资产阶级的私有财产，然而政府不但不颁布有利于本国资本主义发展的相关政策，还以一种偏袒的方式支持地主与贵族阶级，"十九世纪奥地利政府的经济政策，是片面支持地主土地占有制和少数高级财阀代表的经济政策"。[1] 诸如此类的经济政策既不利于本国经济发展，又激化了社会矛盾，使社会两极分化愈加严重。例如，奥地利政府在修建铁路问

---

① 〔奥〕埃·普利斯特尔：《奥地利简史》下册，陶梁、张傅译，生活·读书·新知三联书店，1972，第 580 页。

题上与大资产阶级产生矛盾冲突。铁路是国家运输的大动脉，铁路运输行业是经济发展的关键部门，铁路运输行业运行的好坏关乎国家经济社会能否顺利发展。奥地利的资产阶级一直谋求铁路修建权，然而奥地利政府却不准许私人修建铁路，可政府也因财政问题而无力投资修建，致使奥地利铁路运输行业发展缓慢，一度处于停滞状态。此后，迫于资本主义发展形势，政府终于允许私人修建铁路，但这个"私人"却不包括本国普通资产阶级。其竭力吸引与奥地利大财团有业务往来的外国大企业进行投资，仍然将本国资产阶级踢出铁路修建队伍，从而使铁路修建权一度旁落到外国大财团手中，国家铁路交通运输权基本被国外资本控制，国内新兴资产阶级得不到迅速发展的机会。而交通运输的第二大重要行业——造船业及航海业的发展也并不是十分乐观，"对奥地利经济来说，值得注意的是，在1829年创办最重要最庞大的欧洲多瑙河企业即多瑙河轮船公司的，不是奥地利人而是两个英吉利人"，① 而这个公司所接触的企业主主要是捷克小企业主，没有奥地利贵族与资产阶级的参与。资产阶级工业发展所依赖的两大重要交通工具，在奥地利都没有被充分重视起来，这不仅严重影响了这两大行业的发展，也造成奥地利工业发展后劲不足等问题。工业发展需要大量的煤炭钢铁等资源，而奥地利国内工业发展所必需的煤铁资源开采量不足，技术相对落后，且重要煤区被个别贵族牢牢掌控着，这就使资产阶级企业主不得不依赖进口这些资源以满足工业发展需求，然而奥地利交通运输行业被国外资本控制，这一方面进一步造成进口煤炭钢铁等重要工业发展资源的成本增加，最终导致整个19世纪奥地利工业发展后劲不足；另一方面，这种情况也加重了资本家对工人阶级的剥削。资本家为获得更多利润，挤压成本空间，将额外成本转嫁到工人阶级身上，对其进行比其他资本主义国家更为残酷的压迫与剥削，工人获得的工资更加低微，劳动条件十分恶劣，生活愈加难以为继。

与此同时，在经济危机来临时，哈布斯堡王朝的经济政策也完全是消极的。政府对工业或农业发展的促进作用逐渐减少，甚至毫无作为，只有当危

---

① 〔奥〕埃·普利斯特尔：《奥地利简史》下册，陶樑、张傅译，生活·读书·新知三联书店，1972，第571页。

机威胁到贵族和大银行家享有的某种特权时，政府才实行干预经济的政策，而这时通常又以牺牲某些阶层人民的利益为代价。由于战争不断，军费开支庞大，国家财政大量资金用于购买军需物资支援前线战斗，这导致财政对国内经济社会建设投入相对较少，造成国内经济发展缓慢，反过来也造成国家财政出现严重危机。为了解决财政危机，奥地利政府采取大量发行纸币的方式，然而纸币的大量发行并不能真正解决经济问题，相反造成了严重的通货膨胀。"纸币夜以继日地印发，很快就造成了通货膨胀。奥地利政府两次被迫实行纸币贬值，因而有成千上万的人，主要是小资产阶级中间的人，丧失了他们资产的五分之四。"① 一些银行大资本家借机谋取私人利益，做起投机生意，致使社会经济秩序紊乱不堪。在此状况下，赋税仍旧十分沉重，农民并没有摆脱大地主的剥削，在常年战争困扰下，工业停滞、商业紧缩、物价飞涨，必须向贵族缴纳赋税的农民越来越贫穷，乃至破产。从 1830 年开始，奥地利不得不进口大量农产品，国内农业发展呈现颓废之势；工业发展的不平衡性也越来越凸显，加剧了危机的进一步蔓延。

此外，地区结构性失业与劳动力短缺成为发展的又一重大问题。政府因惧怕工人运动而拒绝工人在各地区自由流动，这就造成了地区结构性失业与劳动力短缺问题。一方面城市工业不断发展，对工人的需求量越来越大，但限制工人区域性流动的政策使城市中的工厂出现招工不足、劳动力短缺问题。另一方面，随着破产农民越来越多，为了维持生计，破产了的农民被迫成为工人，由于该政策的限制，这些农民无法进入城市，只能就地成为工厂雇员，而各地区工业发展状况各异，也势必造成有部分破产农民因地区工业发展落后无法提供更多岗位而无法找到工作。尽管一些大城市出现劳动力短缺问题，但相对于其他资本主义国家而言，奥地利的工人工资更为低微，生活更加困苦，"奥地利除了存在着从过去一直保留下来的这些苛捐杂税外，连其他国家的这种小小优越条件也没有。奥地利的商品很少，商品价格不断上涨"。② 工人

---

① 〔奥〕埃·普利斯特尔：《奥地利简史》下册，陶梁、张傅译，生活·读书·新知三联书店，1972，第595页。

② 〔奥〕埃·普利斯特尔：《奥地利简史》下册，陶梁、张傅译，生活·读书·新知三联书店，1972，第633页。

工作时间很长，基本上一天工作长达十二个小时，有时甚至是十四个小时，而且往往每周要工作七天。尽管奥地利工人工作时间如此之长，但一些工厂主仍旧绞尽脑汁缩短工人休息时间，提高工人工作效率，以榨取更多的剩余价值，有些工厂主甚至规定工人必须住在工厂内的简易房中，以便可以二十四小时听候差遣，随时开展工作。与此同时，工厂主还有权设立严苛的厂规而不受国家法律管制，如规定工人必须在其经营的店铺购买生活必需品，工人一家包括其子女都必须在其工厂工作等，一旦工人"违规"，工厂主有权对其进行罚款或体罚，工人俨然成了工厂主的私有财产，丧失了人身自由。此外，工人阶级生活环境极其恶劣，住房问题一直非常糟糕。据统计，只有约50%的工人拥有自己的住房，在这些住房中又只有18%附有独立的水、电、煤气等配套设施，许多工人的住房都存在面积狭小、采光差、基础设施配备不全等问题。很多人即使成年后都没有自己的住房，而且并不是所有人都拥有属于自己的床，事实上只有86%的人拥有自己的床，而1/4的已婚妇女没有自己的公寓，她们不得不和父母住在一起或租一张床。[①] 即使如此，资本家也从来没有想过减轻对工人阶级的剥削压迫，相反为了扩大生产、减少成本，奥地利很多地方还招募了大量的童工。为了使聘用童工看起来更加合理，这些工厂主们甚至编造诸如"工作可以代替学校教育""使他们养成诚实劳动的习惯""使儿童获得快乐"等谎言。一些童工甚至只有6—8岁，他们中"大部分被迫从早6时到晚8时在那闷热的厂房中劳动，经过一个短短的时期就变得像小老头一样，他们中间很多人在十四五岁的时候就因患结核病而去世"，[②] 这严重损害了儿童的身心健康。尽管在奥地利帝国末期，统治阶级颁布了义务教育法，且由于工业技术的提高，维也纳童工相对以前来说已有所减少，但雇用童工仍是普遍现象。与此同时，由于大多数工人文化教育水平极低，他们只能从事一些较为基础的工作，而这部分工作需要的恰

---

① Susanne Wurm, "'Red Vienna' 1923–1933: Socila Welfare", Central European Economic and Social History, http://centraleuropeaneconomicandsocialhistory.com/red-vienna–1923–1933–social-welfare.

② 〔奥〕埃·普利斯特尔:《奥地利简史》下册，陶梁、张傅译，生活·读书·新知三联书店，1972，第544页。

恰是具有可替代性的简单劳动，因而一旦工厂主对其工作不满，可以随时替换劳动者，这增加了这部分工人的失业风险，而一旦失业意味着工人生活将更加艰辛。与工人阶级糟糕的生存条件不同的是资产阶级极其富足奢靡的生活，资产阶级拥有奢华的住房，且居住地通常较为靠近城市中心，每天也不用因为生计问题而四处奔波，屋子里摆放着各种各样的用品，餐桌上摆放着各种各样的精美食物，资产阶级的小孩在明亮的教室中享受着教育的快乐。但这些繁华的景象是属于资产阶级与贵族的，这些繁华表象掩盖了工人们的贫困。这造成奥地利社会普遍的不满，为此后工人阶级意识觉醒、爆发大规模的反抗运动做了铺垫。

二 政治动荡

奥地利地处欧洲中部，与多国接壤，其邻国有匈牙利、斯洛伐克、意大利、斯洛文尼亚、列支敦士登、瑞士、德国、捷克等。此外，奥地利民族众多，其中奥地利民族为主要民族，斯洛文尼亚人、克罗地亚人、马扎尔人、匈牙利人等为少数民族，是一个典型的内陆多民族国家。历史上的奥地利曾为欧洲秩序重建中心，在哈布斯堡王朝统治时期，其最大版图横跨地域相当于现在的十二个欧洲国家，地理位置重要性不言而喻，因而在历史上奥地利国内的封建统治更加严酷，国内政治纷争不断，并与其他国家经常发生争夺领土的战争。

宗教在奥地利具有十分重要的地位，"宗教即政治，政治即宗教"。[①] 长期以来，奥地利的上层统治阶级都将宗教作为统治少数民族与所谓的野蛮部落以及巩固疆土的有效方式。事实上，奥地利的国王长久以来都是神圣罗马帝国的皇帝，对德意志地区具有统治权，早期的奥地利借助对神权的长期把控进行了疆土的扩张与统治，维护了奥地利在中欧的绝对地位，但长期的政教合一并不能满足工业化时代发展要求，且受到了工业化时代的严峻挑战。诚然，奥地利君主具有的神圣罗马帝国皇帝及奥地利国王头衔，使其对帝国

---

① L. G. Redmond-Howarded. , *Austria and Austrian People*, London：Simpkin, Marshall, Hamilton, Kent & Company, Limited, 1914, p. 44.

各种复杂要素进行调停和仲裁时十分便利，这也是奥地利帝国可以延续几个世纪的重要法宝，但是随着资本主义的发展，人民主权意识逐渐觉醒，人民越来越期待获得更多的自主管理权，因此，奥地利帝国要想维护统治应该进行改革，以适应资本主义现代化所带来的变化，赋予人民更多权利。然而，奥地利帝国的统治阶层从未想过让渡一部分国家权力给人民，其一直以来将国家权力视为家族的私有财产，即使其曾放弃神圣罗马帝国皇帝的头衔，但并没有改变通过专制手段对境内加强严苛统治的政策。哈布斯堡王朝的统治阶级将民主视为对其政权的威胁，并未洞察到民主时代的到来，依旧采取严酷的警察制度对民主主义者进行逮捕、屠杀，监视其一切行为，并查封、销毁一切进步书籍，解散非政治性协会及组织，"弗兰茨皇帝认为在国内可以利用严厉的警察手段保持平衡状态，又认为远征法兰西将是一次轻松的军事出游，这次出游可以使他以胜利者的身份严厉对付国内的反对派"。① 这引起了民族地方的强烈不满，一些地方甚至产生了脱离奥地利帝国统治的想法，"他们不希望奥地利对他们进行有效的统治，因为奥地利根本就不应该统治"，② 这进一步挑战了政教合一的奥地利帝国体制，奥地利帝国的统治政权开始瓦解。

在国内政权统治权威受到质疑，开始出现危机征兆时，奥地利却仍旧为了扩大国际影响力，维护其原有国际地位并尽可能地拓展疆土而不断发动战争，但对外战争并未取得预想结果，更未扭转国内政权颓败局势，相反加剧了王朝灭亡的速度，事件朝着相反的方向发展。1852—1853 年，俄国进行了大规模的扩张计划，严重威胁着土耳其海峡的稳定，一些资本主义国家也认为一旦俄国占领了土耳其海峡，其势力必然会超过其他国家，这威胁着西方资本主义国家之间的力量均衡。为了保证自身力量得到最大发展，本为俄国盟国的奥地利在此问题上持调和中立态度，引起了俄国的不满，同时德意志联邦国家在此问题上又无法与奥地利达成一致协议，因而奥地利也受到了德

① 〔奥〕埃·普利斯特尔：《奥地利简史》下册，陶梁、张傅译，生活·读书·新知三联书店，1972，第 589 页。

② Solomon Wank，"Desperate Counsel in Vienna in July 1914：Berthold Molden's Unpublished Memorandum"，*Central European History*，Vol. 26，No. 3，1993.

意志联邦国家的排斥，这都使奥地利处境十分尴尬。尽管如此，奥地利仍沉浸在昔日强国的美梦中，没有认清资本主义国家之间力量对比的变化。此后，奥地利与其他资本主义强国之间矛盾不断并演变成战争冲突，然而均以奥地利战败告终。战争的失败，导致奥地利国内政治生态进一步恶化，国内局势动荡不安。1866年，普鲁士与奥地利发生战争冲突，奥地利再次战败，一年后，普鲁士扩张版图，成立将奥地利排除在外的北德意志联邦，使奥地利在国际上的声誉一再降低，其再也无力领导德意志民族完成统一任务，因而丧失了在德意志联邦内的影响力，至此，哈布斯堡王朝开始衰落。为维护国际地位，挽救已经逐渐衰落的哈布斯堡王朝，1867年奥地利与匈牙利签订《奥匈协议》，重新组建奥匈帝国，但重组的奥匈帝国无论是在行政组织上还是实力上都远远不能与以前的奥地利帝国相媲美。虽然奥匈帝国国王仍为奥地利国王，但是为了凸显对奥地利与匈牙利的同等重视，其行政组织却被分为两套，国王日常事务轮流在奥地利与匈牙利首都进行处理。这种安排看似合理，实质上却存在诸多不合理与不公平之处，例如，双方为筹措共同事务费用所应承担的份额在分配上存在不公平与不合理之处，"匈牙利的份额确定为百分之三十。匈牙利承担的费用份额虽然小得多，但，基本上享受着平等权利"。① 类似的不平等规定比比皆是，无形中削弱了奥地利参与国内国际事务的影响力，匈牙利作为其重要组成部分承担了过少的义务，引起了奥地利人民的不满，造成帝国内部的相互敌视情绪，也加重了奥地利人民负担。所以，新组建的奥匈帝国并不是一个完整稳定的国家，而是一个内部处于分裂、矛盾重重的不稳定的国家。尽管之前奥地利的对外战争接连失败，但新组建的奥匈帝国给了奥地利统治阶级一种错觉，他们认为新组建的奥匈帝国足够强大，能够扭转奥地利国际国内的不堪局面，故而仍延续之前政策，不断对外发动战争。在其看来，只有发动战争，才能使其保持在各国中良好的声誉与地位，其逻辑正如时任奥匈帝国外交大臣贝希托尔德所说的，他们相信"如果我们怯懦地听任命运并按其行事，那么我们

① 〔奥〕埃里希·策尔纳：《奥地利史：从开端至现代》，李澍泖等译，商务印书馆，1981，第521页。

在世界历史上的角色就会消失"。① 然而，将命运掌握在手中的方法并不只有战争一种，不顾国内情况，一味发动维护王权统治权威的战争只能适得其反。

在国际上，奥地利无法成为统一德意志民族强有力的领导者，不断的对外战争并没有给国家带来期望中的影响力与荣誉，其国际地位不断下降，在资本主义国家内部的话语权逐渐降低。在对内政策上，奥地利政府无法很好地处理国内事务，且采取更为严苛的专制统治政策，使整个社会弥漫着恐怖气氛，"对这种惨无人道的新政策的恐怖心使得社会瘫痪了"，② 人民生活苦不堪言。

三 民族问题突出

奥地利是一个多民族国家，民族成分十分复杂，各民族拥有各自的语言与文化传统，加之奥地利曾长期是神圣罗马帝国的重要组成部分，每个国家都要服从于帝国的指挥，这使单个国家没有形成统一的民族认同，而更多的是联盟认同，这就使奥地利在塑造民族认同上的困难程度大幅提高，也使"在奥地利，每一个政治、经济、社会问题都可以认为具有民族意义"。③ 而长久以来，奥地利帝国一直没有建立起一个统一的、超民族的、全国范围的公民政治文化，这就为地方民族主义的发展敞开了大门。

由于奥地利帝国中枢没有一个强大统一的属于"奥地利的"国家市民社会，民族主义在地方不断成长起来，并日益对中央统治产生威胁。而在帝国体制之外的一切政治讨论与政策不是集中在帝国全体公民的人民主权上，而是集中在各个民族群体的民族主权之上。因而对奥地利各地区民族而言，忠诚主要面向的是民族，而不是国家。然而，奥地利帝国并没有认识到这一问

---

① E. von Steinitz, ed. , *Erinnerungen an Franz Joseph I.*: *kaiser von Österreich*, *apostolischer könig von Ungarn*, Berlin: Verlag für kulturpolitik, 1931, pp. 313 – 314.

② 〔奥〕埃·普利斯特尔:《奥地利简史》下册，陶梁、张傅译，生活·读书·新知三联书店，1972，第 603 页。

③ Otto Bauer, *The Question of Nationalities and Social Democracy*, MN: University of Minnesota Press, 2000, p. 450.

题的严重性并及时采取有效措施，相反帝国的统治阶层不顾现实，继续实行不恰当的民族政策，废除了"克莱姆齐宪法"，该宪法曾宣布奥地利境内一切民族权利平等，强调法律对公民的一律平等性，为民族问题提供了在当时来看较好的解决方式，对该宪法的废除无疑不利于解决民族问题，因而也得不到民众支持。对外的民族征战与统治也并不能使各民族增强对国家的认同感。由于每个地区都有自己的民族集团，这就使每个地区民族都会以优先保护各自民族权利与自由为生存法则，而与任何损害其民族利益行为进行斗争，随着资本主义的不断发展，这些地区的民族自觉意识进一步增强。正是新的资产阶级观念——自由原则、自决权以及监督权和人民参加国家管理权——加强了这些地区居民捍卫本民族的自由（哪怕是相对自由）的决心。但哈布斯堡王朝在这种条件下所实行的专制高压政策，实际上恰恰又限制了各民族捍卫民族自由发展的权利，因而遭到各民族人民的反对，民族地区的不满情绪普遍高涨。

此后，民族主义①思潮兴起，奥地利境内民族主义小团体纷纷涌现，民族意识进一步加强，但统一的国家民族意识仍旧没有形成，相反地区民族主义愈演愈烈，这推动了奥地利民族进一步走向分裂。而国家在处理民族问题上的政策又含糊不清、摇摆不定，政府并不反对挑起一个民族敌视另一个民族的做法，相反认为这种做法可以促进一些民族对国家的效忠，避免各民族团结起来形成反抗国家权力的组织。但当一些新的民族运动发展起来并形成一定规模的时候，国家又开始紧张起来，开始强调君主德意志的本质，强调国家的统一性及德语作为通用的、超民族语言的功能，削弱民族分裂趋势。但事实上这种在民族政策上的暧昧并不能真正解决民族问题。相反，在民族问题上随意、混乱与暧昧的处理方式造成民族问题日渐成为奥地利统一民族国家的障碍，地方各民族，如意大利人、罗马人、马扎尔人、德意志人等由于各自的宗教信仰、生活习惯、文化历史等不同，不断发生冲突，地区不稳

---

① "民族主义"一词在不同历史语境下具有不同意义，但从源头来看，国外学界认为其大致起源于18世纪末法国大革命，思想主张上强调对本民族的认同、归属与忠诚，在与其他民族交往或处理与其他民族国家事务时，以维护本民族利益、传统、自由与独立为底线。

定因素增加。

民族主义的发展影响了奥地利政治走向，使"德意志中产阶级内部有一种明显转向，即转向德意志自由'政治'的更具社会导向的民族主义目标"。① 而促成这种社会导向的融合剂就是反犹主义。尽管奥地利是多民族国家，不同民族之间因宗教等问题曾一度产生矛盾，但这些民族的唯一共同点是对犹太人怀有仇视心理，加之哈布斯堡王朝率先对犹太人实行歧视政策，实行严酷的政策限制其发展，使犹太人在奥地利社会、政治等领域越来越边缘化，这样犹太人更加被看作"是个有害的、外来的因素"，"捷克人还将犹太人视为德意志—捷克冲突中德意志人的第五纵队"，② 因而犹太人被当作必须被驱逐或灭绝的外来民族遭到奥地利民族主义者的排斥与迫害。19 世纪80 年代奥地利反犹主义浪潮在政治变幻中兴起。1887 年德意志民族主义反犹分子联合起来成立"基督教联合会"，这致使基督教社会党势力不断扩大，并逐渐渗透到社会政治领域，成为影响奥地利政治发展走向的一大政党。反犹主义的兴起加剧了犹太民族与其他民族之间的矛盾，然而，由于犹太民族善于经商，广泛分布于工商业各领域，把控着奥地利绝大部分经济命脉，这又使民族问题与经济问题相互交织，增加了解决奥地利民族问题的复杂程度。

四　奥地利社会民主党的建立

奥地利马克思主义产生之前，各国工人反抗资本家剥削的运动就已经开始，在马克思主义思想指导下，各种社会主义工人团体、组织、政党纷纷成立，有序开展斗争，到 19 世纪末社会主义运动已经从单个国家扩散到世界各国，成为世界范围内的广泛运动，无产阶级国际团结思想广泛传播开来，社会主义运动蓬勃发展。

而随着资本主义全球化的发展，资本主义剥削已经由国内扩展到国外，由一国拓展到全世界，尤其是落后国家不仅受本国资本主义剥削，还

---

① 〔美〕史蒂芬·贝莱尔：《奥地利史》，黄艳红译，中国大百科全书出版社，2009，第 148 页。
② 〔美〕史蒂芬·贝莱尔：《奥地利史》，黄艳红译，中国大百科全书出版社，2009，第 150 页。

受到殖民主义统治，全世界无产阶级有着相似的遭遇与命运，推动了全世界无产阶级命运共同体的形成。而社会主义思潮也逐渐被各国进步知识分子、先进无产阶级所接受，作为反抗资本主义剥削与压迫，改造世界的强有力的武器。至此，社会主义运动成为世界性的运动，第一国际、第二国际的建立更加强了各国无产阶级的团结，为各国无产阶级交流与行动提供了平台。

1889 年各国社会主义政党组织、工人团体代表在巴黎召开会议，宣布了第二国际的成立，世界各国工人阶级重新获得相互沟通与联合的机会。虽然第二国际存在时间并不是很长，仅仅只有 25 年，且采取了比较松散的组织形式，没有迅速建立起任何常设机构，但其在存在期间共召开 9 次代表大会，在组织和团结各国工人阶级、积蓄革命力量，指导各国有序开展工人运动等方面发挥了重要作用。在第二国际的带领下，工人阶级有了第一个属于自己的节日，通过了庆祝国际五一劳动节的决议、关于确立三八国际妇女节的决议、关于争取工人劳动立法和劳动保护的决议等。在这些决议的指导下，世界各国工人阶级就争取劳动权益等接连发动轰轰烈烈的大规模罢工行动，打击了资本主义势力，各国工人阶级及其政党利用合法手段开展合法斗争取得了重大成就。随着反抗帝国主义侵略，维护国家独立主权成为各国迫切任务，各国开展了反战罢工、游行等活动。美国的社会主义工人党创办全国性英文刊物《人民周刊》参加对第二国际机会主义的斗争，推动社会主义思想在美国工人间传播。芝加哥工人为反抗资本家榨取超额剩余价值，缩短工人工作时长，而于 1886 年 5 月 1 日举行群众性罢工并取得了阶段性成果。这一天后来被称为劳动节，它是第一个世界范围内所有劳动者的节日。阿根廷于 1890 年为争取工人合法权益进行了五一节游行大罢工，参加罢工的各工人组织于 1891 年成立了社会主义联合会，1896 年在此基础上成立了阿根廷社会党继续带领工人阶级开展工人运动，致力于传播社会主义思想，为工人阶级争取更多权利。事实上，从 19 世纪六七十年代以来，资本主义得到了繁荣发展，这样的繁荣发展却是以牺牲工人经济权利、健康权以及政治权益等换来的，资本家对工人阶级的剥削也越来越严重，这使各国无产者越来越多，无产阶级队伍也越来越庞大，在马克思主义思想指导下各国工人运动就已经有序开展，各国工人阶级政党纷纷成立，工人阶级有了自己的政党组织，能够蓬勃、有序而稳健地开展本国工人运动，工人阶级热情高涨，国际范围内的社会主义运动高潮迭起。

在世界社会主义运动蓬勃发展时期，奥地利工人阶级也积极响应国际工人运动，发动争取工人合法权利的斗争。奥地利由于毗邻德国，更深受德国社会主义运动的影响。1869 年在马克思恩格斯的帮助下，在李卜克内西等人的组织下，德国工人阶级成立了自己的政党组织——社会民主工党。作为世界上首个建立的以马克思主义为指导的工人阶级政党，社会民主工党为其他国家建立代表本国工人阶级利益的政党提供了范本，此后许多国家工人阶级都以其为榜样，纷纷成立本国的政党组织，奥地利社会民主党就是其中之一。1867 年 12 月 15 日，首个覆盖整个奥地利工人的组织——维也纳第一工人教育联合会成立，这是奥地利社会民主党的雏形。在德国社会民主工党成立的感召下，维也纳第一工人教育联合会领导层决定成立奥地利的工人政党组织。1888 年 8 月 30 日，在第九届工人代表大会上，与会人员一致认为为了团结更广泛的工人群众，奥地利亟须成立一个能够代表所有工人利益的社会主义政党。四个月后，在奥地利马克思主义早期领袖人物维克多·阿德勒主持下，一个致力于带领奥地利工人实现社会主义的政党——奥地利社会民主工党①正式成立。大会通过了党的纲领——《海因菲尔德宣言》，强调了马克思主义的基本思想主张，指出工人阶级贫困的根本原因、资本主义的历史阶段性，驳斥了资本主义永恒性观点，并将消灭私有制作为实现社会主义的目标，勾画了社会主义蓝图，基本上体现了马克思主义的主要思想。事实上，19 世纪中叶奥地利就已经出现了早期的工人自发联合组织，但受到奥匈帝国当局的严酷镇压，直至 1889 年奥地利社会民主党成立，才使工人组织有了依托屏障。奥地利社会民主党成立后，努力争取工会支持，积极团结工人阶级，据统计，截止到 1891 年，奥地利有大约 300 个工会，近 6 万名会

---

① 1945 年改为奥地利社会党，1991 年改党名为奥地利社会民主党。本书一般称为奥地利社会民主党。

员。1890 年至 1891 年，在工会的组织下，各行业召开了奥林匹克工人大会，成立了全国工会中心，避免一些地方工会或行业工会各自为政，彼此因利益而仇视对方，破坏工人阶级的团结。同时，奥地利社会民主党诞生后，各工会组织、工人组织表示要与之建立更为紧密的联系，它们达成一致协定，申明要统一开展行动，并在开展行动、争取各项权益时，将征求其意见，并尽可能地赞同其主要思想主张，① 推动了工会与奥地利社会民主党的联合。实际上，工会及其他工人组织的这种做法十分正确，有利于工人运动的有序开展。在奥地利社会民主党带领下，工人开展的各项斗争取得了一系列重要成就，并形成了工人运动依赖无产阶级政党，无产阶级政党又通过工人运动践行无产阶级思想发展并壮大政党队伍的经验。奥地利社会民主党的成立不仅使工人运动得以顺利开展，也催生了一大批具有马克思主义思想的有志之士通过工人运动不断丰富和发展马克思主义思想。事实上，奥地利马克思主义者大部分是奥地利社会民主党的主要领导人，他们的很多理论文章在党的机关报上得以发表，在此后较长时间内其思想成为奥地利社会民主党的指导思想。奥地利马克思主义思想理论可以通过社会民主党平台得以实践并发扬光大。从这个层面来讲，奥地利社会民主党的成立为奥地利马克思主义的理论与实践得以顺利结合提供了重要载体，推动了理论与实践的进一步深化与发展，为奥地利马克思主义的形成与发展做出了重要贡献。

第二节　奥地利马克思主义产生的思想来源

奥地利马克思主义的形成受马克思主义理论的影响，也受到当时新哲学思潮、新理论及第二国际内部思想的影响，是奥地利先进知识分子根据本国实际、个人研究兴趣、理论发展等，本着实现共同追求的理想目标而不断推动形成的。

---

① 参见苏联科学院国际工人运动研究室编《国际工人运动——历史和理论问题》第 2 卷，杭州大学外语系俄语教研室译，工人出版社，1984，第 226 页。

一　马克思主义思想的传播

奥地利由于其特殊地理位置而成为各种思想汇集的重要场所。在这片土地上闪烁着思想的光芒。其邻国德国是马克思主义的发源地，匈牙利诞生了著名的西方马克思主义者乔治·卢卡奇等，这都为奥地利接受马克思主义思想提供了良好的思想氛围。卡尔·格律恩堡是法兰克福社会理论研究所首任所长，同时也是比较早将马克思主义传入奥地利的重要人物，更是奥地利马克思主义的第一代领军人物，有着"奥地利马克思主义之父"的美誉。他一生致力于传播马克思主义，创办了以介绍马克思主义著作、马克思主义者的研究成果而著称的《社会主义和工人运动史文库》，为社会主义工人运动提供理论指导。

此外，马克思恩格斯曾密切关注奥地利革命。1848 年 8 月 27 日，马克思亲自到访维也纳进行了为期十天的考察。在此期间，马克思做了三场面向奥地利所有无产阶级的演讲，会见了一些革命代表及组织，参加了一些工人团体组织举办的关于工人问题的研讨会，并细致解答其存在的思想问题，对当时奥地利革命状况做了充分了解并给予指导。马克思强调维也纳的斗争和巴黎一样都是两大对立阶级之间的斗争，并不是简单的利益纠纷与矛盾，就性质来说都是阶级斗争。在这三次演讲中，马克思着重向工人解释了在资本主义社会里雇佣劳动的概念以及资产阶级剥削工人阶级的事实，以期使每个工人都能够清楚地认识到自己的现实处境、悲惨命运根源及社会阶级地位。事实上，在马克思到来的前几天，维也纳的工人阶级抗议削减工资的示威活动就遭到了奥匈帝国的国家卫队的强力阻挠，工人阶级大量伤亡，这激起了工人阶级对统治阶级的强烈不满，而马克思的到来为奥地利工人阶级送来了马克思主义。马克思关于资产阶级剥削压迫工人阶级的详细阐述以及对资本主义本质的揭露，更能获得维也纳工人阶级的认同。由此，马克思在维也纳工人阶级中的声望大大提高，马克思的思想在奥地利也得到了进一步传播。1861 年，马克思成为维也纳一份资产阶级自由倾向的报纸——《新闻报》的记者。在一年零一个月的时间内，他在该报纸共发表 52 篇文章，虽然这些文章由于政治原因没有署上马克思的名字，但马克思的思想却在奥地利境内得以进一步传播。1868 年《共产党宣言》在奥地利社会民主党中央机关报《工人报》①上发表，受到了工人阶级的欢迎与支持。恩格斯晚年十分关心奥地利社会主义发展并亲自进行了指导。1893 年 3 月到 4 月初，为庆祝即将到来的五一劳动节，恩格斯给奥地利工人撰写贺信，指出对于其他国家来说五一这一天需为无产阶级事业进行斗争而不是开展庆祝活动，但是在奥地利工人未获得选举权的当下，奥地利工人坚持进行五一劳动节庆祝活动是正确的，表明了斗争决心，应该支持，"在 5 月 1 日这一天，人们当时得为无产阶级事业进行工作，而不是进行庆祝活动。可是在你们奥地利，工人还没有选举权……因此，当奥地利工人在任何情况下都始终不渝地坚持进行五一庆祝活动时，他们是正确的，无论如何是正确的"。② 1893 年 9 月，恩格斯同德国社会民主党领导人奥古斯特·倍倍尔在参加第二国际大会后，特地在维也纳逗留了几天，其间会见了奥地利社会民主党领导人维克多·阿德勒，并在奥地利社会民主党庆祝苏黎世代表大会胜利闭幕的大会上做了演说，称赞 1893 年 7 月 9 日奥地利社会民主党组织的 4 万维也纳工人举行争取普选权、占领市政厅大厦的工人运动，指出这一天是维也纳工人运动划时代的日子，"从你们占领市政厅大厦的那一天起，谁也不会再对你们估计不足了"。③ 马克思去世后其女儿爱琳娜与劳拉继承其革命意志继续进行社会主义宣传与革命活动。劳拉与其丈夫拉法格为分析当时帝国主义、金融资本等做出了突出贡献，希法亭的《金融资本》就曾受其影响。爱琳娜在第二国际曾占有重要地位，是当时著名的社会主义者，其思想对奥地利等第二国际国家的社会主义运动产生了一定影响。她们都曾为奥地利《工人报》撰稿，揭露资本主

---

① 《工人报》（*Arbeiter-Zeitung*）是奥地利社会民主党的机关报，1889 年 1 月 12 日在维也纳创刊，从 1889 年至 1893 年在维也纳每周出版一次，1894 年每周出版两次，从 1895 年 1 月 1 日起每天出版。1934—1936 年，二月起义失败后，转移到捷克城市布尔诺出版。1945 年复刊，1991 年 10 月 31 日停刊。该报的编辑是维克多·阿德勒。恩格斯在这家报纸上发表了许多文章。为该报撰稿的马克思主义者还有奥·倍倍尔、爱琳娜·马克思－艾威林和工人运动的其他活动家。

② 《马克思恩格斯全集》第 22 卷，人民出版社，1965，第 470 页。

③ 《马克思恩格斯全集》第 22 卷，人民出版社，1965，第 482 页。

社会的黑暗及资产阶级的残酷统治，向工人传播马克思主义思想。爱琳娜曾在该报纸上发表了一系列有关社会主义的时评，主张工人阶级团结起来，同时强调妇女也是工人阶级一部分，应该将她们团结到反抗资本主义的斗争中来，她曾鼓励奥地利的妇女道："奥地利女工知道她们应当组织起来，抗议，她们能够做到……这份报纸就是证明，尽管有各种障碍，她们还是迈出了朝向组织起来的第一步。"爱琳娜关于妇女也是工人阶级一部分的思想后来被奥地利马克思主义充分吸收。尽管在19世纪60年代末奥地利工人运动曾分裂为激进派与温和派，两派政治主张各有不同，但是随着马克思主义在奥地利的传播，各派并没有明确表示放弃马克思主义，其目标仍是实现社会主义。

与此同时，在奥地利兴起的大范围反犹主义运动中，马克思主义者并没有与这些党派同流合污。虽然，马克思主义强调要打碎资本主义的国家旧机器，威胁到大部分从事资本主义生产活动的犹太人的生计，马克思强调的无神论也直指犹太教及基督教等宗教对人民的欺骗，但马克思主义仍将犹太人纳入被解放的人类中。马克思曾在《论犹太人问题》中对犹太人解放问题做了详细的阐述，批驳了青年黑格尔派对犹太人解放问题的偏见与谬论，强调不解放犹太人就谈不上全人类的解放。1891年，由恩格斯主持建立的第二国际召开布鲁塞尔代表大会，会上第一次讨论并通过了关于犹太人问题的决议，决议明确指出，"反犹煽动和亲犹煽动只不过是资本家阶级和政治上的反动派的诡计，其目的在于分裂工人和转移社会主义运动的目标"，"对于受压迫的犹太人来说，只有一个获得解放的办法：加入社会主义的行列"，[1] 指出犹太人也是受害者，社会主义是其摆脱受迫害、实现解放的唯一道路。无产阶级对犹太人敞开了大门，第一次没有偏见地对待犹太人，看到犹太人一直以来所遭受的不公与压迫，犹太人第一次受到了平等待遇，因而，马克思主义受到了奥地利很多犹太理论家的欢迎，这也是奥地利社会民主党内部拥有众多犹太血统的奥地利马克思主义理论家的重要原因之一。

在这样的情况下，马克思主义在奥地利得以传播并被接受成为可能，但这种"可能"最终建立在奥地利社会民主党的社会实践中。早前，恩格斯曾

---

① 王学东主编《国际共产主义运动历史文献》第15卷，中央编译出版社，2015，第40页。

认识到奥地利特殊的国情，工人阶级受剥削程度远远超过其他欧洲国家，民族矛盾以及阶级矛盾十分激烈，奥地利社会民主党根据实际情况，组织工人阶级开展了一系列反抗斗争，这得到了恩格斯的赞赏，他认为奥地利社会民主党开展的斗争运动在整个欧洲都具有重要意义，"现在奥地利在欧洲的政治活动中占首要位置"。① 然而，奥地利社会民主党一开始并没有完全采纳马克思主义，更加倾向拉萨尔主义，但随着资产阶级虚伪面目的不断暴露，拉萨尔主义暴露出的种种缺陷使奥地利社会民主党领导人认识到，该理论显然不能解决奥地利社会问题，也无法为工人阶级争取更多权益，更不可能成为打倒资本主义剥削实现社会主义的有力武器。因而，在经过不断探索后，奥地利社会民主党最终接受了马克思主义，并在本国马赫主义、新康德主义影响下形成了符合本国实际的奥地利马克思主义理论，竭力团结工人阶级，组织工人运动，赢得了工人阶级的支持，推动了社会主义意识在工人阶级及工人阶级组织内的确立，"工人教育协会和专业工人协会通常都具有社会主义倾向，工人报刊还办得很活跃"。② 1868 年奥地利社会民主党人在维也纳召开工人代表大会，1870 年奥地利工人进行了一场声势浩大的争取结社权的游行示威活动，从而获得了合法罢工权利。1888 年，著名奥地利马克思主义者、社会民主党领袖维克多·阿德勒为防止党派分裂，在海因菲尔德党代表大会上做出了积极的努力，防止了工人运动分裂为温和派与激进派，同时以其为代表的社会民主党人通过竭力为工人阶级争取选举权，赢得了大部分工人的拥戴。1893 年，社会民主党举办争取选举权的大会，在帝国代表大会上提出了关于人人都具有选举权的议案，要求"在城乡选区内实行的选举团选举权的范围内，选举权扩及一切国家公民"。③ 然而，奥地利境内的封建派、自由反对派等一切反动势力联合起来反对该提案，导致该议案最终未能通过。该事件使奥地利境内工人阶级进一步认识到资产阶级反动派的真实面

---

① 《马克思恩格斯全集》第 39 卷，人民出版社，1974，第 163 页。
② 〔奥〕埃里希·策尔纳：《奥地利史：从开端至现代》，李澍泖等译，商务印书馆，1981，第 527 页。
③ 〔奥〕埃里希·策尔纳：《奥地利史：从开端至现代》，李澍泖等译，商务印书馆，1981，第 538 页。

目，更加坚信马克思主义理论的正确性与科学性，他们团结在奥地利社会民主党周围反对阶级压迫与统治。经过奥地利社会民主党多年努力，马克思主义在奥地利工人阶级心中留下了深刻烙印。1893 年，在马克思逝世十周年之际，奥地利社会民主党在维也纳索非恩赛尔音乐厅组织了一场纪念活动，工人们从四面八方赶来自愿参加到这次纪念活动中来，《工人报》曾报道其盛况："参加纪念活动的人有身着庄重的服饰特地赶来的，也有离开车间，穿着工作服装，戴着皮围裙，放下手中的工作匆忙赶来的……前来参加纪念活动的人数总共大约 5000 人，是音乐厅所能容纳的人数的两倍之多。"由此可见，马克思主义在奥地利传播甚广，受到工人阶级的普遍支持，成为奥地利马克思主义形成并不断发展的重要思想来源。

二　新哲学思潮及新理论的影响

如果说黑格尔哲学思想是近代哲学思想的集大成，那么从 19 世纪末开始，马赫主义和新康德主义则作为威胁黑格尔哲学地位的新哲学思想被热情追捧，成为欧洲最受欢迎的哲学思想，其受欢迎程度不亚于黑格尔哲学思想在此前的殊荣。

新康德主义主张"回到康德那里去"，它最早可以追溯到哲学家库诺·费希尔（Kuno Fischer，1824—1906）在 1860 年出版的著作中对康德哲学的重新阐释与理解，其观点一经出现就引起了当时一些哲学家的兴趣，随着越来越多的人对康德进行重新研究，新康德主义逐渐形成。其中，学界比较公认的形成标志是奥托·李普曼（Otto Liebmann，1840—1921）的《康德及其模仿者》和弗里德里希·朗格（Friedrich Albert Lange，1828—1875）的《唯物主义史》出版。以赫尔曼·柯亨等为首的马堡学派与以威廉·文德尔班、海因里希·李凯尔特为代表的弗莱堡学派的形成，使新康德主义走向高潮。

不可否认，新康德主义具有一定的反抗精神，它既反对黑格尔思辨唯心主义对学术话语权的垄断，试图打破黑格尔哲学的束缚，同时又反对当时的唯物主义、心理主义等，更多地强调要发挥康德批判哲学的先验主义倾向，集中表现在"虽然以先验的方式理解自己并以康德为依据，但是最终都是费希特的后裔，试图利用根源于自我的最高原则进行推论的所有优势，抛弃自在之物这个独断的残余"。① 新康德主义者对形而上学进行了猛烈批判，充分发挥康德主要思想的指导作用，强调康德相关思想对主体创造客体的充分体现。此外，受19世纪科学技术发展的影响，新康德主义者试图运用自然科学发展取得的新成果来论证康德先验论的正确性与科学性，并最后与其他主义派别划清界限，指出任何与之为伍的有志之士，都必须遵循先验方法。② 此外，新康德主义者对认识论问题进行了讨论与细致研究，对近代形而上学唯物主义的缺陷进行了批判，指出前康德的、马克思主义的唯物主义太过专断，不能用来发展马克思主义哲学。同时，新康德主义者强调哲学的焦点应该是价值问题，指出"哲学只有作为普遍有效的价值的科学才能继续存在"，③ 从而建立起价值哲学体系。

与新康德主义并驾齐驱的是马赫主义，因其所具有的实证性特征又被称为经验批判主义，事实上，其产生也直接受到了当时科学技术发展的影响。从本质上来讲，马赫主义是建立在对物理学成就的歪曲基础上的。总体来看，马赫主义主要由物理学家马赫创立的要素论与德国哲学家理查德·阿芬纳留斯（Richard Avenarius，1843—1896）的经验批判主义构成。马赫的要素论强调实验与观察，要求重视科学经验，但又认为人的认识不能超出经验之外，其要素不同于科学研究中强调的物质要素，他将主观感觉、感受等统统归为要素，他拒绝承认原子存在的客观性，拒绝承认时空的客观性，认为自然界中根本就不存在必然性及因果联系，他将一切科学活动仅仅简单地看作经济活动，究其原因，他指出是人的生命限度造成了人的思维限度，因而人永远也无法通过个人思维对事实做出详尽的解释，④ 而且他认为科学的发展也可以从经济角度去解释，将科学看作同质要素的结合，⑤ 从而将其要素论与科学进一步联系起来，将科学简单化。他否定要素存在左右派别之分，

① 严平编选《伽达默尔集》，邓安庆等译，上海远东出版社，2003，第312页。
② 侯鸿勋、郑涌编《西方著名哲学家评传》第8卷，山东人民出版社，1985，第160页。
③ 〔德〕文德尔班：《哲学史教程》下卷，罗达仁译，商务印书馆，1996，第889页。
④ 洪谦主编《西方现代资产阶级哲学论著选辑》，商务印书馆，1964，第46页。
⑤ 洪谦主编《西方现代资产阶级哲学论著选辑》，商务印书馆，1964，第44页。

强调要素具有中立性，试图撇开传统唯物唯心二元论的束缚，但实际上却是一种自以为是的投机，本质上仍未脱离唯心主义窠臼。

另一位马赫主义代表阿芬纳留斯同样认为要跳出唯物唯心二元讨论的传统窠臼，强调应追求"真实的统一的世界"，而这样的世界完全是通过纯粹经验组合而成的，是既不是唯心的，也不是唯物的第三种东西。他提出"原则同格论""费力最小原则"，即思维合理性与自我维护性，这与马赫的思维经济原则类似，都是从经济角度去看待科学。此外，他还提出对"真实的统一的世界"的理解可能会因人而异，为避免不同人因经验差异而造成矛盾，他又提出消除物理与心理差异，留下纯粹经验的反"嵌入"说，即强调认识并不产生于主体对客体的反映，思维只是被嵌入大脑里，而不是从大脑中产生。列宁曾指出马赫主义的本质并不是唯物主义，而是唯心主义。[①] 尽管其理论存在各种不足，马赫主义在当时物理学危机的影响下还是在学术界迅速流行起来，受到一些科学家及哲学家的追捧，又由于其打着科学的旗号，使理论具有一定迷惑性，一些理论观点错误并不容易被轻易识别，使其得以在工人阶级内部迅速传播开来，一些无产阶级政党更是将之看作"补充"马克思主义，推动马克思主义"发展"的重要工具。

除新哲学思潮的影响之外，奥地利马克思主义的形成还受到各领域产生的一些新理论的影响。19 世纪末科技飞速发展，物理学、经济学等领域均取得了一定成果，新理论、新思想如雨后春笋般层出不穷。经济学领域出现了以庞巴维克为代表的在当时西方最具影响力的经济学新流派——奥地利学派（也称维也纳学派）。该学派的理论基础建立在创始人卡尔·门格尔提出的"商品中最不重要部分的效用决定价值"的理论上，即边际效用论。后继者庞巴维克在对边际效用理论进行总体论述后向马克思的劳动价值论与剩余价值论提出挑战。奥地利学派主张运用抽象演绎法来分析经济现象，将个人抽象出来，把人的需要及其满足当作研究出发点，从心理学角度说明人的需要、一切经济范畴都是人趋利避害追求享乐的自然反映，强调政治经济学应该研究个人需要与满足这些需要的手段之间的关系并寻求最经济手段。奥地

---

① 《列宁选集》第 2 卷，人民出版社，2012，第 239 页。

利学派将价值分为主观与客观两种类型，强调客观取决于主观，即人的主观价值判断决定万事万物的价值，进而指出事物的价值不取决于其自身，而是取决于其是否对人有用，同时人拥有事物的多寡（稀缺性）也对其价值大小产生决定作用。在此理论的支撑下，奥地利学派进一步提出，市场价格并不取决于商品自身价值而是取决于交换双方对商品的主观评价，即讨价还价是市场价格形成的依据，强调商品价值由边际效用量决定，而边际效用量又取决于供求关系。此外，奥地利学派还提出生产性物品的价值理论、资本论和时差利息论，从人与物、与自然之间的关系上看待资本的性质，强调资本没有独立的生产力，不能带来利息。此外，奥地利马克思主义还受当时流行的伦理社会主义的影响。伦理社会主义强调用康德的伦理思想改造科学社会主义，是新康德主义在政治领域的反映，强调道德原则在社会发展历程中的作用，认为经济的作用被完全夸大了，反对再将经济视为决定因素，而应该将道德原则看作社会发展的真正原则，"道德的唯心主义"是社会主义的基础，将社会主义看作一种理想，更加强调社会主义的空想性，反对革命，相信可以通过教育改善人性进而改善社会。

三　第二国际内部思想的影响

第二国际成立后，各国工人之间联系更加紧密，在第二国际指导下，各国工人及其政党组织有序开展了一系列斗争活动，并取得了丰硕成果。然而，随着帝国主义时代的到来，各帝国主义国家之间发展参差不齐，综合实力不尽相同，政治经济发展不平衡性进一步凸显，这使各国社会主义运动开展出现差异，不同国家工人政党组织对资本主义发展认识产生分歧，并引发了一系列有关社会主义道路问题、斗争方式问题及马克思主义发展问题等的大讨论。

面对资本主义新时代的巨大变化，第二国际思想家试图在阐释和继承马克思恩格斯思想的同时，对新产生的问题与实践进行各自的思考与解读。他们围绕马克思主义的党性问题，以及"工人阶级意识的形成是自发的还是必须从外'灌输'，社会民主党必须坚持对工会的领导权还是工会是独立的组织，革命手段运用民主手段还是暴力手段，国家利益与民族利益保护谁更突出，帝国主义走向超帝国主义还是社会主义"① 等诸多问题，形成如何阐释马克思主义，如何对其进行时代化、大众化、民族化等新的条件下产生的亟待解决的四大命题。对马克思主义理解的不同进而产生了经济决定论派与青年派。经济决定论派的主要代表人物是保尔·巴尔特，他将唯物史观等同于经济决定论，提出"社会静力学""机械论"的论断，认为生产力与生产关系的相互关系就是单纯机械性的东西，马克思主义否认了意识的主观能动作用，将意识看作消极被动的东西，在社会两对基本矛盾的相互运动中处于旁观者地位，对社会运动发展无能为力，进而将马克思主义归为社会学、经济学，而不是哲学。"青年派"以保尔·恩斯特为典型，其成员以德国社会民主党内的小资产阶级、半无政府主义者及大学生和青年文学派为主，与经济决定论派一样，他们也将唯物史观归结为"经济决定论"，认为历史在唯物史观视野内是具有自发性的存在，经济是唯一能决定历史的存在，人在其中只是听凭摆布的棋子、奴隶，没有一丝能动性，进而将唯物史观当作一种公式、标签或套话而不是科学。这两种思潮都受到了恩格斯的强烈批评。恩格斯晚年在给康·施米特等人的书信中特别对唯物史观与唯心史观进行了区别，对当时第二国际内部对唯物史观的歪曲、庸俗化理解进行了猛烈抨击，澄清了一些理论理解上的误区，但这种将唯物史观庸俗化的倾向并没有在第二国际内被消除，且在日后产生了不良的影响。

随着资本主义进入相对和平的发展期，科技飞速发展，经济发展水平提高，资产阶级为缓和阶级矛盾，维护阶级统治，让渡出一部分政治经济权力，资本主义发生新变化。在企业管理上，企业组织形式发生变化，实行民主化管理，工人参股分红。在政治上，放松对工人参与政治的权利的限制，议会民主、协商民主等在形式上赋予了工人政治平等权。同时，由于工人运动为工人阶级争取了良好的工作环境，工资报酬也相对得到了提高，这使第二国际中一些人认为资本主义与工人阶级矛盾得到缓和，通过议会斗争而不是暴力流血革命就可以和平取得国家权力，实现社会变革。

① 方章东：《第二国际思想家若干重大理论争论研究》，中国社会科学出版社，2018，第9页。

因而，他们提出"马克思主义过时论"，强调马克思主张的革命时代已经过去，其理论已无法指导变化了的客观实际，因而要对马克思主义进行适时修正，以实现所谓的马克思主义的发展。对理论创新与发展的想法是好的，但其错误就在于完全抛弃马克思主义理论的精华。伯恩斯坦正是这种主张的集大成者。伯恩施坦提出世界经济政治已经发生变化，已与马克思恩格斯所处年代不同，主张要重新认识资本主义与社会主义问题，并根据新的情况来"修正"马克思主义。他驳斥马克思主义关于资本主义即将灭亡的论断，对劳动价值理论、社会主义革命理论等都提出了自己的见解，指出，在不打破资本主义框架的前提下，只通过议会斗争就能实现社会主义。同时，他反对单一公有制，认为单一公有制可能会造成官僚主义及新剥削阶层的产生，反对无产阶级专政，认为不通过专政而通过合法手段就能够实现工人追求的理想社会，从而着重强调法权意义上的民主对社会主义的重要性。在他的论述中，社会主义已经不是一种社会形态，而仅仅是向全面民主发展的一个过程而已。具体主张上，在哲学方面，伯恩施坦十分推崇新康德主义，主张吸收借鉴新康德主义的理论观点，并用多因素决定论取代一元决定论，否认唯物辩证法的科学性，企图用庸俗进化论来修正甚至取代唯物辩证法在马克思主义理论中的地位；在政治经济学方面，指出劳动价值论存在缺陷，用边际效用理论补充劳动价值论，否定剩余价值的科学性，认为公有制并不是实现社会主义的经济制度，单一公有制甚至可能会造成新的剥削阶层的产生；在社会主义理论上，否定阶级斗争与阶级矛盾的存在，极力反对无产阶级专政，认为无产阶级专政会产生专制政治，应该放弃社会主义代替资本主义的构想；等等。此外，他认为有效的法律及必要的权利是改变工人生活境遇的关键，社会主义的实现依托资本主义经济发展程度，"只要结社权、有效的保护法和政治选举权使工人能够确保自己在财富的增加上获得的份额增长，从那时刻起工人同财富的增加也就有了利害关系。社会愈富足，社会主义的实现就愈容易而且愈有把握"。① 尽管伯恩施坦早前也曾注意到资本主义产生的新变化，也强调要

---

① 〔德〕伯恩施坦：《社会主义的历史和理论》，马元德等译，东方出版社，1989，第196页。

根据变化了的实际来发展理论，他也多次强调自己是坚定的马克思主义者，但是在阐述自己的社会主义学说时却抛弃了马克思主义，同时最终也抛弃了建立社会主义的理想目标，而仅仅将社会主义看作一个过渡阶段，提出了"运动就是一切，最终目的是微不足道的"的谬论。列宁曾对其进行批判，指出这是牺牲无产阶级利益的修正主义，"伯恩施坦的这句风行一时的话，要比许多长篇大论更能表明修正主义的实质"。① 伯恩施坦没有理解辩证法，也没有理解马克思主义的革命性，不但没有创新、发展理论，丰富理论内涵，而是走向了马克思主义的反面，并在第二国际造成了严重不良影响。例如，第二国际重要理论家考茨基起先也像其他马克思主义者一样对伯恩施坦思想进行强烈批判，但同时他又对伯恩施坦予以同情，认为其思想具有可取之处。他一方面批评伯恩施坦主义中的改良主义倾向，另一方面又认为帝国主义具有强大生命力，因而在资本主义之后并不是立刻就实现社会主义，而是存在一个过渡性阶段，即"超帝国主义"阶段。无产阶级不需要进行暴力革命，只需要耐心等待这一阶段的到来，他强调在这一时期无产阶级也要和资本主义政府进行合作，以促进社会主义的和平过渡。实际上，考茨基与伯恩施坦主张类似，都是在资本主义框架下的改良主义。二人由于长期以来在第二国际内处于重要领导地位，同时与奥地利马克思主义者交往甚密，考茨基一度加入奥地利社会民主党，很长一段时间为德国社会主义工人党中央机关报《前进报》② 撰稿，因而对奥地利马克思主义的形成起到了不可忽视的作用。

在这样的背景下，奥地利的青年学者开始对马克思主义进行独立思考，他们反对伯恩施坦之流的修正主义与教条化理解马克思主义的行为，试图结合奥地利本国实际情况，强调要根据变化的实际情况、站在世界资本主义发展的角度，用最新的研究成果"补充"和"发展"马克思主义。他们从哲学、政治经济学、社会主义、文化、法律等方面进行探讨，并在此基础上取

---

① 《列宁选集》第 2 卷，人民出版社，2012，第 7 页。
② 《前进报》创办于 1876 年 10 月 1 日，曾由德国社会民主党领袖李卜克内西领导，在工人阶级内部反响强烈，创办后两个月内发行量就达 1.2 万份，发表过马克思、恩格斯的众多文章，恩格斯的《反杜林论》就首刊于此。

得了一系列理论成果，形成了奥地利马克思主义理论，在某种程度上有利于马克思主义理论的向前发展。

小　结

　　奥地利马克思主义的产生有其历史特殊性，其产生于资本主义过渡到帝国主义垄断阶段，带有大时代变换的特色，深受当时时代变换而造成的国内国外思想变动的影响。同时，奥地利国内政治、经济、民族文化传统等也使奥地利马克思主义产生于解决现实问题的思考中，理论必然优先指导并解决奥地利内部问题，因而也使奥地利马克思主义的理论成为带有奥地利特色的马克思主义理论。从奥地利马克思主义理论形成来看，其深受马克思主义理论影响并致力于根据实际变化了的情况对马克思主义理论进行丰富与发展。从一个理论保持持久生命力的角度来看，这样做无疑是正确的，即使是今天我们也不断根据变化的实际情况创新理论，丰富和发展理论以指导实践，体现了马克思主义理论的生机活力。尽管奥地利的马克思主义青年学者的初衷是值得肯定的，但其用来丰富、发展马克思主义理论的方向则存在偏差，他们不加辨别地吸收当时的新理论，如马赫主义、新康德主义、边际效用经济理论、考茨基伯恩斯坦修正主义等，将一切新理论都看作进步理论，仅仅以自己的理解而将其他理论嫁接到马克思主义理论上来，以实现其对马克思主义进行"补充"的目标。事实上，这种"补充"并不能使马克思主义理论得到丰富与发展，也并不利于指导奥地利社会主义革命，这也是后期奥地利社会主义革命失败并逐渐走向改良主义道路的重要原因。

第二章
奥地利马克思主义的理论主张

奥地利马克思主义是站在社会主义的左派和右派之间的中派立场上的，既不放弃马克思主义理论方法，又不将马克思主义理论教条化，力求在左派与右派理论中间找到一个平衡点的折中主义理论。鲍威尔、阿德勒、希法亭、伦纳等奥地利的青年马克思主义学者力图摆脱诸如政治方针、行政命令的政治束缚，尊重各自研究兴趣，以共同的科学工作意趣为纽带，充分发挥各自研究特长，吸收借鉴当时前沿理论，对马克思主义相关理论进行新的阐释与理解。这全面展示了奥地利马克思主义的理论特点，既不同于传统的马克思主义者对马克思主义的教条式理解，又不同于第二国际伯恩施坦等人对马克思主义完全抛弃的修正主义理解。奥地利马克思主义是将马克思主义与奥地利本国国情结合起来的理论，带有鲜明的奥地利特色。尽管奥地利马克思主义者研究兴趣点不尽相同，研究领域也各有侧重，甚至在一些理论观点上也存在一定分歧，但总体上，他们在思想上都带有鲜明的折中主义色彩，在对待马克思主义的态度上始终保持一致，在各自研究领域中有一定理论贡献。

第一节　以"补充"马克思主义为己任的哲学理论

奥地利马克思主义关于哲学方面的理论具有明确的政治指向性。奥地利马克思主义者对第二国际修正主义及苏俄"权威主义"政治表示强烈不满，他们试图对马克思主义进行重新解释并对马克思主义的"缺陷"予以重新"补充"，因而要首先从哲学出发，"完善"马克思主义哲学体系以指导构建"新型"的社会主义。在哲学领域有深入研究的人物尤以马克斯·阿德勒与弗里德里希·阿德勒为代表，他们分别从新康德主义、马赫主义出发，阐释、"丰富"马克思主义，力图摆脱唯物主义和唯心主义的传统二元纷争体系，构建自己的哲学体系，以期超越马克思主义哲学。鲍威尔在《奥地利马克思主义》一文中指出奥地利马克思主义的哲学源头正是马赫主义与新康德主义，"年轻的'奥地利马克思主义派'部分地来自康德，部分地来自马赫"。① 但不论是新康德主义还是马赫主义，奥地利马克思主义者试图通过这些"主义"调和唯物主义与唯心主义，表面上是"补充""丰富"马克思主义，实际上是将马克思主义哲学变为一种折中主义哲学。

一 用新康德主义"补充"马克思主义

马克斯·阿德勒是奥地利马克思主义内主张用新康德主义"补充"马克思主义的主要代表人物。他接受了新康德主义的主要理论思想，并深受该思想的影响，在研究马克思主义时，他认为马克思主义缺乏哲学维度，要进行所谓的补充。因而，他主张用认识批判理论代替辩证唯物主义，用先验的社会化意识论对唯物史观进行新的解读与构造，他认为"唯物史观的主要问题是物质和观念的关系问题，是两者之间的序列的关系问题。在这里像在一切情况下一样，只有从认识批判论的观点出发才能解答这个问题"。② 他赞同考茨基对马克思主义的看法，认为马克思主义如同其他具体科学一样，没有什么区别，他更偏向将其仅仅理解为一门关于社会生活及其因果发展规律的科学或社会学而不是哲学。他认为马克思主义的存在本体是社会，社会因果规律是其研究对象，认为马克思主义绝不是意识形态而仅仅是一门以实证研究为特点的社会科学，"马克思主义不与任何世界观相联系，马克思主义也不与任何哲学问题相联系"。③ 他认为马克思主义本身不具备哲学内涵，因而，对马克思主义理论进行的哲学斗争完全没有必要，也不利于党的团结，社会民主党并不要求党员在哲学问题上具有统一性，尤其在谈到认识批判论时，并不强调对其的批判，相反却对给予该哲学观点痛击的政党

---

① 殷叙彝编《鲍威尔文选》，人民出版社，2008，第327—328页。

② 〔南〕普·弗兰尼茨基：《马克思主义史》上册，徐致敬等译，生活·读书·新知三联书店，1963，第237页。

③ Max Adler, *Marxisitische Probleme*, Stuttgart: J. H. W. Dictz, 1913, p. 64.

以批评，批评这些政党在用无意义的讨论分裂党。表面上是对党分裂的担忧，将带有分歧的讨论一律扼杀在摇篮里，但实际上是对认识批判论的支持，独揽理论发言权。

为了避免哲学纷争，减少党内"无意义"的哲学讨论使马克思主义这门"具体科学"具有普遍性，马克斯·阿德勒认为要从哲学上"补充"马克思主义，为其奠定"哲学基础"，因而主张"回到康德去"，即用认识批判主义代替马克思主义唯物主义体系，强调马克思主义要保持科学性与世界观，不能与唯物主义混淆在一起，他妄下断言称，马克思恩格斯对实证唯物主义是现实主义的观点表示认同，[1] 强调马克思主义作为一门科学的实证主义特性，歪曲革命导师的言论，否认他们的唯物主义立场，认为马克思恩格斯认同唯物主义的做法只是为了与黑格尔思辨哲学划清界限的一种策略，贬低了唯物主义在马克思主义思想理论中的地位，极力撇清马克思主义与唯物主义的关系。

为了进一步论证自己观点的正确，马克斯·阿德勒对唯物主义发展史及马克思主义关于唯物主义的相关论述等进行了系统研究，指出近代唯物主义发展主要有两个阶段——18世纪在英法产生的英法唯物主义与19世纪50年代后随着自然科学发展而进一步产生的唯物主义。前者在发展中逐渐产生了经验主义，后者则在此基础上进一步发展成为机械唯物主义，而这也正是马克思所曾经分析、批判过的。但马克斯·阿德勒认为，马克思的批判并没有从哲学意义上推导出共产主义，相反共产主义是从政治层面推出，即使马克思在与青年黑格尔派的斗争中捍卫过唯物主义，但这仅仅是从两个唯物主义发展阶段对共产主义发展的意义层面来讲的，也并没有明确提出唯物主义与共产主义之间存在客观的必然联系。在将马克思主义与唯物主义完全撇清关系后，马克斯·阿德勒赋予马克思主义以超唯物主义的地位，这种地位的产生得益于费尔巴哈哲学理论对其的影响。尽管他承认费尔巴哈在马克思主义理论形成中存在一定的影响，但是他认为马克思主义并没有受到费尔巴哈唯物主义的影响，相反更大程度地受到了实证主义的影响。他解释道，因为费尔巴哈是一个人本主义哲学家，其一直以来坚持的"唯物主义、唯心主义、生理学、心理学都不是

---

① Max Adler, *Lehrbuch der materialistischen Geschichtsauffassung*, Berlin: E. LauB, 1930, p. 100.

真理；只有人本学是真理，只有感性、直观的观点是真理"，① 这一理念既不是唯物的也不是唯心的，因而受到费尔巴哈哲学影响的马克思主义在他看来当然也既不是唯物主义也不是唯心主义，而是认识批判主义。②

由此，他反对唯物主义中有关物质决定意识的论断，强调心理的东西永远不可能从物质中产生，从而将意识放在第一性的位置上，否认物质第一性，"心理的东西从来不可能从物理的东西中产生，精神过程在生理机能上对肉体过程的依存更是某种完全不可理解的东西，因而事实上除了心理－物理平行主义外不能肯定别的东西，所以认为物质条件对历史过程从而也就是对心理过程产生任何影响的观念，也是不可思议的"。③ 因而，社会关系在他看来是心理关系的体现，不可能从物质中产生，他试图证明社会过程是某种人为的产物，不具备客观性，与其他一切物质的东西毫无关系。他提出"社会化意识"这一概念，并用这一概念解释人类社会，指出人是天生的社会动物，社会化概念包含的只是人与人之间的相互联系，人的孤立开始于与他人精神联系的中断，在此意义上讲，他认为精神的因果性与社会的因果性相同。他认为马克思主义成为社会学的重要原因就在于其对社会化进行了系统阐释，但因为马克思主义是一门具体科学，不能从哲学维度对"社会化"这一概念"何以可能"进行科学论证，因而需要康德的"认识批判"理论进行辅助，为这一概念提供哲学上的理论支撑。所有单个的意识就其自身思维而言，都不可能是作为单个个体意识，而是在自我中已经同本质上相同的其他许多自我联系。④ 他认为每个人的意识不可能是单个人自身的意识，就其内容来说都是与其他人意识相互联系的，这样的意识是超自我的意识，是先验的社会化意识，而社会科学成为可能的前提条件就在于社会科学是大多数人的意识形成的先验的社会化意识。这样，他用康德哲学理论对马克思主义作为社会

---

① 《费尔巴哈著作选集》上卷，荣震华、李金山等译，商务印书馆，1984，第205页。
② 马克斯·阿德勒认为唯物主义与唯心主义是超经验的形而上学，都不能用来解释马克思主义，只有认识批判论才是正确解释马克思主义内核的关键。
③ 〔南〕普·弗兰尼茨基：《马克思主义史》上册，徐致敬等译，生活·读书·新知三联书店，1963，第238页。
④ 殷华成：《奥地利马克思主义研究》，中国社会科学出版社，2014，第56页。

学科提出的"社会化"概念进行了哲学论证。在此基础上，他进一步论证社会主义的合理性正是在于这种社会化意识的存在，而溯其源头，社会化的意识归根到底是社会化的人受目的论的影响而产生的。他指出，因果关系形式多样，这种社会化的因果关系是以意识为中介的，构成人类社会全部基础的经济关系也是人与人之间的关系，具有人的主观目的性，由此，他进一步推出经济关系也是一种精神关系。而对于生产力的阐释，他指出，生产力也是人为了自身某种需要而有意识的自觉行为，即只有当人有目的地使用自然力时，生产力才存在，因而生产力依赖人自身的力量、依赖人的关系，不存在于客观物质之中，而是一种精神力量。在解释生产力矛盾时，他强调生产力的矛盾不是其自身的矛盾，而是生产力与特定经济关系的矛盾，即它与人的关系的矛盾。因而在他看来，一切都是人精神的产物，这完全与马克思主义唯物史观背道而驰，也没有做到摆脱唯心主义的束缚，相反还是陷入了唯心主义精心准备的圈套之中。

可见，他虽一度强调自己用以"补充"马克思主义的哲学，是建立在摆脱唯物主义与唯心主义二元窠臼基础之上的，试图撇开哲学的党派之争，自以为聪明地找到了二者之外的另一个研究的平衡点，但他最终却仍旧陷入唯心主义的框架中不能自拔，以至于最后认为马克思主义只有抛弃唯物主义才能成为科学，从而将马克思主义哲学的一大科学理论基础铲除。这恰恰表明他不理解哲学的党性，抛弃哲学党性谈哲学造成他对马克思主义哲学的误解，从而歪曲理解了马克思主义。列宁曾对此进行批判，指出哲学是有党性的，无党性地研究哲学并不能得出哲学的无党性，相反都会落入唯心主义之中，唯物主义同唯心主义之间的对立不可能停歇，它们的实质就是相互对立、相互斗争的党派，"最新的哲学像在两千年前一样，也是有党性的。唯物主义和唯心主义按实质来说，是两个斗争着的党派。而这种实质被冒牌学者的新名词或愚蠢的无党性所掩盖"。[①] 最终，马克斯·阿德勒走上了马克思曾竭力批判的旧哲学的道路，"整个马克思主义再一次被颠倒了过来"。[②]

---

① 《列宁全集》第18卷，人民出版社，2017，第375页。

② 〔南〕普·弗兰尼茨基：《马克思主义史》上册，徐致敬等译，生活·读书·新知三联书店，1963，第240页。

二 用马赫主义"补充"马克思主义

在奥地利马克思主义者中率先公开主张用马赫主义（又名"经验批判主义"）"补充"马克思主义的主要人物是弗里德里希·阿德勒，他深受马赫哲学思想的影响，在获得博士学位后，一直致力于研究马赫主义，主张用马赫主义理论"填补"马克思主义的"空白点"。他发表了一系列支持马赫主义理论的文章，列宁曾批评他为"想用马赫主义来补充马克思主义的著作家"，[①]"想当马克思主义者的马赫主义者"。[②]

弗里德里希·阿德勒指出，随着自然科学获得飞速发展，马克思主义一些理论构想稍显"过时"，要使马克思主义永久保持生机活力就必须在研究马克思主义的过程中吸收借鉴最新研究成果并建立统一的总体世界观。他认为自然科学的发展为推进马克思主义发展提供了可能，马克思主义缺乏对自然科学的解释，自然科学中一些新概念需要被补充进去，这是马克思主义在当时发展的必然选择，要更好地理解马克思主义就必须"从人们的世界观出发，直接表述马克思的思想，对某些世界观给予必要的批判，研究现代自然科学与马克思主义的关系。这些都是极其必要和尚未完成的任务"。[③] 而马赫主义则是承担这一重任的有力推手，因为马赫主义在当时被公认为"时髦"理论，被自然科学家与哲学家热烈追捧用以概括、解释自然科学的新变化。他认为唯物史观是一门个别学科的科学，只是涉及社会历史领域的具体科学，缺少自然科学维度。他用马赫的物理学发展史观"补充"马克思主义，用自然观"填补"唯物史观的"理论缺失"，认为马赫的"经验"与"发展"概念是将自然观与社会历史观相连接的桥梁，能够为唯物史观"补充"自然观的内容。

在哲学问题上，弗里德里希·阿德勒同马克斯·阿德勒一样都认为马克思主义自身缺乏哲学基础，因而尽管马克思主义揭示了社会发展的客观必然性与人类社会发展规律，但仍需对其进行补充与修正以使马克思主义具备合

---

① 《列宁选集》第 2 卷，人民出版社，2012，第 48 页。
② 《列宁选集》第 2 卷，人民出版社，2012，第 73 页。
③ 刘佩弦、马健行主编《第二国际若干人物的思想研究》，中国人民大学出版社，1994，第 395 页。

法性并适应时代发展要求。与马克斯·阿德勒强调用新康德主义"补充"马克思主义的做法不同的是，他强调从马赫主义入手"补充"马克思主义。他认为研究自然科学与马克思主义之间的关系是"未竟之业"，强调任何人的认知都是有限的，必然依赖他人经验认识科学，从他人知识中汲取营养，马克思主义也不例外，需要在自然科学中汲取新的知识"补充""发展"自身。马克思去世以后，自然科学飞速发展，取得了巨大进步，自然科学领域尤其是物理学领域的变革，使人与自然的关系成为物理学研究的新领域，突出表现为对微观世界量子力学的研究，这对马克思主义哲学提出了挑战，而达尔文主义者更是借用进化论代替革命、用个体竞争代替阶级斗争等观点多次对马克思主义提出挑战。马赫认为，所有的真理都只是在宇宙现象中的瞬时显现，任何关于这一时刻的知识只能作为一种描述，而不能作为对原因的解释，因为所有关于现象的陈述都是衍生的经验，也就是说是新的现象。弗里德里希·阿德勒十分赞成马赫的这一观点，认为理论具有可变性，他曾在文章中用类比方法指出当时的马克思主义理论还无法指导实践活动，"从理论上来看，我们发现某些表象是如何依赖于其他表象的。理论告诉我们：到目前为止，这些表象总是依赖于其他表象。然而，突然间，你可以看到，其他的现象出现了，似乎是偶然地取代了曾经一直不变的东西。这个结果完全不同于理论所原先设想的"。① 对于这种不同于理论所设想的结果，他认为我们应当做的不是完全抛弃理论，而是应该通过进一步实践探索，找寻问题的所在，不断完善理论，扩充理论。也就是说，他主张要根据变化的实际情况，用最新的科学知识彻底武装马克思主义，建立一种既适用于自然界又适应于人类社会统一的世界观，用于避免自然界与人类社会之间冲突。

弗里德里希·阿德勒认为要解决马克思主义面临的挑战，解决因量子力学而造成的物质客观实在性原理受到质疑的问题，首先需要用马赫的物质概念"补充"唯物史观。他认为以往的物质概念是一种先验的形而上学，人们既无法感知，又无法证明，马赫针对这种问题重新对物质进行了定义，指出了从经

---

① Mark E. Blum, William Smaldone, eds., *Austro-Marxism: The Ideology of Unity*, Leiden: Brill, 2015, p. 68.

验、事实延伸到物质概念的路径，这为人们正确理解物质提供了参考。他完全同意马赫关于科学基础是人们能够感知的且永远变化的事物的观点，科学的发展必须遵从现实的、可感知的及永远变化的经验。他认为如果物理学领域真正找到完全不会发生变化的物体，那么对物理学世界来说是一种简化，但机械唯物主义绝不会变成一种基本的世界观，只有从要素运动中去寻找，才能找到从经验性的物体到物质、从要素到物理学的真实道路，而这条道路被他称为研究所必经的真正道路。他非常赞同马赫的世界要素论，他认为世界要素论解决了一直困扰学者们的关于"客体如何作用于主体"的问题。他指出，在马赫看来，所谓要素就是感觉，所有现象都可以划分为要素，要素是第一性的，可以相互结合起来形成物，整个世界就处于要素的相互联系与组合中，这样一定客体所具有的要素依赖于其他客体所具有的要素，主客体之间不再是机械的独立状态，而是相互依赖的关系，这样传统上讨论的客体如何作用于主体的问题就变成了一个"虚假问题"，不值得再去大费周章地讨论。而科学研究真正要讨论的对象应该是要素之间的相互关系。科学研究的使命与目的不再是对主客体关系的研究，由要素直接产生的关系才是科学的出发点。

在谈到对唯物史观个别表述问题的理解时，他强调马赫对事物因果关系的理解与表达对马克思主义发展有着重要意义。马赫认为随着自然科学的蓬勃发展，一些新的事物产生，使以往一些类似于"自然必然性"的表达已经过时，取而代之的应该是引入更能适应发展需要的、更能准确描述事物之间因果关系的词语，如"导致""明确性""作用"等。受此启发，弗里德里希·阿德勒认为唯物史观也应该随着科学发展，为了吸引更多群众主动学习，方便更多群众理解唯物史观，也为了自身理论科学化发展，而吸收一些自然科学中的概念。他举例说明马克思著作中一些话语常常引起人们的误解，使人们无法正确理解和运用其原理。例如，马克思曾在论述社会存在与社会意识关系时强调，"不是人们的意识决定人们的存在，相反，是人们的社会存在决定人们的意识"。① 阿德勒认为"决定"一词就容易引起误会，因为思想并不是被社会存在明确作用的结果，而"反映"一词也容易被人们

---

① 《马克思恩格斯选集》第2卷，人民出版社，2012，第2页。

理解为像照镜子一样，他主张借用生物学上"适应"一词来代替"决定"。他强调"适应"不是一种变化决定另一种变化，而是存在着的思维对社会存在的适应，以此推之，按照唯物史观说法，那么思维适应的对象是自然界中所有事物，这种"适应"更符合事物发展规律，不会因事物发展的停滞而停滞，其随时都在变化，并推动思维不断变化。弗里德里希·阿德勒认为，在认识论领域，思维适应认识对象的变化而不是认识对象与思维存在决定与被决定关系，他反对将社会存在与思维认识关系单纯看作决定与被决定的机械关系，强调思维认识具有独立性，并不都是只出现于社会特定历史时期，并不一定存在被社会存在明确作用而产生的这种必然关系。因而用"决定"一词来概括二者关系显然并不恰当，他主张用"适应"一词替代"决定"一词来对思维与社会存在关系进行界定，并强调"适应"一词表述更为准确，也更能表达马克思思想的内涵。

总体而言，与马克斯·阿德勒一样，弗里德里希·阿德勒将唯物史观视为一门专门学科，这门专门学科涉及自然观与历史观，要理解发展唯物史观就要将自然观与历史观看作唯物史观内部不可或缺的重要部分，而由于马赫主义将经济关系作为一切具体学科发展的前提，也就间接地得出唯物史观的相关结论，加之马赫作为杰出的物理学家曾为物理学界做出了重要贡献，因而他认为马赫主义可以"补充"马克思主义，尤其是唯物史观。从表面看，他的"补充"似乎有理有据，有利于丰富和发展马克思主义，但他将唯物史观看作一门专门学科，显然混淆了哲学与具体学科之间的关系。同时，他主张以马赫主义用科学知识填充唯物史观，本身就是一种折中主义。马赫主义的科学本身不是为了实践，而是为了实现"思维经济原则"，[1] 将世界看作感觉的复合，"用费力最少的原则对待世界思维"，将实体抛弃，只留下感觉，这就使"感觉成了没有物质的感觉，思想成了没有头脑的感觉"，[2] 从本质上来说，这是一种主观唯心主义，也并不能"补充"唯物史观。

---

[1]　刘佩弦、马健行主编《第二国际若干人物的思想研究》，中国人民大学出版社，1994，第397页。

[2]　刘佩弦、马健行主编《第二国际若干人物的思想研究》，中国人民大学出版社，1994，第397页。

第二节 以分析资本主义最新变化为目的的
政治经济学理论

　　奥地利马克思主义者关于政治经济学方面理论的研究主要集中于对世界资本主义变化的敏锐捕捉，对金融资本的洞察、对危机理论的阐释以及对"当时资本主义国家日益加强经济干预的情况作了考察"① 等。鲁道夫·希法亭是这方面研究的主要代表人物。为了对庞巴维克等奥地利学派经济学家对马克思劳动价值论的诘难进行有力回击，他写就《金融资本——资本主义最新发展的研究》，该书对资本主义的批判、对垄断资本的分析十分透彻，世人称赞为"继《资本论》之后最伟大的马克思主义政治经济学著作"。在序文中，他明确指出该书的主要任务，即"本书试图科学地阐明最近资本主义发展的经济现象"，② 并开宗明义地指出该书的主要观点："'现代'资本主义的特点是集中过程，这些过程一方面表现为由于卡特尔和托拉斯的形成而'扬弃自由竞争'，另一方面表现为银行资本和产业资本之间越来越密切的关系。我们后面将详细说明，由于这种关系，资本便采取自己最高和最抽象的表现形式，即金融资本形式。"③ 在其思想影响下，鲍威尔、伦纳等人也针对公有制、私有制等经济发展问题提出各自的理论主张。列宁曾将该著作列为"进一步发展马克思的经济观点，将它运用于经济生活中的最新现象的书"，④ 并比较客观地评价道："虽然作者在货币理论问题上有错误，并且书中有某种把马克思主义同机会主义调和起来的倾向，但是这本书对'资本主义发展的最新阶段'（希法亭这本书的副标题）作了一个极有价值的理论分析。"⑤ 尤其是他对资本主义进行了深刻分析，对资本集中、集聚、垄断产生

---

① 李忠尚：《"新马克思主义"论》，中国人民大学出版社，2011，第32页。
② 〔德〕鲁道夫·希法亭：《金融资本——资本主义最新发展的研究》，福民等译，商务印书馆，1994，第1页。
③ 〔德〕鲁道夫·希法亭：《金融资本——资本主义最新发展的研究》，福民等译，商务印书馆，1994，第1页。
④ 《列宁全集》第26卷，人民出版社，2017，第92页。
⑤ 《列宁选集》第2卷，人民出版社，2012，第583页。

与发展，工业资本与银行资本融合，信用发展以及帝国主义政策等做了比较系统而详尽的分析，为后人研究帝国主义提供了宝贵的学术资源，同时推动了马克思主义政治经济学的繁荣发展。

一　金融资本理论

金融资本理论是希法亭政治经济学理论中十分重要的理论。在自由资本主义时代，产业资本是资本的主要形态，资本依托工业资本主义发展，马克思已经在《资本论》中对产业资本展开过深入的讨论，并对其本质进行了无情揭露，为我们认清产业资本真面目提供了有力的理论武器。然而，随着资本主义不断发展，产业不断进行变革，产业资本与银行资本相媾和诞生了金融资本并成为资本的主要形式，增强了资本主义的伪装性，使其更加难以认识，因而对金融资本的深入剖析成为时代变换之际认识现代资本主义的重要任务。希法亭将金融资本看作资本主义进入新阶段的标志，深入分析了金融资本的形成过程及其本质，揭露了现代资本主义的本质，其分析具有重大理论意义与现实意义。

希法亭认为交换规律在整个经济学研究中处于重要位置，因为私有制与分工的存在使人与人之间被分解为相互隔离的单个个体，个体与个体之间的联系正是依靠交换活动来实现的。因而他对金融资本的研究首先从流通开始，以货币问题为起点，进而研究信用、银行资本与产业资本的关系，证券交易所及产业资本集中，垄断的形成，产业资本与银行资本的密切结合，金融资本的形成等，并在这一系列研究基础上，最后研究经济危机及解决方法。他希望通过这一系列研究"探索那种作为资本主义信用最终取得对社会进程的统治的力量，如何由流通本身中成长起来的秘密"。[①]

以货币为起点，他认为，分析金融资本必须注意各方面的联系，诸如看到货币形式和产业资本的联系，就产生了信用本质和功能的问题。而这些问题只有在弄清货币作用后才能得以顺利解决，"自马克思的货币理论提出以来，首

---

① 〔德〕鲁道夫·希法亭：《金融资本——资本主义最新发展的研究》，福民等译，商务印书馆，1994，第57页。

先由荷兰、奥地利和印度形成的货币制度所提出的一系列重要问题，迄今的货币理论似乎还没有找到任何答案"，"较深入地论述这些货币问题之所以更为必要，是因为在货币问题上仅仅用经验正确地证明经济学体系基础的价值理论是不够的，同时也因为只有从货币的正确分析中才能认识信用的作用，从而认识银行资本和产业资本关系的基本形式"。① 他认为一切商品的交换价值都在货币商品中，货币作为商品的价值尺度能够与商品进行比较，因而货币的价值也同商品一样。这里，他认为商品产生和交换的发展导致货币需求，货币本身亦是一种商品，是一种充当一般等价物的商品，进而把流通手段当作货币的最基本职能，这时，"只考察货币的社会方面，即它作为价值与商品相等的属性"。② 由于这一社会方面物质地表现在货币材料上，如在金属货币上，因此，"国家可以规定一定的符号（例如将带有这种标志的纸片作为这种符号）作为货币的代表，即货币符号"。③ 虽然，他在这里还强调这种符号只能作为商品之间的流通媒介，不能作为其他目的执行其他货币职能，纸币的流通量必须以金币的最低限为准，否则会出现纸币的贬值，但实际上，他仍认为纸币也有价值，这是由于劳动的社会属性使商品具有价值引起的，"使纸成为货币的是被反映的劳动价值，正像让月亮发光的是被反映的阳光一样。纸的价值证券就是商品的价值证券，正如月亮的月光就是太阳光一样"，④ 也就是说纸币有价值是因为其被赋予了商品的价值属性，是商品价值的反映。

纸币的产生推动了信用的产生，希法亭认为金融资本产生的两个强有力助手是信用与股份公司，因而对它们的分析十分必要，可以进一步揭露银行资本和产业资本是如何联合起来的奥秘及金融资本形成的过程。他认为资本主义信用分为商业信用与银行信用，商业信用是在生产资本家之间进行的，

---

① 〔德〕鲁道夫·希法亭：《金融资本——资本主义最新发展的研究》，福民等译，商务印书馆，1994，第2页。

② 〔德〕鲁道夫·希法亭：《金融资本——资本主义最新发展的研究》，福民等译，商务印书馆，1994，第22页。

③ 〔德〕鲁道夫·希法亭：《金融资本——资本主义最新发展的研究》，福民等译，商务印书馆，1994，第22页。

④ 〔德〕鲁道夫·希法亭：《金融资本——资本主义最新发展的研究》，福民等译，商务印书馆，1994，第25页。

以商品转移扩大为基础；银行信用按使用目的分为流通信用、资本信用等，但不管如何分类，银行都是作为将闲置货币转化为货币资本的中介。这就致使银行资本与产业资本之间利益越来越紧密，银行向产业提供越来越多的资本信用，造成越来越多的银行资本长期被束缚在产业之中，使银行与产业"由暂时的利益关系变为长远的利益关系；信用越大，特别是转化为固定资本的比重越大，这种利害关系也就越大和越持久"，[①] 银行对产业的影响与控制能力逐渐增大，而产业对银行的依附也越来越大，"控制银行的虚拟资本的所有者与控制产业的资本所有者越来越合而为一。如我们已经看到的，当大银行愈益获得对虚拟资本的支配权时，更是如此"。[②] 随着二者关系的进一步加深，银行资本与产业资本合二为一为一个新的资本形态——金融资本，从而加大了对社会的全面控制力。

　　银行与产业之间关系越来越密切是信用发展的必然结果，而股份公司又是在这种密切联系中建立起来的新型企业形式，并反过来不断为银行资本与产业资本发展创造良好条件。因而，希法亭认为，必须对股份公司进行深入分析。股份公司加速了资本的集中，这不仅是生产集中，而且是经济力量的巨大集中，他首次把股息和创业利润区分开来并对交易所进行了详细分析。他指出，股息是利息加上企业主收入的平均利润，创业利润则反映了创办企业或股份公司所产生的利润，是利润资本向生息资本转化所形成的差额。他强调指出，个人企业中资本家的投资执行着工业资本家的职能，但在股份公司中，资本家职能发生变化，"首先意味着产业资本家职能的变化。因为它从根本上带来了在个人企业中只是偶然才能出现的东西，即产业资本家摆脱产业企业家的职能。对于资本家来说，这种职能的变化，赋予投入股份公司的资本以纯粹货币资本的职能"。[③] 银行由于与产业关系越来越密切，巨额的

---

① 〔德〕鲁道夫·希法亭：《金融资本——资本主义最新发展的研究》，福民等译，商务印书馆，1994，第 93 页。

② 〔德〕鲁道夫·希法亭：《金融资本——资本主义最新发展的研究》，福民等译，商务印书馆，1994，第 253 页。

③ 〔德〕鲁道夫·希法亭：《金融资本——资本主义最新发现的研究》，福民等译，商务印书馆，1994，第 105 页。

创业利润诱惑也必然使其加大对产业的控制力度，并同资本巨头一起积极利用股份制所提供的便利条件，一方面攫取创业利润，另一方面又进一步侵吞中小企业及广大股票持有者的利益，不断追求资本积聚与集中，从而进一步增强控制力。希法亭由此从理论上解释了股份制的相关问题，批驳了修正主义思潮鼓吹的股票是"资本民主化"的错误言论。

在对银行资本、股份公司进行分析后，希法亭进一步分析产业资本中垄断的形成对社会产生的影响。他认为，生产集中与垄断的形成为金融资本形成提供了肥沃的土壤，是金融资本形成的最深层因素，在此基础上，金融资本表现出与以往不同的能力，它使不同资本趋于统一。原来处于不同领域的工业资本、商业资本、银行资本，现在都被控制在金融资本之下，形成工业巨头与银行巨头之间紧密联系的联盟，这种联盟源于大垄断集团的联合，会导致小资本之间自由竞争的消失，而这种联盟又包含着国家权力与资产阶级关系的变化，国家越来越成为金融寡头攫取巨大利益的工具，成为他们为获取更多利益而对外扩张侵略的武器，"经济权力同时也意味着政治权力。对经济统治的同时也提供了对国家政权的权力手段的支配。经济领域中集中程度越高，对国家的控制越是不受限制"。① 希法亭在对金融资本做了基本正确的分析后，得出金融资本是资本家寡头垄断经济与政治权力的最集中体现的结论，指出这种情况从物质上和政治力量上将为社会主义革命提供助力。

然而，希法亭金融资本理论本质上来说是流通决定的体系，对一些具体理论的分析也存在一些偏差，甚至夸大的成分，如夸大银行对产业的决定作用，将借贷资本量与货币量相等同。最为致命同时也是列宁曾予以批评的问题是，希法亭对垄断条件下资本主义命运的判断存在一定偏差。他认为垄断组织使"整个资本主义生产将由一个主管机关自觉地进行调整"，② 可以消灭竞争，这就导致资本主义无政府状态的消失，资本主义生产将更加具有规

---

① 〔德〕鲁道夫·希法亭：《金融资本——资本主义最新发现的研究》，福民等译，商务印书馆，1994，第429页。

② 〔德〕鲁道夫·希法亭：《金融资本——资本主义最新发现的研究》，福民等译，商务印书馆，1994，第264页。

律性、组织性，从而缓和资本主义基本矛盾，使经济危机发生速度减缓，甚至被消灭。也就是说，他认为，资本主义由于垄断而变得更加有序进而延长寿命，而这个垄断甚至可以使资本主义摆脱马克思主义认为的无政府状态，从而避免资本主义必然灭亡的趋势，显然这种论断将马克思主义与机会主义调和起来，同马克思主义基本理论相违背。此后，这一观点随着希法亭阶级立场的动摇及思想的局限性被进一步阐发成"有组织的资本主义"的理论。

二 "有组织的资本主义"与"经济民主"

在对金融资本进行深入研究后，希法亭指出，资本主义已经进入一个有组织的阶段，进而提出"有组织的资本主义"这一概念。1927年在德国社会民主党基尔代表大会上，他正式而系统地阐述了这一理论，指出当时资本主义经济已经变为有组织的经济，"我们目前正处在这样的资本主义阶段，在这一阶段中资本主义纯粹由盲目的市场规律所统治的自由竞争时代基本上被克服了，我们达到了资本主义对经济的组织化，也就是从各种力量的自由比赛的经济达到了有组织的经济"，① 而"有组织的资本主义实际上意味着在原则上用有计划生产的社会主义原则来代替自由竞争的资本主义原则"，② 并且他强调有计划生产的社会主义原则已经开始替代资本主义原则，成为社会发展的必然趋势，"那时，'就不是资本主义被社会主义战胜，而是会出现一种能比过去更好地适应群众的直接物质需要的，有组织的资本主义社会'，而在战争中'在权力上，尤其是在自觉性上大大加强的国家政权仅仅由于财政原因（国家垄断！）就会促进这种趋势'"。③

他认为有组织的资本主义具有四个特征：第一，科技进步变革了资本主义生产技术的基础，缓解了帝国主义国家对原料产地依赖与争夺，避免了世界大

① 〔德〕鲁道夫·希法亭：《社会民主党在共和国中的任务》，转引自殷叙彝《从"有组织的资本主义"到民主共和国崇拜——论鲁道夫·希法亭的国家观》，《当代世界社会主义问题》2003年第2期。

② 《机会主义、修正主义资料选编》编译组选编《第二国际修正主义者关于帝国主义的谬论》，生活·读书·新知三联书店，1976，第225页。

③ 殷叙彝：《从"有组织的资本主义"到民主共和国崇拜——论鲁道夫·希法亭的国家观》，《当代世界社会主义问题》2003年第2期。

战发生；第二，资本主义新兴产业的建立具有组织性；第三，金融资本推动资本主义在国际范围的联合；第四，自由竞争逐渐被社会有计划的管理所替代，私人企业成为社会的事业。这些特征都使资本主义社会经济朝着组织化方向发展。而经济的组织化使各个私人企业的经济领导转化为社会事业，托拉斯、康采恩等垄断组织的形成使自由竞争消失，这样有计划的生产将代替无秩序的自由竞争，而国家在其中的干预程度也进一步加大并对社会各方面都产生影响。卡尔·伦纳赞同希法亭这一观点，进一步阐释道，由于国家日益加强对经济的控制权，国家对大多数重要的经济部门采取了直接管控的方式，在这种情况下，私人企业发展也越来越受到国家的干预，这时的经济也就变成了在国家直接或间接支配下的有组织有计划的经济。① 因而，在这种情况下，工人受经济危机的威胁程度将大大降低，国家会制定一系列政策调节经济，通过制定失业保险和工资合同制度保护工人权益，使工人生活受国家政策影响加大。当然，在最初希法亭对有组织的资本主义也并不是完全寄予美好愿望，他也曾指出有组织的资本主义并没有改变资本主义性质，它仍旧是生产资料私有制，依然包含资本主义固有的矛盾与斗争，仍然建立在阶级对立基础之上，剥削性并没有完全消失。但是他的思想在后期发生变化，改变了这一态度，认为随着帝国主义的发展，国家对经济干预程度越来越深，有组织的资本主义必然会代替资本主义经济的无政府状态，最终会避免经济危机的发生。

事实上，垄断的出现并不一定使国家对经济干预程度加深，即使国家干预程度加深也并不会消灭竞争和危机，更不会改变资本主义经济的无政府状态。垄断使竞争更为复杂，垄断组织内部、不同垄断组织之间，垄断组织与小企业之间仍存在激烈的竞争。显然，建立在对"垄断消灭竞争与危机"这一错误分析基础上的有组织的资本主义论必然是站不住脚的。他的有组织的资本主义论只是片面强调了国家运行的组织性，而没有看到资产阶级统治下的社会仍旧是阶级社会，资本主义得以维持的基础——私有制的前提就是对无产阶级的剥削与压迫。从现实来看，即使资本主义发展到今天，资本主义

① T. Bottomore and P. Goode, eds., *Austro-Marxism*, Oxford: Clarendon Press, 1978, pp. 94, 101.

性质也未发生变化，危机从实体经济领域进一步加深扩展到金融领域、生态领域等，不但没有消失，相反危机领域进一步扩大了，而资本主义国家对经济危机仍旧无能为力。可见，该理论存在明显漏洞。当然，他为了修补该理论存在的明显漏洞，又提出了相应的辅助性理论。他认为要推动有组织的资本主义发展，解决社会矛盾，必须将建立在少数人利益基础上的社会调节机制转为广大劳动人民参与的调节机制，推动具有阶级性的有组织的资本主义经济向具有普遍民主性质的有组织的经济方向转变，而这种民主的有组织的经济就是包括希法亭在内的奥地利马克思主义者所提出的又一理论——经济民主。

　　"经济民主"是针对有组织的资本主义内在矛盾而提出的解决方法，即发动劳动人民参与到对经济调节的政策制定中来，推动劳动人民社会化，促进劳资双方民主平等协商各种经济问题，是工人阶级的经济自救方案。早前，考茨基在论述其"超帝国主义"理论时也谈到过经济民主，他认为资本主义还要存在很长一段时间，将来要出现一种"超帝国主义"，世界民主将出现从经济民主到政治民主的发展。对于"经济民主"的实现问题，奥地利马克思主义者有自己的理解，他们从自己的理解角度及研究范围出发进一步提出了"经济民主"的具体主张。卡尔·伦纳认为要通过立法给予民众经济活动自由性与民主性。他指出，在国家机构及其活动之外还存在一种经济生活，这种生活是以社会为基础的社会主义生活，它发轫于民众的日常经济活动，不受国家干预，通过纯粹的经济手段运作，充分给予民众经济活动自由性与民主性。然而，要确保这种自由性与民主性长期稳定发展，就需要通过立法限制资本主义经济独裁，结束资本主义企业私有财产占有。他强调"经济民主是通往政治民主的学校"，[①] 通过经济民主可以推动政治民主的顺利实现。当然这种立法对资本主义私有财产的剥夺，不是通过暴力性的革命手段而是采取循序渐进的改良手段。希法亭则认为，要实现经济民主，要从教育与工会着手。他认为实现经济民主是个漫长的过程，只有劳动者通过教育获

---

① Karl Renner, *Die Stellung des Genossenschaftswesens der Wirtschaft Österreich*, Wien: Manz Verlasbuchhandlung, 1947, p. 13.

得能够参与管理的能力与心理准备后才能实现，心理上的转变是经济民主的前提。因而，为了实现经济民主，他认为工人阶级有必要提高自身政治素养及文化素养，以期把自己培养成社会生产过程的合格组织者，在资本主义条件下，只有获得同等教育权利才能打破社会不平等下的政治不平等的枷锁，使劳动人民各尽其能、各得其所，人人都能平等地获得政治权利。在这种情况下，工会应该发挥其组织作用，提高其在企业委员会的地位，不断扩大其在企业与社会中的影响力，实现企业民主，加强对生产的控制，最终获得经济民主。奥托·鲍威尔的"经济民主"则从公有制角度进一步强调私有经济的最终社会化具有差异性特征，他认为并不是所有经济形式都适合社会化，也就是公有制，即使在社会主义制度下某些经济形式仍只能为私有制，例如农场和小企业等并不适合社会化。他指出，即使是使这些私营业主参与集体努力的消费者工会和合作社也必须尊重其他群体的集体需要，强调给予不同经济体充分的尊重与自主权。事实上，这种社会化差异性违背了消灭私有制这一马克思主义的重要思想。尽管我们并不能否认在社会生产力发展不够发达的阶段，私有制的存在具有一定必要性，但到了社会主义高级阶段或共产主义阶段，如果不消灭私有制那么就无法达到人类全面而自由发展这一最终目标，而且如果不剥夺私有制，私有制也不会自行消亡。

奥地利马克思主义者在推动经济民主化时，强调计划的重要性，而摒弃集体化，认为社会主义计划的先决条件并不是实行单一的公有制。[①] 因此，在面对企业发展的相关政策问题上，他们仅将劳资矛盾放在次要位置，认为维护企业在市场上的竞争力与地位则是双方都"共同关心"的。他们天真地认为企业效益好工人工资就会提高，工人生存状况也将会改善，而由国家法律所规定的通过双方参与经济决策及进行利益沟通，能够减少内部消耗，缓和阶级矛盾。[②] 这样，他们认为，一方面能够提高企业经济效益，另一方面又能够维护工人个人权利与自由。他们认为完全可以通过国家法律政策，在

---

① 社会党国际文件集编辑组编《社会党国际文件集》，黑龙江人民出版社，1989，第6页。

② 中共中央党校科学社会主义教研室国外社会主义问题教学组编《社会党重要文件选编》，中共中央党校科研办公室，1985，第187页。

不破坏社会原有秩序的情况下实现社会化，解决有组织的资本主义的根本矛盾。但从本质上来看，这仍然是一种改良主义，没有消除矛盾的根源，也并不能消除资本主义私有制，仅仅只是对分配和生产领域的局部改良，并不能够真正达到其所期待的效果。他们强调劳资双方通过协商，解决劳资矛盾，是对资产阶级的纵容，用劳资矛盾掩盖阶级对立的事实，容易导致工人阶级被眼前利益所麻痹，造成革命意志的丧失。

从表面看，战后国家垄断资本主义的快速发展，似乎印证了奥地利马克思主义者关于"有组织的资本主义"的分析及其"经济民主"解决方案的正确性。但实际上二者是两码事。国家垄断资本主义是垄断资本和国家政权密切结合的产物，是资本主义垄断的最高形式而不是过渡阶段，也并不具备有组织的资本主义的四个特征。国家垄断资本主义的产生是科技进步和生产社会化程度进一步提高的产物，是资本主义基本矛盾进一步尖锐化的必然结果。随着生产力的不断提高，资本主义生产资料要求在更大范围内被支配，这就使资本主义生产资料私有制与社会化大生产的矛盾进一步加深，频繁爆发的周期性经济危机就是最佳例证，而面对经济危机，私人资本又无力应对，这就要求其需要借助国家力量对资本主义生产关系做一定调整，来缓和社会矛盾，协调各方利益关系。无产阶级生存条件的改变也并不是所谓"经济民主"的功劳，而是无产阶级不断发动争取自身权益斗争的结果。国家垄断资本主义的出现并没有根本改变垄断资本主义的性质，其在本质上是资产阶级国家力量同垄断组织力量结合在一起的产物，目的是更好地保证垄断资产阶级的利益。从现实来看，国家垄断资本主义既没有消灭竞争，也没有消灭危机，更没有消除贫富两极分化。

总而言之，无论是"有组织的资本主义"还是"经济民主"，这种试图在不改变资本主义生产方式的基础上，只用社会主义原则、法律法规"规范"资本主义，进而实现社会主义的观点，显然具有空想性与妥协性。

三 关于帝国主义问题

"帝国主义"一词最早是由布哈林提出的，而奥地利马克思主义中最早对帝国主义进行关注的则是鲍威尔，他在《民族问题与社会民主党》中指出，资本为寻求利润最大化而向不发达国家或地区进行扩张，而资本在不发达国家或地区得以顺利扩张的原因主要是银行与卡特尔拥有强大的权力，使其在扩张时能够获得尽可能多的税收优惠政策。尽管鲍威尔已经开始触及帝国主义的本质，但仅仅进行了初步探索，并未进行深入探讨。希法亭采纳了鲍威尔这一观点，并在金融资本理论基础上对帝国主义问题进行了深入研究。尽管列宁本人曾对希法亭理论学说中一些不明确地方及错误做了批评，但对其对帝国主义的研究却予以充分肯定，指出希法亭在这方面的研究极其有价值，认为当时关于帝国主义问题的相关论述以及各种决议中讨论的问题，都没有超出希法亭所总结的思想范围。帝国主义理论是希法亭理论研究中十分重要的理论，也是奥地利马克思主义政治经济学的重要组成部分，以希法亭为主要代表的奥地利马克思主义者通过对帝国主义的分析，进而对金融资本统治进行抨击，反对帝国主义战争，为工人阶级在处理帝国主义战争问题上提供了积极的引导。

希法亭认为垄断和卡特尔的发展是在国内市场已经形成限制外国竞争的保护主义政策之下进行的。他分析了垄断时期保护主义的特点，揭示了垄断超额利润的产生及金融资本的剥削本质，指出"古老的保护性关税的使命，除了弥补既有的不利自然条件外，就是促进在被保护范围内产业的建立。它应保护处于发展中的国内产业，防止被已发展起来的外国产业的强大竞争所阻碍或消灭。关税只需确定在恰好足以抵消外国产业优势的适度水平"。[1] 旧的关税保护主义只是为了帮助一些薄弱部门度过它幼年时期的最初困难而设定的。随着国内工业的不断发展对市场扩大的要求愈益强烈，旧的关税保护主义就成了经济发展的障碍，不适应垄断时代工业发展需求，必然会受到发展起来的工业的抵制，然而"现在正是那些具有最强出口能力的产业支持高额保护关税"。[2] 从既有理论来看，这种现象明显不应该发生，既然这些产业

---

① 〔德〕鲁道夫·希法亭：《金融资本——资本主义最新发现的研究》，福民等译，商务印书馆，1994，第350页。

② 〔德〕鲁道夫·希法亭：《金融资本——资本主义最新发现的研究》，福民等译，商务印书馆，1994，第351页。

在市场上有着很强的竞争力，保护关税就对其不再具有什么意义，其对高额保护关税应该是不在乎的，然而事实却不是如此，显然既有理论已经无法解释这种现象。他经过分析，认为这种现象的产生是由于"产业上的保护关税是促进卡特尔化最有效的手段之一。首先，它使外国竞争更加困难；其次，卡特尔提供了利用关税差额的可能性，即使是出口能力已经达到"。[①] 卡特尔通过分摊用于国内消费的生产量，挤压国内竞争空间，小企业无力与卡特尔竞争，只有破产、被兼并、被收购等命运，卡特尔组织规模进一步扩大。为攫取更多利润，在竞争中获得更优地位，这些卡特尔自然会重视国内保护关税提高价格的作用，进而推动该产业卡特尔化能够长期存在，确保该产业垄断国内市场获取超额利润。这种超额利润的多少取决于保护性关税造成的国内价格与国际价格之间的差额，关税越高，国内价格也就越超出国际价格，资本家获得的超额利润也就越高。因此，这些企业"正如追求利润的努力一样，追求提高关税的努力也是没有止境的"。[②] 他第一次将关税保护主义纳入金融资本的分析中，对生产集中而形成垄断后商业政策的变化做了较为全面而精确的论述，在一定程度上反映了资本主义垄断时期的商业特点。

沿着关税保护主义这条路线出发，希法亭认为垄断价格使资本获得超额利润，因而金融资本本身中积聚了大量的货币资本，从而产生过剩资本，这些过剩资本在攫取利润的动力驱使下不断寻求市场，当国内市场趋于饱和后，进而谋求海外市场进行资本输出，从而对整个世界经济产生深刻影响。马克思在《资本论》第三卷中指出，资本主义基本矛盾造就平均利润率的下降，势必会出现资本过剩和人口过剩，但当时资本主义还未发展到垄断阶段，因而还未出现大量资本输出，他只从理论上说明了资本输出的可能性。希法亭运用马克思主义基本理论和方法，对垄断资本主义进行系统分析，在金融资本的基础上分析资本输出，并揭露其本质，指出金融资本以资本输出的形式扩大经济区，必定与他国进行竞争，同时必然会与当地产生矛盾或冲

---

① 〔德〕鲁道夫·希法亭：《金融资本——资本主义最新发现的研究》，福民等译，商务印书馆，1994，第351页。

② 〔德〕鲁道夫·希法亭：《金融资本——资本主义最新发现的研究》，福民等译，商务印书馆，1994，第351页。

突，于是必须动用国家机器维护其海外利益，所以，金融资本的对外政策追求三个目标，"第一，建立尽可能大的经济区；第二，通过保护关税壁垒排除外国竞争；因而，第三，把这一经济区变成为民族垄断联盟的开发地区"。① 这里的经济区事实上就是殖民地，对殖民地的开拓，实际上是资本输出的必然结果，一系列的殖民地政策也是为了维护资本输出的稳定性与持久性，获得源源不断的超额利润。

金融资本要求资本输出，就必须建立并扩大殖民地，寻求垄断与保护主义，这就需要依靠国家政权，所以其扯下了温和的人道主义的面纱，暴露出冷酷无情及对政治权力贪婪的一面。他强调，"对扩张政策的要求也使资产阶级的整个世界观彻底变革了，它不再是和平的和人道的了。老的自由贸易论者信仰自由贸易，认为它不仅是最正确的经济政策，而且也是和平时代的开端。金融资本早已丧失了这一信念。它不相信资本主义利益的和谐，而是清楚地知道，竞争日益成为政治的权力斗争。和平理想失去了光泽，代替人道理念的是国家强大的理想"，资本越来越要求"现在作为理想表现出来的是，保证自己的民族对世界的支配；这种努力正像它由以产生的资本追逐利润的努力一样，是无限的。资本成为世界的征服者"。② 他强调，这种思想由此在经济学上被论证。垄断在经济上的优越性折射到民族优越性上来，剥削民族成为高于被剥削民族的所谓"优等民族"，种族主义抬头。在这种思想的影响下，金融资本对政治权力的极度贪婪也得到了看似科学而合理的论证，对其他民族的殖民与掠夺也就显得正当多了。但对外掠夺获取世界市场的绝对垄断地位，仅仅凭借单个金融资本自身力量远远不够，因而其放弃自由发展转而寻求联盟，形成垄断资本主义，同时谋求与国家权力的结合，进而寻求政治上的庇护，凭借国家权力将金融资本投资场所扩展到世界每个角落。这种对强权的渴望导致了资本对国家政权的控制，因此，垄断资本主义唤起了资本对攫取国家政权的野心。同时，无论是直接依靠自己的经济力

---

① 〔德〕鲁道夫·希法亭：《金融资本——资本主义最新发现的研究》，福民等译，商务印书馆，1994，第375页。

② 〔德〕鲁道夫·希法亭：《金融资本——资本主义最新发现的研究》，福民等译，商务印书馆，1994，第385—386页。

量，还是间接地使其他阶级从属于自己的利益，资本都具有控制国家政权的能力，这就推动了帝国主义及其在全世界扩张局势的形成。

希法亭对垄断、保护主义、资本输出、殖民政策和金融资本的国家本质做了系统而深刻的分析，为列宁的帝国主义理论奠定了基础。列宁在《帝国主义论》中多次赞扬希法亭的贡献，在分析殖民地问题时指出："希法亭很正确地指出了帝国主义和民族压迫加剧之间的联系。"① 同时，在希法亭的理论分析基础之上，列宁进一步补充，认为帝国主义不仅对殖民地民族进行压迫，也对本国民族进行压迫，使国内外民族反抗加剧起来。当然，我们也应该看到希法亭关于这方面的理论研究也存在不足之处。希法亭没有提出一套完整的帝国主义概念，按照列宁的分析，帝国主义不是政策或策略，而是资本主义发展的一个阶段。希法亭对垄断利润的论述也有模糊之处，垄断利润本质上是工人阶级创造的剩余价值，由于对垄断利润的本质不了解，他忽视了垄断组织与殖民地的剥削关系。

第三节　以本国实际情况为前提的社会主义理论

十月革命后，世界上第一个无产阶级专政的社会主义国家的建立，沉痛打击了帝国主义的统治，鼓舞着世界各国工人阶级和饱受帝国主义奴役的殖民地半殖民地的民族与国家开展解放运动，开辟了人类历史的新纪元。俄国走上社会主义道路的模式被各国社会主义政党效仿，但奥地利马克思主义者认为奥地利有其特殊的国情，其民族、文化传统、经济发展状况等各方面都与俄国情况不同，同时，工人阶级力量较为弱小，奥地利的农民阶级、地主阶级为了维护自身利益极易与资产阶级结成反动联盟，镇压工人阶级运动，而扰乱正常社会经济秩序，奥地利面对的敌对势力比俄国更为强大，这都不利于奥地利社会主义的实现。因而，他们认为俄国走上社会主义道路的模式并不一定适用于奥地利。他们结合奥地利国情及实际情况，从不同角度重新理解马克思主义，并试图通过对马克思主义的理解，重新阐释社会主义，为

---

① 《列宁选集》第 2 卷，人民出版社，2012，第 682 页。

奥地利走上社会主义道路提供更加明确的指导方案。

一 "阶级力量均势"论

"阶级力量均势"论是奥地利马克思主义者在处理奥地利社会主义与夺权问题上提出的理论。该理论认为根据奥地利国情与革命经验，无产阶级不能独自掌权，必须经过无产阶级与资产阶级力量均衡这一过渡时期，并直至无产阶级力量超过资产阶级。他们援引恩格斯在《家庭、私有制和国家的起源》中有关阶级与国家关系的论述来支持该理论。恩格斯指出，"由于国家是从控制阶级对立的需要中产生的，由于它同时又是在这些阶级的冲突中产生的，所以，它照例是最强大的、在经济上占统治地位的阶级的国家，这个阶级借助于国家而在政治上也成为占统治地位的阶级，因而获得了镇压和剥削被压迫阶级的新手段"，"但也例外地有这样的时期，那时互相斗争的各阶级达到了这样势均力敌的地步，以致国家权力作为表面上的调停人而暂时得到了对于两个阶级的某种独立性"，① 据此，他们认为"阶级力量均势"论是完全符合马克思主义的。

从理论产生背景来看，该理论产生自有关"社会主义革命能否在一国取得胜利"及"俄国革命胜利后有关无产阶级专政"等问题的国际大讨论中。俄国十月革命以及苏俄社会主义政权的建立成为 20 世纪世界社会主义运动中重大事件，而围绕俄国社会主义革命与其建立的无产阶级专政政权等相关问题，也成为各国无产阶级政党争论的焦点。对社会主义能否在一国取得胜利问题的研究是马克思恩格斯的未竟之业，第二国际如伯恩施坦、考茨基等人认为社会主义绝不可能在一国取得胜利，社会主义的胜利必须建立在资本主义发展到一定程度，以及世界各国工人运动相互支持之上。

马克思和恩格斯曾认为，社会主义的实现必须以社会化大生产的高度发展为前提，只有当资本主义发展到相对发达的时候，社会主义革命才有可能发生。按照马克思的社会形态学说，社会主义是在资本主义之后才出现的社会形态，其出现是符合社会发展规律的。这种观点在当时看来具有合理性，

---

① 《马克思恩格斯选集》第 4 卷，人民出版社，2012，第 188—189 页。

是马克思和恩格斯根据时代条件做出的正确判断。工业革命后，英国、法国、德国等国工业化水平迅速提高，为资本主义发展提供了重要的物质基础。这些国家率先完成了资本的原始积累，而资本原始积累推动了大量无产者的出现，随着机器大生产的不断发展，这些无产者受到的剥削与压迫日益严重。在这种情况下，这些国家中的工人阶级开始形成无产阶级意识，并开展了争取政治权利的斗争。随后，更是形成了工人阶级组织及社会主义组织来统一行动，反抗资本主义的剥削与压迫。相对于其他国家而言，这些发达资本主义国家的工人阶级更具有革命意识，革命的主客观条件相对较好，在这些国家开展无产阶级革命显然更具有可行性。但是，共产主义是致力于全人类解放的，由于当时资本主义整体上还处于上升阶段，还具有生机活力，一些国家内部矛盾与危机还并未突出或激化，因而全世界无产阶级革命时机还未到来。因而，马克思和恩格斯在当时有理由认为社会主义革命不是一国革命，而应该是多国同时发生相互支持，同时也应该是在生产力和文明发展到一定程度的诸如英国、美国等发达资本主义国家中率先实现。①

在马克思恩格斯所处的资本主义自由竞争阶段，他们根据当时资本主义发展状况提出这样的论断具有合理性，也符合社会发展规律。但资本主义进入帝国主义时代后，各帝国主义国家之间存在政治经济发展不平衡的问题，帝国主义国家之间及其内部矛盾尖锐，情况错综复杂，摩擦不断，一些国家尤其是落后国家因其面临的情况更加复杂进而出现了革命形势。在这种情况下是否还需要将国内生产力发展情况作为革命的先决条件，能否先发动革命，建立无产阶级政权后再发展生产力呢？列宁在前人研究基础上对帝国主义问题进一步研究发现，一些曾经借助先发优势夺取世界霸权的老牌帝国主义国家在新形势下经济发展落后于新兴帝国主义国家，二者差距不断拉大。新兴帝国主义国家为了进一步增强其经济实力越来越需要与之相匹配的国际地位，因而与老牌帝国主义国家争夺殖民地与世界市场的矛盾斗争日益激烈。第一次世界大战后，各国内部也出现危机，罢工等工人运动此起彼伏。在列宁看来，由于各国经济政治发展的不平衡性，各国出现的革命条件也不

---

① 《马克思恩格斯文集》第 1 卷，人民出版社，2009，第 687 页。

相同，在各国同时发动无产阶级革命显然也不切实际。列宁认为，资本主义市场的不断发展推动了世界市场的开启，所有国家都已成为世界市场经济链条中的一环，因而任一国内革命也已经发展成一个世界问题。一个国家爆发革命，既与经济文化发展程度有关，更直接取决于该国是否具备发动革命的形势。把经济因素看成唯一的决定因素，这是"庸俗化的生产力论"。因而，革命胜利与否，不能单单注重客观条件的成熟与否，应该看到无产阶级的主观能动性的重要作用。要发挥人的主观能动性，应该看到工人阶级的思想觉悟、革命力量的组织程度及政党的组织力、领导力并制定正确的方针路线等因素在革命中发挥的重要作用。因而，列宁认为，"社会主义可能首先在少数甚至在单独一个资本主义国家内获得胜利"。① 随着客观形势的不断发展，一些国家尤其是落后国家工人阶级及其他民众对现有政权的不满情绪不断高涨，列宁更加明确地指出，"社会主义不能在所有国家内同时获得胜利。它将首先在一个或者几个国家内获得胜利"。② 就当时世界发展形势来看，资本主义经济政治发展不平衡，俄国是帝国主义链条上最薄弱的环节，俄国工农群众备受压迫，革命情绪十分高涨。列宁指出，俄国社会主义革命由于和第一次世界大战相联系而表现出一些新的特征，这些新的特征以及特殊环境使俄国能够实现工农联合，能够用与西欧国家不同的方法创造发展本国文明。因此，俄国当时正确的做法就是不失时机地去进行社会主义革命，夺取政权，而不应当错失良机，待到俄国资本主义高度发达之后再去进行社会主义革命。事实证明，二月革命后，俄国资产阶级政府不能代表人民群众的意愿，继续推行帝国主义政策，并没有顺应国内无产阶级要求退出一战，也没有维护绝大多数工人阶级的利益。在这种形势下，列宁指出，要放弃对资产阶级政府的幻想，打破固定思维，鼓励无产阶级勇敢发动革命夺取政权。正是在这种情况下俄国发动了十月革命，建立了无产阶级专政政权。

奥地利马克思主义者及其党组织也如当时第二国际其他成员一样，对俄国革命及无产阶级专政进行了讨论。马克斯·阿德勒是奥地利马克思主义者

---

① 《列宁选集》第 2 卷，人民出版社，2012，第 554 页。
② 《列宁全集》第 28 卷，人民出版社，2017，第 88 页。

中的激进左派，一直以来都对革命抱有赞赏态度，他认为无产阶级占多数且具备革命意志是社会主义实现的重要前提条件，他将工人阶级意识看作社会变革的关键，判断革命的标准在于党的意识，革命的概念更加强调思想观念的更新而不是行动。他支持工人委员会的运动，反对资产阶级战争。尽管他认为社会主义与和平是一致的，但他对俄国革命采取了支持的态度。他认为十月革命在俄国的爆发是必然且必要的，呼吁社会民主党人支持十月革命及其成果，但当涉及奥地利道路问题时，他却认为奥地利并不适合走俄国道路。他指出奥地利客观条件及国情与俄国不同，奥地利敌人更加强大。而就对马克思主义基本原理遵循来说，他又认为俄国革命并不符合马克思主义，因为俄国革命是在落后国家基础上进行的，具有暴动性，容易将革命转变为恐怖主义而最终使国家政权落入少数人手中，从而对无产阶级进行专政。在奥地利应该采取什么样的模式进行社会主义革命的问题上，他也有自己的思考。他认为在资本主义与社会主义之间应该有一个过渡模式，而这个模式就是所有阶级联合起来开展夺权运动。在对待专政问题上，马克斯·阿德勒认为民主的实质就是专政，社会民主党的任务就是使工人阶级具备专政的能力，帮助工人阶级建立自己的政权，而不是苏维埃政权。同时，他反对帝国主义战争，对第二国际一些政党领导人支持本国帝国主义战争的行径予以强烈谴责。弗里德里希·阿德勒与马克斯·阿德勒一样反对资产阶级革命，尤其是反对一战。俄国十月革命爆发后，他同马克斯·阿德勒一样高度赞赏俄国十月革命取得的成果，但与其不同的是，他认为奥地利也应该建立苏维埃政权。1919 年，他效仿俄国革命组织和建立了奥地利工人苏维埃，强调与苏俄联系的重要性，为缓解第二国际与第三国际之间矛盾做出过不懈努力。与弗里德里希·阿德勒和马克斯·阿德勒不同的是，希法亭则对俄国革命持有消极态度，他在一战后，思想右转并多次参加资产阶级组织的内阁且担任要职，他曾公开反对社会民主党加入第三国际。奥托·鲍威尔作为党内重要的理论家，一开始并没有如弗里德里希·阿德勒和马克斯·阿德勒一样对俄国革命抱有积极态度。二月革命后，他公开维护以马尔托夫为代表的孟什维克的主张，反对以列宁为代表的布尔什维克的主张，他毫不掩饰地表达了这种观点，"我站在马尔托夫和他的朋友们的立场上。……列宁和托洛茨基的策略忠实地表现了由于三月事件必定会在俄国无产阶级中出现的对自己力量的过高估计。雅各宾派对断头台万能的迷信以对机关枪万能的迷信的形式在彼得堡复活了"。① 他将布尔什维主义的武装斗争说成是恐怖行动，他强烈反对在奥地利开展类似的旨在建立无产阶级专政的暴力革命，但是又承认十月革命是俄国工人斗争取得的胜利，应该对俄国工人斗争予以人道主义同情与支持。他虽然不认同布尔什维克主张，也反对奥地利实行暴力革命，但是他却看到资产阶级敌人的强大，号召所有无产阶级团结起来共同开展斗争，因而当苏俄面对强大的外部压力时，鲍威尔并没有像考茨基等第二国际理论家一样对苏俄进行猛烈批判，而是将之理解为不同国家工人阶级政党取得政权的道路方式不同，强调无产阶级政党最终共同目标是实现社会主义，因而尽管他与苏俄政见不一致，也要积极帮助苏俄渡过难关。当然，他始终认为俄国在落后经济条件下开展社会主义革命是行不通的，即使取得了政权，其仍旧需要有一个资本主义过渡阶段，他认为新经济政策就印证了其观点的正确性。他进一步表示，在这种条件下，苏俄必须逐渐取消专政统治，否则俄国就会走向经济崩溃，人民必然会推翻这种专政。但是随着苏俄国内经济社会的不断稳定发展，建设成就不断涌现，他改变了这种观点，尤其是当法西斯势力崛起后，他认为苏联实行的制度构成了社会主义发展的基础，并高度赞扬苏联为国际反法西斯斗争给予的必要支持。

总体来看，相对于第二国际其他人来说，奥地利马克思主义者对俄国革命持有比较积极的态度，但他们又将俄国革命仅仅看作个例，认为是俄国国情造就了俄国革命的成功，这种模式并不能被广泛推而用之。奥地利有奥地利特殊的国情，其国内资本主义经济较俄国更为发达，资产阶级力量更为强大，且农民阶级为了维护其小农经济并没有加入无产阶级队伍中，一旦奥地利发动如俄国那样的革命，农民阶级与资产阶级、封建势力必然会一起行动起来对工人运动进行无情的镇压。从一方面来说，其观点具有一定合理性，

---

① 中共中央马克思恩格斯列宁斯大林著作编译局资料室编《鲍威尔言论》，生活·读书·新知三联书店，1978，第48—49页。

每个国家具有自己国家的国情，根据国情与实际情况开展革命斗争符合马克思主义理论与实践要求，中国革命的胜利正是建立在对本国各阶级、敌我势力对比、经济社会发展状况等深入分析上，走出来了一条符合中国革命发展的正确道路——农村包围城市，武装夺取政权。奥地利开展社会主义革命当然也需要以本国实际为基点，这是无可厚非的。但是，奥地利马克思主义者们从一开始就普遍反对俄国革命的斗争方式，虽然他们一再强调不会放弃暴力手段，但在具体实施中，他们却害怕暴力手段的实行最终导致恐怖主义，认为无产阶级专政不适合奥地利。

因而，在对待奥地利社会主义革命时，他们认为奥地利革命的结果必然是一种阶级力量的均势状态，并将这种状态看作无产阶级革命的必经阶段，"无产阶级只有经过资产阶级和无产阶级的均势时期，才能最终夺取国家政权并实行社会主义制度"。[①] 即社会主义革命的胜利取决于阶级力量对比，也就是当无产阶级力量超过资产阶级并取得绝对优势时，社会主义革命才有可能成功，而无产阶级力量大小的衡量标准在于社会力量因素与其所掌握的暴力手段。他们认为在现代民主制国家中，如果资本主义发展能够使无产阶级数量不断增加，素质不断提高，那么无产阶级力量就越强，对民主制国家影响就会越大，在选举中，无产阶级获得选票就会越多，政权也就会最终落到无产阶级手中，具有无产阶级性质的民主制也就通过这种和平方式得以实现。但新建立的奥地利共和国不是无产阶级共和国，而是并且必须是资产阶级共和国，无产阶级与资产阶级处于力量均势时期，这时两阶级必然需要在斗争中团结，当然他们也承认这种均势状态最终会消失，这只是个过渡状态，只有当无产阶级力量发展到绝对优势才能发动社会主义革命进行夺权，"无产阶级只有经过资产阶级和无产阶级的均势时期，才能最终夺取国家政权并实现社会主义制度"。[②] 但是该主张对无产阶级力量发展到什么时候才能达到均势时期没有一个明确的衡量标准，也没有看到资产阶级所占有的天然

---

① 中共中央马克思恩格斯列宁斯大林著作编译局资料室编《鲍威尔言论》，生活·读书·新知三联书店，1978，第256、279页。

② 殷叙彝编《鲍威尔文选》，人民出版社，2008，第315页。

发展优势，因而该主张实际上演变成一种被动消极等待资本主义自动向社会主义过渡的机械主义，只有资本主义发展到一定程度，无产阶级才能够壮大，无产阶级要做的就是耐心等待资本主义发展。奥地利马克思主义者没有考虑到革命的爆发还与国内矛盾尖锐程度、革命形势、工人阶级思想觉悟、世界资本主义发展状况等有关，社会主义的发生并不必然要经过资本主义制度，也并不一定需要一个过渡阶段。马克思晚年在谈论俄国问题时，谈到可以借助现有发展条件与西方资本主义生产"同时存在"的条件，成功跨越卡夫丁峡谷。① 西方相对俄国阶级条件更好，那么为什么不充分利用这些条件发动革命呢？列宁也针对本国情况，发出在帝国主义造成的严峻的革命形势下为什么不发动革命让人民塑造自己、创造文明的疑问："面对第一次帝国主义大战所造成的那种革命形势的人民，在毫无出路的处境逼迫下，难道他们就不能奋起斗争，以求至少获得某种机会去为自己争得进一步发展文明的并不十分寻常的条件吗？"② 事实上，无产阶级与资产阶级力量永远也不可能达到均势。无产阶级的阶级意识是在阶级斗争中发展起来的，为什么不通过革命教育人民，让人民自己创造文明，而总是强调先培养无产阶级意识呢？奥地利马克思主义的"阶级力量均势"论实际上只是为不敢发动暴力革命所寻找的借口罢了。

二 "社会力量因素"论

奥地利马克思主义者普遍认为奥地利国情具有特殊性，一战后，奥地利国内经济受到了严重破坏，在外需要依靠协约国的经济援助，在内工人阶级又无法得到农民的支持，无法与农民结成联盟，因而奥地利一旦如俄国一样发动革命建立无产阶级共和国，那么国内外反动势力一定会进行干涉，从而导致革命失败，工人组织受挫，"协约国帝国主义反对德意志奥地利的无产阶级革命。协约国能够切断对我们的煤炭和粮食供应，使我们遭到饥荒；他们能够用军队占领我们的国家，或者听任我们遭受邻国的进攻。胜利者的势

---

① 《马克思恩格斯选集》第 3 卷，人民出版社，2012，第 825 页。
② 《列宁选集》第 4 卷，人民出版社，2012，第 777 页。

力就这样给德意志奥地利的无产阶级革命设置了无法改变的界限"。① 他们还悲观地认为，一旦发动无产阶级革命，必然会导致国家的分裂，各地反动势力必然会结成联盟一起镇压革命，"它们会断绝我们的交通线和供应。它们会把本州中起来反抗的无产阶级镇压下去。同各农业区的反革命进行斗争不可避免会导致流血的国内战争"。② 这种悲观的看法，导致其主观上对暴力革命产生畏惧心理，尽管他们并不像第二国际中的一些人一样公开反对暴力革命，他们也多次强调不放弃使用暴力手段，但暴力手段被视作进行必要防御时不得不采取的备选方案，他们更倾向于采取民主方式来获得政权。

对此，以奥托·鲍威尔为代表的奥地利马克思主义者提出了一种民主解决方法，即通过壮大无产阶级力量，提高无产阶级的阶级意识，壮大其阶级力量实现社会主义的"社会力量因素"论。鲍威尔认为社会主义革命的胜利与否不是取决于革命而是取决于阶级力量对比。而阶级力量取决于社会力量因素与所掌握的暴力手段。社会力量因素在他看来地位明显更加重要，他指出社会力量因素包含阶级成员数量，组织性质、规模、效能，阶级在生产与分配过程中的经济地位，对政治参与的兴趣及教育水平等五个方面。他认为这五个方面是分析阶级力量大小的关键，在民主制国家统治下，社会力量因素更为重要，它决定国家权力的分配，各种社会力量的合力也正构成国家的共同意志。他认为根据社会力量因素论，要想使无产阶级力量壮大就必须增加无产阶级人数，扩大组织规模，最重要的是提高无产阶级思想教育文化水平与阶级意识。他认为根据当前资本主义发展状况分析，无产阶级力量将会越来越强大，其受教育水平也将会得到进一步提高，随之而来的阶级意识也会进一步得到增强，这时候无产阶级就能够识破资产阶级骗局，无产阶级力量也必将成为社会主要力量，在民主制国家中进行选举将获得多数选票，从而以这种合法合规和平安稳的方法顺利从资产阶级手中夺取政权。他指出，民主制的性质取决于政权掌握在何种阶级手中，掌握在资产阶级手中就具有

① 中共中央马克思恩格斯列宁斯大林著作编译局资料室编《鲍威尔言论》，生活·读书·新知三联书店，1978，第228—229页。

② 中共中央马克思恩格斯列宁斯大林著作编译局资料室编《鲍威尔言论》，生活·读书·新知三联书店，1978，第237页。

资产阶级性质，掌握在无产阶级手中就具有无产阶级性质。"民主制只不过是形式；这种形式是具有资本主义的、农民的内容，还是具有无产阶级的内容，这只取决于社会力量因素。"① 也就是民主制是国家统治工具，任何阶级掌权的国家都可以运用，民主制最终掌握在何种阶级手中则取决于社会力量因素的发展程度。在分析了这些之后，他认为完全可以通过不断壮大无产阶级力量实现社会主义，就奥地利而言，奥地利工人阶级相比俄国来说已经在国内形成一定规模，这是奥地利采取民主手段而不是暴力手段的先决条件，但是奥地利无产阶级在思想上却还受资产阶级的影响，阶级意识还未觉醒，因而还不能形成与资产阶级相匹敌的强大力量，还没有办法取得国家政权。因此，无产阶级要不断壮大自己的阶级力量，从各方面发展社会力量因素，尽力摆脱资产阶级的影响，提高阶级意识，等阶级力量超过资产阶级时，就能在民主制基础上通过选举获得政权，这样就没有必要通过暴力手段夺取政权。

三 "防御性暴力"论

奥地利马克思主义者并不是一味追求民主，他们也看到旧的阶级不可能乖乖退出历史舞台的现实问题，因而在提出"社会力量因素"论后，他们进一步提出了"防御性暴力"论来解决这一问题。他们强调无产阶级为夺取及巩固政权而使用的暴力手段是一种"防御性"的。其运用暴力手段是在资产阶级不甘心将政权拱手相让，破坏法律，摧毁民主形式，剥夺工人阶级民主权利等对无产阶级政权予以抵抗的情况下，无产阶级为了巩固政权对这种抵抗采取专政手段、暴力手段实属无奈，因为他们认为是革命形势造成的这种专政，而这种专政也只是暂时的非长久的手段，"阶级斗争的发展就迫使无产阶级实行暂时的专政"。② 当然，这种专政是对少部分人的专政，暴力反抗也仅仅是对少部分人的反抗，不涉及对民主制的反对，这种专政是为了保障依据社会力量因素而进行的权力分配，不是对社会力量因素的横加干涉，符

---

① 中共中央马克思恩格斯列宁斯大林著作编译局资料室编《鲍威尔言论》，生活·读书·新知三联书店，1978，第 174 页。
② 中共中央马克思恩格斯列宁斯大林著作编译局资料室编《鲍威尔言论》，生活·读书·新知三联书店，1978，第 178 页。

合法律程序。而不民主的实行专政的国家则是将暴力看作维护阶级统治权威的基础，由这种暴力而产生的国家法律是对所有阶级施暴的法律，在这样的法律统治下，社会矛盾重重，旧的矛盾未解决而新的矛盾又会出现。尤其是在这种社会中，法律的权力分配不能够满足社会力量因素所需的权力要求，同时在权力分配上又存在不公与蛮横施暴状况，这时因权力分配问题就容易产生尖锐的矛盾，而这是这种专政国家所产生的新矛盾，在民主国家并不存在。[1] 这种专政也并不是无产阶级长期坚持的目标，对于奥地利马克思主义者来说，他们更愿意将这种专政手段看作历史条件下的非正常手段。他们强调，无产阶级专政关键不在于形式而在于内容，他们强调无产阶级专政在完成使命的同时必须使国家恢复民主形式，应该将其看作拯救民主制的手段，应避免无产阶级专政的长期存在导致国家陷入极权统治的危险境地。他们将暴力手段仅仅看作防御性手段，远远低估了资产阶级反动势力的力量。奥地利社会民主党取得的实践成果在二战中被资产阶级及法西斯摧毁，标志着此理论的失败。

四 "职能民主"论

马克思指出，"选举是一种政治形式……选举的性质并不取决于这个名称，而是取决于经济基础，取决于选民之间的经济联系"。[2] 也就是说，选举是人类社会历史发展的产物，不同社会形态中的选举具有不同的性质，选举具有政治性、阶级性，选举的目的是实现阶级统治。私有制决定了资本主义社会的选举是为维护资产阶级统治服务的，民主也只是维护其阶级利益的民主、少数人的民主，与无产阶级无关。奥地利马克思主义在马克思主义关于选举与民主思想立场的基础上，又为了避免出现激烈的暴力革命而破坏正常稳定的社会秩序，提出了一种新的民主观点——职能民主。职能民主是以奥托·鲍威尔为首的奥地利马克思主义思想家们为规避资本主义议会民主缺陷

---

[1] 中共中央马克思恩格斯列宁斯大林著作编译局资料室编《鲍威尔言论》，生活·读书·新知三联书店，1978，第174—176页。

[2] 《马克思恩格斯文集》第3卷，人民出版社，2009，第406页。

而提出的一种"新型民主"。鲍威尔认为，随着一战余火的蔓延，基尔特社会主义同俄国的苏维埃一样，是工人阶级反对单纯议会民主斗争的产物，无产阶级从两者中都是要寻找一种手段，以保证在统治者和被统治者之间的协调比单纯的议会制度更完全。① 在他们看来，民主就是与统治者进行协商的政治制度，而职能民主正是这样的民主。

早期，奥地利马克思主义者曾支持资产阶级议会民主，通过合法斗争取得普选权。1893 年在苏黎世国际社会党代表大会上，奥地利马克思主义者强调，"对于还没有取得普选权的一切国家的无产阶级来说，为所有达到选举年龄的人（不分种族性别）争取普选权的时机已经成熟了。大会号召全世界无产阶级起来参加这一斗争"。② 1920 年奥地利通过了联邦宪法，宪法规定奥地利是一个议会民主制国家。这一规定，推动奥地利工人运动朝着合法斗争方向发展，以奥地利马克思主义者为主要构成的奥地利社会民主党也积极开展议会斗争，赢得普选权。奥地利马克思主义者、奥地利社会民主党早期领导人维克多·阿德勒也曾积极支持开展议会斗争，"选举权的给予比任何时候都更加成为当前政治上最必需的事，否则奥国的政治机器就会完全陷于瘫痪……争取选举权的斗争加强了奥国无产阶级的力量，增加了他们在政治上的比重"。③ 然而，随着实践的不断推进，尤其是第二国际中米勒兰入阁事件最终被证明是失败的之后，鲍威尔等人开始思考议会民主中存在的缺陷。议会民主的程序是定期举行全体公民选举，通过这种看似公正合理的程序产生新的议会、新的政府，并对政府活动进行监督，达到促进统治阶级与被统治阶级之间关系平衡的目的。然而，在资本主义社会中，资产阶级是统治阶级，具有参与到选举机关中的天然优势，因而能够轻而易举地操控选举机关和选举程序，甚至篡改选举结果，事实上，他们也是这样做的，这就使这种看似民主公平的选举失去了民主公平的性质，普选成为资产阶级压制无产阶

---

① 中共中央马克思恩格斯列宁斯大林著作编译局资料室编《鲍威尔言论》，生活·读书·新知三联书店，1978，第 254 页。

② 《第 134 号文件　关于普选权》，《第二国际、第二半国际会议文件选集》，中文马克思主义文库，https://www.marxists.org/chinese/document/2/mv027.htm。

③ 殷叙彝等：《第二国际研究》，中央编译出版社，1998，第 227 页。

级的一种策略，普选沦为形式，并排挤无产阶级，选举出来的议会与政府也只代表资产阶级利益，"工人阶级到处体会到，这种信念是一种幻想；资产阶级对于报刊、讲坛、选举机关的控制权使它能够决定选举的结果；从普遍的人民选举中产生的政府将是资产阶级的阶级政府，人民中的少数的政府"。① 这种选举完全不符合社会主义民主的价值观，也并不能帮助人民真正享受民主权利。民主不只局限于政治领域，而应该涉及所有领域，应该赋予人民在所有领域的民主权利。然而，在现代资本主义社会中，议会民主成为被普遍强调的民主，但其只强调公民政治民主，而忽略人民在获得经济地位、教育文化、职业和社会职务等权利中需要的民主，他们强调应该看到按民主方式组织起来的各种群体协会组织，如工会、农民协会等正是追求各领域民主的重要体现。

与资产阶级议会民主不同的是，"职能民主"则要求人民按照劳动成熟度及在社会中的职能划分并形成相应的组织，而政府所扮演的绝不是控制人民的专制角色，而是类似于伙伴的角色，它能够在进行自己职能部门活动的同时和与之相关的组织进行平等沟通协商。这样工人阶级通过代表其利益的职能组织就能在各领域参与到国家管理与决策中来，人民群众也能在民主参与中提高政治兴趣与政治责任感，成为社会的主人。奥地利马克思主义者认为"职能民主"能够"通过与被统治者进行协商来进行统治"，推动完善民主制度，实现真正的民主，保障工人阶级合法的民主权利，教育群众，转变国家职能，进而转变国家与人民之间以往的统治与被统治关系，唤起人民群众主动性，是"最富有成效的"自主活动方式的"最强大手段"，能够避免出现因使用暴力革命手段而造成的社会秩序被破坏的局面。他们始终坚信"政治民主和职能民主的组合，是从革命中产生的力量对比"，② 最终政府会不得不接受职能民主方案。在奥地利第一共和国时期，奥地利马克思主义者们更为该理论的合理性找到了实践依据，他们固执地认为共和国时期议会民

---

① 中共中央马克思恩格斯列宁斯大林著作编译局资料室编《鲍威尔言论》，生活·读书·新知三联书店，1978，第254页。

② 中共中央马克思恩格斯列宁斯大林著作编译局资料室编《鲍威尔言论》，生活·读书·新知三联书店，1978，第255页。

主与以往资本主义式议会民主有很大差别，这种差别的原因就是这一时期的议会民主受到了职能民主的影响，"当时的议会民主受到了职能民主的限制和调整，因此，可以将其看作职能民主的结果，是无产阶级在议会外作用的结果"。①

以鲍威尔为代表的奥地利马克思主义者看到了资本主义民主的局限性，肯定了马克思主义对选举的看法，认识到了资本主义民主实际上是资本主义统治阶级为了实现其长期统治而采取的策略，选举被资本主义统治阶级牢牢操控着，底层民众完全没有平等的选举权。他们提出的"职能民主"论，正是对真正民主的奥地利式的新探索，从理论探索的出发点来看具有积极意义，但是他们没有看到民主所具有的鲜明阶级性及与经济基础的关系，在不考虑资本主义社会背景，不改变资本主义经济基础，不消灭生产资料私有制的前提下，对民主的一切尝试都不可能脱离资本主义的框架，也就不可能实现真正的民主。正如马克思和恩格斯曾经强调的，"国家内部的一切斗争——民主政体、贵族政体和君主政体相互之间的斗争，争取选举权的斗争等等，不过是一些虚幻的形式——普遍的东西一般说来是一种虚幻的共同体的形式——，在这些形式下进行着各个不同阶级间的真正的斗争"。② 资本主义国家内部一切斗争都只是虚幻的形式，在这些形式之下掩藏着的是阶级斗争，只有真正认识这一点，推翻资本主义统治基础，才能实现真正的绝大多数人的民主。

经过一系列理论阐述与政治表达，奥地利马克思主义者认为采取资产阶级议会民主方式不符合奥地利发展要求，奥地利社会民主党公开宣布其与资产阶级议会民主的决裂，坚决与西方资产阶级政党国家划清界限，公开呼吁推翻资产阶级议会民主，"我们拒绝西方议会民主与政党国家！"。③ 但是这并不意味着议会民主道路行不通，这也是其千方百计论证"职能民主"以补充议会制度的原因，他们相信通过"职能民主"改造的议会制度能够使奥地

---

① 中共中央马克思恩格斯列宁斯大林著作编译局资料室编《鲍威尔言论》，生活·读书·新知三联书店，1978，第269页。

② 《马克思恩格斯选集》第1卷，人民出版社，2012，第164页。

③ G. Brook-Shepherd, *The Austrians*, London：Harper Collins Publishers Ltd.，1995，p. 366.

利通过"和平"与"合法"的议会斗争方式来取得社会主义革命胜利，实现从资本主义到社会主义的转变，而在其看来，改良后的议会民主道路是实现无产阶级自我管理的重要手段。他们认为资产阶级议会缺乏将所有阶级团结在一起的凝聚力，资产阶级议会的三级投票原则本质上是保证资产阶级经济权力与政治权利，限制无产阶级参加普选的权利，因为这种议会制度是按照税收标准来分发选票，无产阶级因为没有资产税收，获得的分发选票少得可怜，在选举中投票的数量也就少于资产阶级，在议会中也就基本不拥有决定权。但议会制度本身不是资产阶级特有的，而只是取得政权的手段，通过将资产阶级议会权力转移到无产阶级手中，赋予议会以社会主义性质，无产阶级也可以掌握议会。所以在建立共和国后，无产阶级能够通过合法罢工行动表达合法诉求，为自己获得制定议会规则的可能性。但这种罢工却是建立在不触及资产阶级根本利益基础上的，在避免正面斗争冲突前提下寻求资产阶级的政治施舍，仍旧是一种通过一步步取得议会中尽可能多的选票来获得国家政权的方式。在《林茨纲领》中，他们就表达了议会道路策略的总安排，强调要采取民主斗争方式团结人民，"社会民主党既然已经在其斗争的第一阶段争取到了民主共和国，那么它今后的任务是利用民主的斗争手段，以便把人民的多数集合在工人阶级的领导之下，从而推翻资产阶级的阶级统治，使工人阶级获得在民主共和国中的统治权。最后，社会民主党将通过普选权的决定来争取国家政权"。[①] 1901 年，在奥地利马克思主义者的指导下，奥地利社会民主党修改了党纲，宣扬议会民主道路，将争取普选权作为最终目的。1906 年奥地利通过了实行普选权的决议，次年大选中奥地利社会民主党获得胜利，而在 1918 年的选举中，奥地利马克思主义者卡尔·伦纳成为奥地利共和国政府的总理，这极大地鼓舞了奥地利马克思主义者，他们更加坚信其主张的正确性。

此外，奥地利马克思主义者的"职能民主"论是排除暴力革命手段的改良主义。他们认为通过"职能民主"改造的议会民主制度使人民能够充分参与到管理国家事务中，能够掌握经济制度。他们极力论证在奥地利实行暴力

[①]　殷叙彝编《鲍威尔文选》，人民出版社，2008，第 325 页。

手段的不可行性。马克斯·阿德勒强调，有组织的资本主义时代的到来使阶级状况也发生变化，商业和金融业的壮大创造了一个新兴的阶层——带薪无产阶级（白领等知识分子阶层），无产阶级也并不是一无所有，带薪无产阶级与传统无产阶级在劳动性质与生活水平上都存在差异，这使带薪无产阶级并不会如传统无产阶级一样面临极度贫困而不得不发动革命，因而他认为，带薪无产阶级的出现要求重释马克思的阶级斗争理论。① 当时无产阶级也不具备独立开展暴力革命的条件。他们强调如果通过暴力革命夺取政权，那么势必会造成大量生产资料的破坏，导致原有经济社会发展成果大量流失。而作为一个小国，奥地利革命胜利后必然受到外部资本主义国家的封锁，它们将拒绝与奥地利进行贸易往来，而国内大部分资产阶级知识分子、技术人员、管理人员等也必然会拒绝与新政府合作。这样，奥地利国内生产发展将停滞，工人阶级生活并不会因为掌权而变得更加宽裕，相反，工人阶级会因为生产的停滞而失去工作，导致生活难以为继，而对社会主义政权产生失望情绪，最终工人阶级队伍将迅速缩水。这种观点具有一定合理性，从实践来看，苏俄作为第一个成功实现工人阶级专政的社会主义国家，其革命胜利后就受到国内外帝国主义的疯狂围剿，他们试图将新生的革命政权扼杀于摇篮中，他们在当时也采取了军事围剿、经济封锁、政治施压等策略，确实使年轻的政权承受了巨大压力，也造成国内物资缺乏等一系列问题。但奥地利马克思主义者只看到敌人的强大而忽视了人民力量同样强大，更加忽视了自己作为社会民主党的重要领导者在战斗面前应该具备的坚强领导能力，历史与实践都证明最终在人民的支持下，苏俄果断实行战时共产主义政策，全国人民上下一心最终获得了各种斗争的胜利，巩固了新生政权。他们认为，"政治革命是暴力所能完成的事业；社会革命只能通过建设和组织工作才能完成。政治革命是几小时中所能完成的工作，社会革命却是大胆而细心地进行多年工作的成果"。② 因而，奥地利社会革命要有组织地、有计划地、有目的

---

① 〔英〕G. D. H. 柯尔：《社会主义思想史》第3卷下册，何慕李译，商务印书馆，1986，第39页。

② 中共中央马克思恩格斯列宁斯大林著作编译局资料室编《鲍威尔言论》，生活·读书·新知三联书店，1978，第75页。

地、稳步地进行，他们强调社会主义不是一天就能实现的，通过暴力手段一次性取得政权而完成社会革命在他们看来是有缺陷的，而当时的问题是对剥夺者进行剥夺的方式，他们希望在经济上借助税收来逐步实现对剥夺者进行剥夺，并通过对国民经济社会化来实现对经济命脉的掌控，而反对政府对企业的直接管理。

尽管奥地利马克思主义者的"职能民主"思想宣称与资产阶级议会民主不同，克服了资产阶级议会民主的缺陷，能够帮助实现符合奥地利社会主义发展的议会民主，但实际上奥地利的议会民主并没有摆脱资产阶级议会民主的影子，有掩盖阶级矛盾的嫌疑，受到了列宁的严厉批评。列宁认为奥地利马克思主义对暴力斗争与议会手段的调和是对马克思主义革命理论的庸俗化，认为其本质上是一种机会主义观点或做法，他对鲍威尔为反对暴力而发表的言论——"在现代民主国家的阶级斗争中使用暴力，无异是'对各种社会力量的因素横施暴力'"——进行批评，指出："这句话也许你们听起来很古怪、很费解吧？然而，这是一个典型的例子，它表明人们把马克思主义糟蹋成了什么样子，人们可以把最革命的理论弄得何等庸俗，甚至用它来为剥削者辩护。只有德国那种市侩才能炮制出这样一种'理论'，说什么'各种社会力量因素'就是人数、组织能力、在生产和分配过程中所占的地位、积极性和教育程度。如果农村里的雇农和城市里的工人对地主和资本家使用了革命暴力，这决不是无产阶级专政，决不是对剥削和压迫人民的人使用暴力，绝对不是。这是'对各种社会力量因素横施暴力'。我举的这个例子也许听来有点可笑。但是，现在机会主义的本性本来就是这样，它反对布尔什维主义的斗争总是会闹出笑话来。现在，引导工人阶级、引导工人阶级中一切肯动脑子的人参加国际孟什维主义（麦克唐纳之流、奥·鲍威尔之流）与布尔什维主义之间的斗争，对于欧洲和美洲来说，都是一件最有益、最迫切的事情。"① 列宁认为鲍威尔的言论是对马克思主义理论的践踏与庸俗化理解，是为剥削阶级进行辩护，批评其"社会力量因素"论的荒谬，认为这只是其为不敢使用暴力手段发动革命而找的借口罢了。此后，他更是一针见血

---

① 《列宁选集》第 4 卷，人民出版社，2012，第 270 页。

地指出奥地利马克思主义者等主张议会斗争的人，之所以受到批评，并不是因为他反对这种手段，而是在于这些人将议会斗争手段抬到神圣地位，将其几乎看作取得社会主义胜利的唯一手段，而忽略了运用议会斗争手段的特殊性及阶段性，简单粗暴地将暴力手段排除在外，因而在他们看来围绕暴力革命而产生的专政、夺权等行为也就成为过时而不必要的了。他警告那些狂热支持议会斗争的政党与个人，不要被资产阶级政府所欺骗，更不要被党内别有用心的机会主义者所利用。这些机会主义者目的各异，或为了向资产阶级政府献媚，或为了一己私利，工人阶级政党要有意识地去辨别，不要陷入机会主义用议会民主设置的陷阱中，"议会活动有各种各样。一些人利用议会舞台是要讨好自己的政府，或者至多不过像齐赫泽党团那样自居清白。另一些人利用议会活动，则是为了做彻底的革命者，为了在最困难的情况下也要履行自己作为社会党人和国际主义者的职责。一些人的议会活动使他们坐上部长的安乐椅，另一些人的议会活动则使他们坐监牢、被流放、做苦役。一些人在为资产阶级服务，另一些人则在为无产阶级服务。一些人是社会帝国主义者，另一些人则是革命的马克思主义者"。① 同时，列宁认为不能对资产阶级政府抱有希望，如果不打碎资本主义国家机器，资本主义就不能自行消亡，"社会主义是在最激烈的、最尖锐的、你死我活的阶级斗争和内战的进程中成长起来的"，② "不经过这种破坏，便没有也不可能有其他通向社会主义的道路"。③ 他引用马克思恩格斯对暴力革命的观点，指出马克思恩格斯从没公开表达过放弃暴力革命的观点，相反他们一直对企图放弃暴力斗争的机会主义而进行斗争。马克思在《哥达纲领批判》中就曾对此严厉批判。奥地利马克思主义在对暴力革命手段宣传上明显不足，列宁认为这是对马克思恩格斯思想的违背，而马克思恩格斯全部学说的基础正是暴力革命，要加强对其的宣传，"系统地教育群众这样来认识而且正是这样来认识暴力革命"。④

---

① 《列宁选集》第 2 卷，人民出版社，2012，第 535 页。
② 《列宁全集》第 33 卷，人民出版社，2017，第 201 页。
③ 《列宁全集》第 33 卷，人民出版社，2017，第 200 页。
④ 《列宁选集》第 3 卷，人民出版社，2012，第 128 页。

五　"整体社会主义"论

"整体社会主义"是鲍威尔为总结工人运动经验与教训并试图阻止国际工人运动分裂，解决"革命的"与"改良的"两种社会主义主张之间矛盾，克服两种思想对立而提出的一个重要政治理论。所谓"整体社会主义"就是把改良的社会主义和革命的社会主义结合起来的统一的社会主义。二战以来，世界社会主义阵营中存在两种对立的社会主义主张，即改良的社会主义与革命的社会主义。这两种主张存在着眼点、斗争方式、内容等方面的差异，在一些主张上完全对立。在奥地利马克思主义者看来，这两种截然对立的社会主义主张是造成世界社会主义分裂的重要原因，因而他们寻求一种凌驾于两种对立主张之上的新的社会主义（也就是整体社会主义）也就成为必然，他们宣称整体社会主义集改良主义与布尔什维主义之所长，摒弃了这两种主义的缺陷，同时又是与时俱进的，超越了一切将马克思主义僵化的理论。

在奥地利马克思主义者看来，从着眼点上来看二者差异在于对资本主义与工人阶级关系的理解不同。改良的社会主义着眼于当前，将工人阶级看作资本主义社会中的一个阶级，要维护其在资本主义社会内部存在的阶级利益，努力调和阶级矛盾，强调这种做法是工人运动在发展过程中的必然。而革命的社会主义则强调工人阶级利益之所以不能够实现，正是资本主义社会造成的，工人阶级要获得自身利益，解放自己，就必须武装自己，打破资本主义对其施加的枷锁，推翻旧制度，建立新制度，因而反对资本主义现存制度的整体斗争要比在现存制度内部争取局部权益重要。相比改良的社会主义，革命的社会主义在斗争上更加坚决，强调暴力革命，否认逐步改良，暴力革命是实现社会主义的唯一手段。总体来看，奥地利马克思主义者认为两者矛盾并不是不可以协调、不可以解决的，他们认为二者的思想仅仅是长远利益和眼前利益的区别，并不存在实质性对立，表面的对立并不妨碍最终共同目标的实现。他们认为，根据马克思主义对发达资本主义的深入剖析，建立社会主义制度是工人运动的终极目标，而社会主义制度也必然需要工人阶级一系列的阶级斗争来实现。但是，社会主义的实现并不是一劳永逸、一蹴而就的，而资本主义统治阶级为维护统治也在不断改变对工人阶级的策略，与资本主义的斗争必然不是一帆风顺的，也不可能仅仅依靠一种手段就可以达到工人运动的目标。因而，奥地利马克思主义者强调新一代的马克思主义者应该肩负起解决马克思主义发展过程中产生的各种问题的使命，他们认为"整体社会主义"正是奥地利马克思主义者在勇担这一使命的过程中探索出来的解决这两种思想对立的良方。为了实现社会主义，改良的社会主义和革命的社会主义二者必须进行一定妥协，将一些遗产让渡给对方。改良的社会主义思想中存在一些有价值的思想理论，尤其是一些诸如在人权保障、精神自由等问题上形成的宝贵文化价值遗产，以及在维护人类文化成果中所体现的文化责任感等，都应该是革命的社会主义所要学习借鉴的。同样，整体社会主义也强调革命的社会主义要将其革命财富与改良的社会主义分享，教会改良的社会主义认识到资本主义的本质和改良的不足，引导其正确看待无产阶级革命与专政问题。为了验证这种理论的正确性，他们援引奥地利社会民主党在两次大战期间的著名的社会主义实验——"红色维也纳"及奥地利二月起义①为例，认为这两起事件正是以整体社会主义解决两种主义对立，集二者理论所长的良好呈现，"我们给社会主义的改良主义提供了红色维也纳的伟大成就，我们给革命社会主义提供了保卫同盟成员二月起义的英雄行为。……这就是一种整体社会主义的观念，它超越于使世界无产阶级分裂的对立之上。为的是要克服这些对立"。②

　　奥地利马克思主义者试图通过"整体社会主义"来调和改良的社会主义与革命的社会主义两种思想之间的矛盾，维护世界社会主义运动的团结，初衷是好的。从现实来看，在这两种思想分歧指导下的不同政党组织，在行动

---

① 二月起义又称二月暴动，发生于 1934 年 2 月 12 日至 16 日，是奥地利社会民主党等社会主义政党发动的打击基督教社会党等保守势力的起义。在这次起义之前，保守势力一直发动暴动，扰乱奥地利社会民主党的正常活动。1933 年 3 月 4 日，基督教社会党宣布解散国会，搜捕、迫害奥地利社会民主党成员，奥地利社会民主党被迫发动了二月起义。

② 中共中央马克思恩格斯列宁斯大林著作编译局资料室编《鲍威尔言论》，生活·读书·新知三联书店，1978，"前言"第 20—21 页。

策略上变得不再一致，国际工人组织联盟出现裂隙，世界各国工人阶级团结起来开展阶级斗争变得更为困难，实现社会主义在多国建立的目标更是难上加难。奥地利马克思主义者看到这种思想对立给世界社会主义运动带来的不良影响，并为因思想对立而造成的世界社会主义运动分裂而深深担忧，体现了其维护马克思主义革命成果的坚强决心。但是，他们没有认识到两种主义之间的对立并不是表面的对立而是根本性的对立，这种对立是建立在对资本主义制度认识与是否遵守马克思主义，尤其是唯物史观基础上的，而不是其所理解的短期目标与长远目标关系。因而"整体社会主义"理论并不能对两者对立进行全面理解，也不能化解两者的根本对立。当然，其试图探索出一条介于革命与改良社会主义之间的新的斗争道路，以适应新的历史条件下的社会主义运动的想法，是值得肯定的，但在具体的历史环境中这一理论带有乌托邦色彩，资产阶级不可能任由无产阶级夺权，必然采取一系列措施阻止工人阶级夺权斗争。而从现实来看，其理论应用也并没有朝着原本设想的方向发展，就连其引以为傲的社会主义实验也因为在应对纳粹及右翼中的懦弱表现而失败，随着二战爆发及战后社会主义运动进一步分裂，其努力也付诸东流，进一步证明了这一理论的错误。

小　结

本章主要论述了奥地利马克思主义在哲学、政治经济学及社会主义方面的理论。奥地利马克思主义者看到马克思主义个别具体观点因时代变迁而受到质疑，进而根据各自研究范围及关注领域对马克思主义进行所谓的补充。总体来看，他们初衷是好的，根据现实变化情况不断创新理论也是时代赋予每个马克思主义者的使命任务。但是，奥地利马克思主义者所谓的补充更多是从自己的理解出发，对"补充"的理论并没有加以辩证分析，这就造成一些理论存在严重缺陷，甚至歪曲了马克思主义。其"补充"马克思主义哲学思想，将马克思主义看作一门具体科学，试图摆脱唯物唯心二元论窠臼，但最终却仍旧陷入唯心主义。其政治经济学理论对金融资本、有组织的资本主义、经济民主、帝国主义等方面理论的论述具有创新性，丰富和发展了马克思主义政治经济学，但其对帝国主义的分析仍停留在模糊不清状态，没有真正认识帝国主义、资本输出等的本质，其提出的"有组织的资本主义""经济民主"看到了资本主义内部的变化，但寄希望于在不打破原有资本主义社会制度的情况下实现工人阶级解放，实现社会主义，对资本主义抱有乐观幻想态度。在社会主义理论上，关于夺权问题，尽管其对俄国社会主义革命道路抱有同情或肯定态度，但是却认为奥地利并不适合走俄国道路，这种看法具有一定合理性，任何国家都有自主探索本国革命与发展道路的权利，俄国模式并不是唯一模式，但是他们却片面看待俄国革命中爆发的暴力革命对社会稳定的破坏，而没有看到要想推翻资产阶级的反动统治不可能不打破旧的国家机器，而这种社会动荡显然也是必然的，他们更没有看到无产阶级掌权后拥有迅速恢复社会稳定的能力，对无产阶级独立发动暴力革命夺取政权、建设社会主义的能力估量不足，带有悲观情绪。尽管其一再强调不放弃暴力革命，但在实际中却不断展现出对议会选举的迷恋，他们看到了资产阶级议会斗争的虚伪，也尝试建立符合社会主义夺权的职能民主，但没有看到社会主义民主应该是在无产阶级掌权后才能够实现的，仅仅寄希望于改良选举，赢得议会席位取得政权，明显是本末倒置，在资本主义框架内也绝不可能改变资产阶级议会民主性质。总的来看，奥地利马克思主义这些理论思想对马克思主义理论发展有一定影响，包括列宁在内的马克思主义者都曾或多或少受到这些理论的影响，但其理论思想也具有一定局限性，带有浓厚的折中主义色彩，具有明显的改良主义倾向。

第三章
奥地利马克思主义的具体理论

在对哲学、政治经济学与社会主义方面宏观理论进行研究后，奥地利马克思主义者又进一步对文化、民族、法律及政党等具体领域的理论进行了研究，这些理论涉及：在多民族国家如何团结群众、解决民族分裂问题；建立无产阶级文化霸权问题；如何看待资产阶级法的局限性，社会主义法为什么具有合法性；怎样建设马克思主义政党；等等。这些问题，无论在当时还是现在都是值得探讨的重要问题。以鲍威尔为代表的奥地利马克思主义者针对民族问题，考察了民族的历史及其产生的根源，提出了民族文化自治原则；提出资产阶级对文化的垄断，使文化出现分裂，强调建立无产阶级文化的重要性；提出资产阶级法建立在私有制基础上，并不具有永恒性，是维护资产阶级统治者的法，需要建立符合全体人民利益的社会主义法；等等。他们始终强调奥地利具有不同的文化传统与特殊国情，强调坚持马克思主义思想，建设社会主义政党，主张在不放弃暴力革命的前提下，尽可能和平夺取政权，走出一条符合奥地利社会主义革命与建设的"第三条道路"。

第一节　奥地利马克思主义文化理论

奥地利马克思主义者大多生活在技术革命给人类社会带来飞速发展的时代。一方面，技术革命提高了社会生产力，推动了社会经济发展，创造了大量社会财富，人民日常生活、交通、卫生、教育等都得到了一定改善，文化艺术与科学领域也发生了巨大的变化，导致人们在思考、判断、情感和认知能力等方面发生转变；另一方面，技术革命推动资本主义发展，随之而来的是整个西方世界的社会政治发生翻天覆地的变化，资本主义越来越将人民群众的日常生活纳入其控制范围，形成了基于资产阶级思想的资本主义精英文化，人民群众深受资产阶级文化的压迫与控制。奥地利马克思主义文化思想正是在这样的背景下诞生的，奥地利马克思主义者批判资本主义对文化的垄断，批判资产阶级通过文化对无产阶级文化的剥夺，提出要建立无产阶级文化，以此来遏制资本主义文化对无产阶级的荼毒，努力打造马克思主义文化阵地，牢牢掌握文化领导权，将文化作为一项政治事务，高度重视文化对人思想的塑造作用，实现文化知识民主化，让工人阶级能够平等享有知识的权利，进而追求真正的属于无产阶级大众的、平等的、民主的文化。此后，正是在奥地利马克思主义文化思想的指导下，奥地利马克思主义进行了一系列实践活动，使社会主义思想深入人心，无产阶级意识进一步增强。

一　文化霸权思想

列宁撰写了多篇文章，指出工人阶级政党要将"进行最广泛的政治鼓动，以及组织全面的政治揭露"① 作为自己的重要任务，主张党员干部"应当既以理论家的身份，又以宣传员的身份，既以鼓动员的身份，又以组织者的身份'到居民的一切阶级中去'"，② 强调要加强对民众进行宣传教育，积极发动民众，将革命的领导权牢牢掌握在自己手中，而不是拱手相让于资产阶级。这一观点被西方马克思主义者葛兰西加以丰富拓展并形成了系统的文化霸权理论。葛兰西强调文化霸权是一种建立在公众普遍同意基础上的统治形式。在获取政权之前，社会政党或组织就要牢牢掌握领导权，而这个领导权实际上是对意识形态话语权的掌控。这种话语权意味着一个阶级不仅在经济领域，而且在所有社会、政治和意识形态领域占据优势，并因此能够说服其他阶级以有利于其自身优势的方式看待世界。在一些学者看来，葛兰西所指出的话语权往往处于一种不稳定的、暂时的平衡状态，不可能长久，③ 但奥地利马克思主义者却认为这种不稳定的状态给无产阶级争夺意识形态领导

---

① 《列宁选集》第 1 卷，人民出版社，2012，第 362—363 页。
② 《列宁选集》第 1 卷，人民出版社，2012，第 366 页。
③ Norman Fairclough, *Critical Discourse Analysis: The Critical Study of Language*, London: Longhan, 1995, p. 76.

权创造了机会。因而，他们对当时资产阶级主导的所谓"高雅文化世界"与被认为是"野蛮的、未开化的"大众文化世界对立的文化霸权范式提出了挑战，并试图通过改变传统革命方式，在这种不稳定的（政治）平衡中建立"无产阶级文化霸权"观念，"当今世界，艺术和科学的实践主要掌握在无产阶级的反对者手中。就目前而言，如若使用传统手段和形式，无产阶级则很少有可能获得在科学或艺术创造性领域工作的机会"。①

　　奥地利马克思主义者认为，在资产阶级文化霸权的影响下，阶级社会出现巨大的分裂，这种分裂不仅涉及经济层面的诸如贫富差距等巨大鸿沟，而且也体现在文化领域出现的巨大裂隙。文化是劳动人民创造的精神财富，文化成果应该属于每个劳动人民，然而，资产阶级社会的文化却是少数资产阶级的专有特权，他们不仅占有劳动人民的文化成果，还通过对文化进行垄断而剥夺底层民众享受文化所带来的精神愉悦的权利，使文化变成其实行政治镇压的工具，并通过文化手段对劳动人民进行政治"洗脑"，逐渐使人民群众在思想上对其制度、价值观产生认同，从而丧失反抗意识。因而，资产阶级社会的文化发生分裂，成为资产阶级统治人民的工具，走向了人民的反面。奥地利马克思主义者认为要实现社会民主化，就必须克服这种文化分裂。埃德加·兹尔塞尔认为要克服这种文化分裂，建立奥地利马克思主义式的文化霸权，就要解构当时资本主义统治下的霸权主义的精英主义文化。因而他主张平等主义，反对一分为二的文化对立模式，即他所说的"天才和大众各占一半"②的文化模式，强调文化资源的公平分配与平等享有。为此，他对现代文化生活中存在的个人崇拜和对大众贬低的普遍现象予以强烈抨击，鼓励人民群众去追求文化娱乐生活，强调要赋予人民群众接受文化教育并保持个体独特性的权利。奥托·鲍威尔也根据自己的研究提出了构建无产阶级文化霸权的见解。在鲍威尔看来，个体始终是一个相互依存的存在，单个个体可能并没有完全意识到他者在文化环境中的这种嵌入性。大多数人在

---

① Otto Neurath, *Personal Life and Class Struggle*, Holland：Reidel Publishing Company, 1973, p. 258.

② Zilsel Edgar, *Die Geniereligion. Ein kritischer Versuch über das moderne Persönlichkeitsideal*, mit einer historischen Begründung, Frankfurt am Main：Suhrkamp Verlag, 1990, p. 100.

自己对文化的理解范围内行动，认为文化是持久的、永恒的，他们并不能认识资产阶级社会文化的本身属性，更不可能认识到建立在一定文化基础之上的国民性不是一成不变的。鲍威尔认为，通过开创新的文化教育可以实现文化转变，而实现了文化转变也就能够克服这种文化分裂。这种创新的文化教育是属于无产阶级的文化教育，因而转变后的文化应该代表无产阶级，是无产阶级文化。

此外，在无产阶级文化范式构成上，奥托·鲍威尔指出，每个国家都有其历史上出现的文化规范，这些规范倾向于继承前一历史阶段的思想观点。因而，哈布斯堡王朝的文化规范也影响了要新建立的奥地利无产阶级文化的文化规范。考虑到奥地利与德国文化传统的历史渊源，奥地利马克思主义者认为与其他文化传统相比，古典德国文化具有某种优越性，奥地利工人阶级要学习德国优秀文化来塑造工人品格，进而建立无产阶级文化规范，"工人们尤其必须适应德国学术、德国哲学、德国诗歌和德国艺术，仅仅因为它们属于世界上有史以来最好的作品。奥地利工人需要成为'优秀的德国人'"，① 以此来形成无产阶级文化霸权。

尽管奥地利马克思主义者主张奥地利工人阶级学习德国文化的言论过于狭隘，具有民族主义倾向，其主张建立的无产阶级文化霸权思想掺杂着对德国文化的崇拜因素，并没有将马克思主义文化放在无产阶级文化建构的首位，展现了其局限性一面，但考虑到当时奥地利民族分裂的情况，包括鲍威尔在内的大部分奥地利马克思主义者都希望实现民族团结、国家统一，加之奥地利本身就具有德国文化传统，奥地利也一直想要重新加入大德意志同盟，在这种境遇下，也就不难理解他们对德国文化的极尽推崇，当然其本意或许只是强调学习德国优秀传统文化，而不是吸收所有连同糟粕在内的封建的或资产阶级的文化。总体来看，奥地利马克思主义者的文化霸权论本质上是将文化作为文学、哲学和艺术的审美霸权。他们从阶级、政治权力、人民群众的日常生活，特别是工人阶级的生活出发来分析文化。他们联系本国国情，在马克思主义指导下，发展了一种社会主义的文化观念，把文化场域解

---

① Otto Bauer, *Deutschtum und Sozialdemokratie*, Wien: Europa Verlag, 1975, pp. 32 – 34.

释为政治斗争场所，把阶级文化解释为研究的目标和政治变化的因素并将文化民主化理念转化为实践行动，例如，马克斯·阿德勒就强调社会主义教育应该方向明确，就是通过建立社会主义意识达到压倒资本主义的目的，社会主义导向是两种社会对立的关键，明确表明奥地利马克思主义的文化教育的社会主义属性。在这种观念的指导下，奥地利马克思主义者构建起了一种文化唯物主义理论范式，涵盖社会文化的方方面面，进而形成了对整个社会意识形态层面的奥地利马克思主义的文化霸权理论。

二　文化政治化

在奥地利马克思主义的理论中，文化因素与政治社会因素往往紧密地交织在一起。奥地利马克思主义者不仅把生产解释为社会政治生活的一部分，而且把消费解释为社会政治生活的重要组成部分，试图通过分析生产过程本身与普通人的闲暇娱乐时间来解释工人阶级的政治行动。1929 年，在《维也纳学派宣言》中，奥托·纽拉特强调建立科学的新世界观，主张将文化、哲学与政治结合起来，强调对工人进行教育以及文化宣传的重要性，指出无产阶级掌握社会管理的能力及阶级意识的提高对无产阶级运动的成功有着重要作用，对科学教育的尊重也有利于无产阶级统一战线的实现，[1] 这是奥地利马克思主义文化政治化主张的正式宣言。尽管奥地利马克思主义者承认生产力发展对文化的作用，但是他们强烈反对第二国际内部庸俗经济学家粗暴而简单的经济决定论。他们着眼于文化实践的社会条件和物质条件，认为在资本主义社会中，社会被划分为不同阶级，不同阶级文化势必会因所代表的阶级立场不同而有可能产生文化冲突，进而指出文化也具有阶级性。

纽拉特认为，没有经济秩序的根本改变，就没有社会主义的思想、感情和生活，就没有社会主义的民主，"无产阶级胜利以后，要发展教育和艺术供今天仍然没有接受过教育和艺术的人平等享有"。[2] 因而在其文化思想中，

---

[1]　〔澳〕尼尔·德·马奇、〔美〕克劳福德·古德温编《两难之境：艺术与经济的利害关系》，王晓丹译，中国青年出版社，2014，第 431 页。

[2]　Otto Neurath, *Personal Life and Class Struggle*, Holland：Reidel Publishing Company, 1973, p. 258.

我们能看到很多社会主义改革的方案，这些改革方案很好地将文化思想与政治实践结合起来，使文化与政治达到良好互动。同其他奥地利马克思主义者一样，纽拉特的目标是在资产阶级文化遗产之外创造一种普遍的无产阶级文化。在纽拉特看来，工人阶级发展了自己的文化，这种文化与团结工人阶级和争取物质改善的斗争密切相关。文化不是马克思主义教育者必须"灌输"给工人阶级的东西，工人阶级的生活方式、组织业余时间的方式、与自然的关系以及与社会的关系都可以被视为文化的一种表达。[①] 也就是说，他认为文化代表着一个社会阶层的全部生活方式。对此，他将"一致性"作为其文化思想中一个关键术语。他认为，习俗的一致性问题在社会学的结构中起着决定性的作用，在人类社会中，生产方式、社会结构和意识形态始终是一致的。他承认经济条件在历史进程中是一种推动力量，但也同其他奥地利马克思主义者观点一致地反对当时一些庸俗马克思主义者的庸俗经济决定论。他认为生产方式与生活方式、技术、宗教和文化习俗相一致，对人类的生活至关重要。因此，即使是文化，也必须在连贯性理论的背景下去研究。他举例说明了这种一致性：如果一个画家生在一个前途未卜的国家而画了一幅充满希望的画，人们可能会倾向于把这解释为他将在生活中被否定的东西通过艺术展现出来；但是，如果一个画家生在一个发展前景良好的国家，那他的画作就会被理所当然地认为是对现实的真实反映。[②]

此外，他极力倡导文化知识民主化，强调要为所有以某种方式参与到有意识地重新塑造生活的人的日常生活设计知识工具。[③] 在其理论中，知识民主化就是通过避免使用晦涩学术语言，充分考虑工人阶级思想文化水平，用简单易懂的方式（如图像语言、举办成人及工人教育活动等）来达到知识的普及化。在他看来，实现知识的民主化是建立和推进民主的必要因素，是文化政治化的必然选择。他指出，对于一个民主社会来说，拥有一种共同语言的共同文化知识至关重要。为此，他创造了名为"图像统计学"的教学方

① Otto Neurath, *Lebensgestaltung und Klassenkampf*, Berlin: Laub, 1928, p. 297.

② Otto Neurath, *Empirical Sociology*, Holland: D. Reidel Publishing Company, 1973, p. 385.

③ Otto Neurath. *Wissenschaftliche Weltauffassung*, *Der Wiener Kreis*, Holland: D. Reidel Publishing Company, 1973, p. 305.

法，即以经过特殊设计的统一图像来取代文字，形成一种普遍而简单易懂的语言，以让文化水平很低的人也能迅速获得知识，这种方法最后被国际采纳并发展成为国际通用图形符号系统（ISOTYPE）。他认为能够通过这种方法实现知识普及化，进而实现无产阶级文化普及化，最后必然能够超越文化、社会和语言障碍，实现世界主义、国际主义，最终形成世界公民意识。当然，对文化知识的民主化并不是对所有文化知识不加区分地进行宣传与普及，对于奥地利马克思主义者而言，他们更强调的是普及那些有利于增强工人阶级意识的文化知识，而对于一些束缚工人阶级思想解放的资产阶级文化知识则需要拒斥、批判。

但是在实际操作中，这种想法又带有明显的空想性，因为在资本主义经济基础上建立起来的文化必定带有资本主义统治阶级的思想烙印，正如奥地利马克思主义者之前分析所言，资本主义社会文化出现分裂，如果不打破旧机器，实际上无法真正解决文化分裂问题，这也使奥地利马克思主义者的文化思想带有明显的折中性。对资本主义文化模棱两可的态度，致使奥地利马克思主义文化理论自相矛盾。例如，在关于流行文化的讨论上，一方面，他们认为流行文化是大众思想的一种真实表达，是一种反精英主义的政治抵抗形式，是批判性思维的宝库，应该予以支持；另一方面，他们又谴责以被动消费文化产品为特征的流行文化是资本主义思想的潜在动因，在他们看来，流行文化操纵了工人阶级的思想，使工人阶级无法认识到自己的社会地位和经济状况，是资产阶级用来破坏无产阶级阶级意识的工具，要对流行文化予以批判。这种前后矛盾的观点，也造成奥地利马克思主义阵营在文化问题上的讨论出现了很大的分歧，不利于无产阶级文化的形成。

第二节　奥地利马克思主义民族理论

民族问题一直以来是世界绝大多数国家面临的重要问题。19 世纪末，国际形势发生重大变化，殖民扩张主义愈演愈烈，帝国主义对各民族的压迫更加严重，各民族之间的矛盾也日益尖锐。在帝国主义压迫日加严重与民族问题日益复杂之际，奥地利马克思主义者将解决民族问题作为当时的重要课题之一。奥地利马克思主义者通过对奥地利各民族状况的分析，结合阶级现状，对民族问题进行了深入探讨，并取得了重要成果。尽管其部分观点受到了列宁、斯大林等的批评，但不可否认的是，奥地利马克思主义者对民族问题的研究为后世民族问题研究者提供了思路与研究路径，也使鲍威尔等人成为当时最负盛名的民族问题专家。佩里·安德森在其著作《西方马克思主义探讨》中曾强调奥地利马克思主义关于民族理论研究的重要性，并给予了鲍威尔高度评价，认为其民族理论填补了马克思恩格斯在这方面理论研究的空白，指出在当时帝国主义殖民扩张、各民族备受压迫的背景下，研究民族理论对社会主义运动开展意义尤为重要，"他解决了马克思和恩格斯几乎没有涉及过的一个重大政治理论问题，而这个问题现在在社会主义运动面前显得比以往任何时候都更为突出了：在这个实际上崭新的领域里，他进行了大胆的综合，论述民族的起源和组成，最终分析了欧洲以外当代帝国主义的并吞浪潮"。①

一　民族内涵

长久以来，民族问题都是一个颇具争议性的话题，就民族定义而言，由于民族问题涉及领域众多，从不同角度看民族问题得出的结论也就有所差异。在奥地利马克思主义之前，人们对"民族"这一概念并没有形成一个科学而清晰的认识，即使是科学技术快速发展的当时，人们仍旧无法解释民族所包含的一系列问题，因而民族问题成为一个需要不断探讨但又没有终极答案的问题，以至于"民族问题完全留给了抒情诗人、杂文作家以及国民大会中、议会里和啤酒桌旁的演说家去议论"。② 休·希顿－沃森认为，"要给'民族'下一个'真正科学的定义'几乎是不可能的；而且这种现象一直存在，现在仍然存在"。③ 尽管如此，为解决奥地利复杂的民族问题，鲍威尔

---

① 〔英〕佩里·安德森：《西方马克思主义探讨》，高铦等译，人民出版社，1981，第17—18页。

② Otto Bauer, *The Question of Nationalities and Social Democracy*, MN: University of Minnesota Press, 2000, p.19.

③ 〔英〕休·希顿－沃森：《民族与国家——对民族起源与民族主义政治的探讨》，吴洪英、黄群译，中央民族大学出版社，2009，第7页。

决定从民族定义入手，系统地对民族问题进行研究。他被公认为首位系统研究民族问题的西方马克思主义理论家，他通过对以往民族概念进行研究，① 指出以往对民族概念的分析都存在一定的理论缺陷，要重新对民族进行定义。

他认为"形而上学的民族理论"是一种非科学的民族理论，民族并不是如形而上学的民族理论所说的那样一成不变，民族是一个总是发生变化的过程。他反对将抽象的、一成不变的实体作为民族的本质，并用达尔文主义与细胞学说来论证形而上学民族理论的缺陷，他认为民族在发展中也存在遗传与变化，符合优胜劣汰的达尔文主义规则，民族在历史长河中通过不断与自然做斗争而形成不同的民族内容，也就产生了不同的具体的民族性格。

"经验的民族理论"认为民族是由地域、语言、血缘关系等要素构成，而这与人们通常对民族认识的普遍经验相符合，具有经验主义色彩。鲍威尔认为，地域、语言、血缘关系等要素在民族形成中并不是同时产生的，其作用也大小不一，他反对将这些要素简单罗列，这些要素在他看来只是构成民族内容的一部分，不应将其看作民族内容的全部，同时这些要素也并不是一成不变的，在古代民族与现代民族中，这些要素的作用也明显不同。而单独的一个因素也并不能证明民族的形成与之有关。对语言而言，其与民族的关系具有复杂性，同一语言可以形成不同民族，而不同语言也可以形成统一民族，他举例说明道，塞尔维亚人与克罗地亚人有着相同的语言但却不是同一个民族，瑞士国内语言种类众多但这些操着不同语言的瑞士人却形成了统一的民族。他反对用语言来区分不同民族，他认为语言只是人与人之间交往的工具，并不能被看作民族内在本质的规定性。因此，他认为这些要素只能形成民族的自然共同体，也就是种族。他认为文化是民族统一的因素，没有文化因素的种族会随着社会发展而不断走向分裂，而文化可以将不同语言、不

----

① 以往的民族概念基本从形而上学、经验主义、心理学等角度进行定义，并由此产生了根据三种不同定义而形成的民族理论，即"形而上学的民族理论""经验的民族理论""心理学民族理论"。

同地域的人统一为一个民族。对民族来说，"文化共同体"比"自然共同体"更为重要，因为"民族固然可能是以起源的共同性为基础的，却并非一定要以它为基础"。① 他认为要找出各要素之间的有机关系，从有机关系中看待民族问题，并强调各要素只有在相互联系与影响中才能形成统一民族，② 强调要素之间相互作用对民族形成的重要影响。

"心理学民族理论"在鲍威尔看来具有一定合理性，人们不会因为地域、语言相同而被认为同属一个民族，但心理上的民族认同却可以用以判断民族同一性。然而，人们在心理上的民族意识仅仅只是在针对异族时才会有的反应，因而"在与同一民族的交往中无法产生民族意识"。③ 他反问那些认同心理学民族理论的理论家，同一民族内部人民如果意识不到自身与本民族内其他地区人民之间的共同属性，难道他们就不算同一个民族吗？④ 他认为人的思想意识是在一定社会基础之上产生的，有着同一传统文化习俗与生活习惯的人不存在异族意识与本族意识，因而也就不需要强调同一民族内部的心理认同。特别需要进一步指出的是，他认为，民族意识更多是随着不同地区国家商业贸易发展而产生的，民族意识的传播本质上是资本主义时代的产物，越来越多的人随着资本主义时代贸易发展、知识普及等而深受资本主义文化的影响进而认识其他民族，从而产生民族意识。由此，他进一步指出文化发展造就了民族统一性，文化使不同地域人民产生相同的行为、观念，体验相同的命运，进而在命运共同体中形成民族。

他认为，民族是相对的性格共同体，而民族性格指的是"使一个民族区别于另一个民族的身体特征和精神特征的复合体"。⑤ 当然这种复合体不是身体特征和精神特征的简单组合，而更多强调的是意志趋向的差别性，这种差别性是由一定民族在生存斗争中所形成的不同特点和不同民族的不同表象群

---

① 殷叙彝编《鲍威尔文选》，人民出版社，2008，第 27 页。
② 殷叙彝编《鲍威尔文选》，人民出版社，2008，第 11 页。
③ Otto Bauer, *The Question of Nationalities and Social Democracy*, MN: University of Minnesota Press, 2000, p. 21.
④ 殷叙彝编《鲍威尔文选》，人民出版社，2008，第 2 页。
⑤ 中共中央马克思恩格斯列宁斯大林著作编译局资料室编《鲍威尔言论》，生活·读书·新知三联书店，1978，第 4 页。

所决定的。他通过分析民族性格，指出所有民族具有某些作为人类特有的特征，但不同民族又因其命运、斗争、社会组织而不同，而这就构成不同民族的民族性格。民族性格表现在三个方面：一是不同民族"意志确定性各不相同"，① 即不同民族即使在相同情况下，所做的决断与选择也有可能具有差异性，这种差异性表现在其关注点、注意力上的差异；二是"不同民族具有不同表象群"，② 对事物评判、道德审美、宗教习俗等具有不同的标准；三是从民族身体结构上看，不同民族身体特征不同，这些不同之处构成民族心理、性格、意志的差异。由此，他认为民族为命运共同体，"是通过命运共同性而结成一个性格共同体的人们的整体"，③ 同时指出民族不是民族共同体而是文化共同体，强调文化在民族形成中的重要性，进一步明确了民族的定义。

二 民族问题

民族问题是指民族与民族自身及不同民族、国家等不断交往中而产生的问题。民族问题产生的因素涉及广泛，包括政治、宗教、文化、经济等。弄清楚民族问题将有利于团结不同民族国家的无产阶级，因为在鲍威尔看来，"年轻的觉醒的无产者的革命情绪还来源于他的民族立场。因此，当整个民族在反对它的压迫者的时候，当我们社会的大人物和权势者都成为民族斗争中的敌人的时候，当推翻现存制度成为民族斗争目标的时候，工人就会采取民族主义立场。所以工人就站在一切受沙皇制度奴役的民族斗争的最前列"。④ 而"民族矛盾在任何时候都会使无产阶级大军发生分裂，民族斗争使阶级斗争无法进行"。⑤ 基于 19 世纪奥地利自身发展状况以及民族矛盾日益成为奥地利无产阶级统一团结的障碍这一现实问题，鲍威尔通过对奥地利民族状况的调查与分析，从领土、集中分散制度、资本主义本质等三方面具

---

① 中共中央马克思恩格斯列宁斯大林著作编译局资料室编《鲍威尔言论》，生活·读书·新知三联书店，1978，第 8 页。
② 中共中央马克思恩格斯列宁斯大林著作编译局资料室编《鲍威尔言论》，生活·读书·新知三联书店，1978，第 9 页。
③ 殷叙彝编《鲍威尔文选》，人民出版社，2008，第 30 页。
④ 殷叙彝编《鲍威尔文选》，人民出版社，2008，第 33 页。
⑤ 殷叙彝编《鲍威尔文选》，人民出版社，2008，第 43 页。

体分析了民族压迫与剥削，民族之间关系等问题，并强调这三方面是造成民族问题的主要原因。鲍威尔对民族问题的分析为奥地利社会民主党处理奥地利国内民族纠纷问题奠定了理论基础，提供了政策依据。

　　鲍威尔与伦纳首先对领土原则进行分析，指出领土原则的实质是把对物的统治用于对人的统治，"领土原则是在自然与人的关系中形成人对人的统治"。① 以领土为界限区分的民族，其占有的领土范围归民族国家所有，而在资本主义社会，对所有物的私人占有是这一社会特征的重要表现形式，围绕领土展开的所有权，即对土地所有权的占有则是该社会形态乃至一切以私有制为基础的社会形态的主要表现。在资产阶级看来，对土地所有权的占有，不仅仅是对土地的占有，而是对土地连同土地上的劳动力及劳动产品的占有，也就是说对整片土地具有绝对的占有权，这就使以领土原则划分的该地域的民族连同其劳动产品及文化教育权利等都受到资产阶级的剥削与压迫，物的关系也就演变成人与人的关系，"由于社会划分为阶级，人对物的关系就掩盖了人对人的权力关系。从现象上看，占有者只是拥有劳动工具，但实际上，劳动工具的占有在资本条件下就成为控制他人的权力，并占有他们的劳动产品。对土地的占有也就赋予了占有者收取地租的权力以及拥有他人劳动产品的权力"。② 也就是说，资本主义社会，资本家对土地的占有，表面看来是对物的占有，并未与人的权利发生关系，但实际上资本家对劳动工具的占有成为控制劳动者的资本，而对土地的占有进一步催生了以收取地租、占有土地劳动者劳动成果为生的地产资本家的出现。就这样，在资本主义调节下，资本家对土地所有权的控制使在这一区域内没有联系的人联系起来，表现为资产阶级对无产阶级的统治。从民族意义上来看，表现为大民族对小民族或少数民族的统治，少数民族人民失去文化的控制权，其民族内部生发出的璀璨文化被大民族中的统治阶级占有、践踏。而这种大民族对小民族、多数民族对少数民族的霸凌与压迫观念必然要受到工人阶级的反对。因为"主

---

① Otto Bauer, *The Question of Nationalities and Social Democracy*, MN: University of Minnesota Press, 2000, p. 274.

② Otto Bauer, *The Question of Nationalities and Social Democracy*, MN: University of Minnesota Press, 2000, p. 274.

张对人的统治不再隐藏在对物的统治之中。土地所有权应该排斥外来移民的文化权利这一原则与工人阶级原则是相矛盾的"。① 资产阶级拥有土地所有权以致拥有对土地上的劳动资料、劳动者及劳动产品的所有权就意味着在一定区域内对物的所有权的控制转变为对人的所有权控制。由于工人一无所有，对工人阶级来说则意味着其身心都受到资产阶级的控制，而这绝不是追求自身解放的工人阶级所能主动接受的，因而必须予以强烈反对。在资本主义制度下，工人尽管不同于以往的奴隶将整个人卖给了资本家，但是却过着比奴隶还悲惨的生活，人身被机器束缚，失去了身心自由，要想获得彻底解放必须将民族解放与工人阶级解放统一起来，而各民族要得到解放就要支持一切工人阶级斗争，在实现工人阶级解放的同时实现民族解放。

其次，鲍威尔对集中分散制度进行了批判性分析，指出集中分散制度是形成民族问题的制度原因。集中分散制度是建立在专制制度基础上的资本主义社会制度的产物，是调节个人与国家关系的一种制度。鲍威尔指出，资本主义商品经济发展是该制度形成的关键，因为商品经济使依靠劳动者之间的协作关系而形成的传统手工作坊、行会等社会组织与经济结构解体，在资本主义大工厂中，劳动者只需要重复简单动作，完成自己工作即可，人与人之间成为一个个孤立的个体，呈现原子化状态，不再需要与其他劳动者形成紧密的协作或伙伴关系。尽管一些资本主义国家强调民主制，但却用既集中又分散的方式调节民族关系，颁布的既集中又分散的宪法无法从逻辑上协调民族权力政策与无产阶级政策，民族权力斗争不可避免。此外，不论是民主制度还是专制制度同样都没有赋予社会团体组织、民族的合法权利与地位，民主制度没有将民族作为一个法人团体，也没有改变集中的国家制度与个人之间关系，它仍继承了集中分散制度，仅仅只是在法律层面上给予国家与个人自由权利，但又强调个人有义务为国家意志的形成贡献力量，它"继承了集中分散制度观念：它同样不把民族作为法人团体。一方面它保证了一定法律范围内的个人的自由，另一方面它要求个人参与国家普遍意志的形成。这就

---

① Otto Bauer, *The Question of Nationalities and Social Democracy*, MN: University of Minnesota Press, 2000, p. 274.

决定了它在民族问题上的立场"。① 也就是说宣称赋予人民自由平等权利的法律并没有给予包括民族在内的社会团体与组织以相应的权利。这也是造成民族问题以及民族问题无法通过法律来得以解决的重要原因。因而他强调集中分散制度忽视了民族的地位，在这种制度下的民族容易因为少数服从多数原则而造成少数民族权利被多数民族所剥夺，少数民族要么放弃自己作为少数民族独特的语言文化习俗融入多数民族中，要么坚持自己本民族文化语言而放弃普遍权利，因而在集中分散制度下的民族无法兼顾维护本民族文化语言的独特性与享有普遍权利的能力，这就使民族与民族之间成为相互斗争的对象，造成了民族之间纷争，"集中分散制度必然引起民族权力斗争，民族权力斗争会导致所有民族、阶级以及国家失去权力，任何民族阶级都想方设法使国家权力为自己的目标服务，这些事实以这种形式成为有影响的历史力量"。② 因此，他认为必须取缔这种集中分散制度，制定一部不会使任何一个民族的权力建立在少数人统治多数人之上的宪法，无产阶级要将目光转向另外一种可以设想的调节民族与国家的关系的办法，赋予各民族以平等、广泛的权利。

除此之外，他进一步指出在垄断资本主义时期，资本主义是造成民族问题加剧的最根本原因。"一旦社会使社会生产摆脱它的资本主义外壳，作为教育、劳动、文化共同体的统一的民族就重新产生。"③ 他一针见血地指出，资本主义扩张造成了民族与国家、世界各民族之间，殖民地民族与帝国主义之间以及少数民族与多数民族之间的矛盾。他认为，资本主义为了扩大资本积累，维护自身利益最大化，会不断地寻求廉价的生产资料与劳动力，尤其是进入垄断阶段后，国内市场越来越不能满足资本主义扩张的需求，从世界范围寻找原料产地与市场成为必然。帝国主义利用自身不断扩张的政治权力，以暴力手段强硬打开了亚非拉等相对落后地区国家的大门，使其成为殖民地。为了进一步维护在殖民地的垄断利润，使其所占有的殖民地完全服从

---

① Otto Bauer, *The Question of Nationalities and Social Democracy*, MN: University of Minnesota Press, 2000, p. 225.

② Otto Bauer, *The Question of Nationalities and Social Democracy*, MN: University of Minnesota Press, 2000, p. 319.

③ 殷叙彝编《鲍威尔文选》，人民出版社，2008，第32页。

自己的统治看上去具有合法性，帝国主义国家纷纷打着维护本民族利益的旗号，用关税、战争等手段与其他帝国主义国家进行激烈竞争，并最终不仅将其他帝国主义国家排挤出去，也将殖民地的资本家排除出去，帝国主义"不愿由所有国家形成统一的经济区，而用税关圈起自己的经济区；它开发不发达的国家，在那里保证它本国的资本家得到投资场所和销售地区，而把其他国家的资本家从那里排挤出去。它不是梦想和平，而是准备战争。它不相信能使全人类联合起来进行自由和平的交易和竞赛，而使用关税、舰队和军队使自己武装起来去反对外国，企图靠牺牲其他国家来为本国谋利。而它所维护的那些利益，正象我们看到的，在它看来必然是整个经济的、整个国家的利益，就是说在西方的民族国家里必然是民族的利益"。① 帝国主义通过这种殖民手段划分势力范围，导致了殖民地民族之间的割裂，同时也使殖民地民族受到帝国主义的广泛剥削与压迫，加深了殖民地民族与帝国主义国家之间的矛盾。

三　民族文化自治原则

基于对民族的理解、民族问题的分析以及对奥地利民族现状的考察，鲍威尔进一步提出解决民族问题的方案——民族文化自治。他认为，在资本主义社会，资产阶级将民族文化作为自己私有财产而对其进行垄断，不准其他阶级与之平等分享，这导致其他阶级不能很好地享有本民族文化。工人阶级、农民阶级都迫切希望实行民族自治，因为民族自治符合他们各自阶级利益的要求，能够满足他们对融入民族文化共同体的需求。对于什么是民族自治，他提出民族性格原则与民族登记制度，而这二者正是他解决复杂的民族问题所探索出的方案，他认为通过这两者的实施可以使所有民族取得自由处理本民族事务的权力，而这就能实现"民族文化自治"。他指出，传统意义上的民族登记制度是一种权力斗争手段，统治阶级利用这种制度为其发动战争准备持续的有生力量，而他所说的民族登记制度则是一种"文化登记"，是一种民族身份认同的方式，只是对民族属性加以确认，而不是在权力、经

---

① 中共中央马克思恩格斯列宁斯大林著作编译局资料室编《鲍威尔言论》，生活·读书·新知三联书店，1978，第 15 页。

济等方面上的民族区分。民族性格原则则是按照文化基础的原则来取代领土原则，通过文化对民族进行区分，使具有相同文化的民族形成民族文化共同体而对本民族事务进行管理。在这两种制度（原则）的基础上形成的民族自治才是真正的民族自治。

社会民主党的任务就是团结各民族形成民族文化共同体，团结各民族工人阶级夺取政权，获得经济与政治上的解放，占有生产资料，工人阶级才能最终突破资产阶级民族文化垄断，成为民族文化共同体一分子。因而，他认为只有各民族工人阶级都加入本民族的文化共同体中，团结起来为争取政治与经济解放而斗争，整个民族解放才有希望。基于此，他要求各民族工人阶级结成紧密的劳动共同体联盟，进而形成自由自主完整的文化共同体。鲍威尔认为，奥地利各民族工人阶级绝不能被资产阶级国家制度所欺骗，陷入为国家权力而斗争的漩涡，要看到各民族内部的阶级对立，避免被蒙蔽而被统治阶级所利用。因而，应该建立一种法律制度用以保障各民族文化权益，在这种法律制度的保障下，每个民族都能够自由发展本民族文化，享有本民族文化财产。由此，他提出了四条建设性意见，这四条意见最终成为奥地利社会民主党在处理民族问题时的四条纲领：第一，明确国家政体为民族民主联盟；第二，以民族作为区划依据成立民族自治区，并通过选举成立民族议院来履行立法和行政职责；第三，由各民族自治区的民族联盟处理本民族事务；第四，各自治区成立少数民族公法团体管理教育事业并为本民族提供法律援助。[①] 这四条纲领也正是其民族自治原则的核心及实施方案。经过对集中分散制问题的分析，他强调要成立民族民主联盟式的国家，成立民族自治区，按照自治原则各民族自主选举民族议院处理民族事务，"通过选举的民族议院来管理自己的民族文化事务。无论民族议院的组织成员身份、地位与住所，民族议院有权利为自己的组织成员成立德语学校并通过征税来满足民族筹集资金的需要"。[②] 他虽然批判了领土原则造成的区域民族矛盾问题，但

---

① 殷叙彝编《鲍威尔文选》，人民出版社，2008，第63页。

② Otto Bauer, *The Question of Nationalities and Social Democracy*, MN: University of Minnesota Press, 2000, p. 222.

他并不认为在处理民族问题时必须把区域问题完全剔除掉，相反他认为应该考虑到区域在民族中起到的作用。他分析了不同语言区域之间的差异性，指出对不同语言区域内部的机构设置与管理应该区别对待，以适应不同区域民族的发展，"在单一语言中，州委员会既是公共管理又是民族管理。在双语区内，州委员会只负责民族中立性管理任务，而民族文化任务就是德国人或捷克人代表委员会的任务"。①　而针对资本主义造成的民族问题，他认为民族文化自治只有在打破资本主义对社会的统治，以及无产阶级获得社会主义革命完全胜利后才能够最终实现，因为社会主义不是单个人、单个民族解放的社会主义，而是世界的、全民族的解放的社会主义，它将改变资本主义剥削与压迫关系下的民族关系，殖民地半殖民地民族将得到彻底解放，社会主义将各民族划分为不同的民族共同体，而不再如资本主义时期一样民族共同体破碎，不同民族之间处于敌对状态。各民族共同体能够自由、自主、自在、平等地享有本民族经济文化发展与进步的成果，能够占有本民族生产资料而不被有产阶级剥夺。到那时各民族之间将通过独立的民族共同体结成的联盟而进行国际性管理，而这就是社会主义新型民族，也是"把整个文明人类联合起来去共同征服自然，并把人类分成享有本民族文化财富和自觉地掌握本民族文化的进一步发展的民族自治共同体，这就是国际社会民主党在民族方面的最终目的"。②

　　奥地利马克思主义者针对奥地利所存在的民族问题以及实现社会主义途径问题给出了自己的回答。在处理复杂民族问题与阶级矛盾时，他们坚持了马克思主义基本观点与立场，这一点是值得肯定的，在其民族问题研究的基础上，斯大林进一步对民族问题进行研究，推动了马克思主义民族问题研究向前发展。与此同时，鲍威尔关于民族文化共同体的理论说明，人们生活中的民族意识与认同并不会因为政治认同而被消解，二者之间并不存在非此即彼的相互对立的矛盾冲突。而民族文化区域自治作为民族与国家之间调整的手段，意在实现民族国家的统一，而并不是民族问题上的"去政治化"，它

---

① Otto Bauer, *The Question of Nationalities and Social Democracy*, MN: University of Minnesota Press, 2000, p. 285.

② 中共中央马克思恩格斯列宁斯大林著作编译局资料室编《鲍威尔言论》，生活·读书·新知三联书店，1978，第31—32页。

展现了对民族文化与民族认同的充分重视，看到了文化因素在民族统一中的重要性，这是以往乃至苏联时期都未曾高度重视的。事实上，民族认同问题在民族国家稳定发展中起着重要作用，各民族缺乏对统一民族的认同就很容易受到民族分离主义的干扰，甚至威胁国家统一与稳定。然而，奥地利马克思主义的民族文化自治理论又存在诸多不足之处，它企图在不改变国家权力结构的基础上，通过民主制度、民族平等与自治等政策谋求国家统一与民族自由，但这些政策的最终实现是建立在无产阶级民主制国家基础之上的，而无产阶级民主制国家的实现必然需要改变现有的资本主义国家权力结构，但当时的奥地利仍旧是资本主义国家，因而该民族理论并不能从根本上解决当时的民族问题。这也是该理论一经发表就引来共产国际等的批评的重要原因。斯大林对鲍威尔的民族理论进行了批评并重新定义民族概念，指出鲍威尔从唯心主义出发对民族下定义，忽略了社会经济条件，割裂了民族性格与民族生活条件之间关系，认为鲍威尔将民族与部落两个不同的范畴搞混了。① 斯大林指出民族是资本主义时代的特殊产物，"民族不是普通的历史范畴，而是一定时代即资本主义上升时代的历史范畴。封建制度消灭和资本主义发展的过程同时就是人们形成为民族的过程"。② 而鲍威尔的民族文化自治原则在当时民族国家处于分裂及资本主义统治下的情况下并不具有现实可行性，也并不利于民族团结，生活在同一片土地上的各民族，不可能在政治、经济、文化等方面没有交流与联系，企图在文化教育问题上用自治方式将每个民族分离开，显然是不可行的，也容易造成各民族团体各自为政，导致民族分离主义，更不利于工人阶级团结各族人民开展反抗资产阶级统治的斗争。

第三节　奥地利马克思主义法律理论

作为奥地利马克思主义理论的重要组成部分，奥地利马克思主义的法律理论被公认为西方马克思主义法学的开端。卡尔·伦纳对法律理论进行了深

---

① 《斯大林选集》上卷，人民出版社，1979，第 68 页。
② 《斯大林选集》上卷，人民出版社，1979，第 69 页。

人的研究并做出了突出贡献，因而也被称为西方马克思主义法学鼻祖。他在继承马克思主义基本立场及观点的基础上，用实证主义方法研究法学，开辟了马克思主义法学研究新境界。他首先从法律社会学的路径出发，通过研究法律的功能，理清法律与经济、社会的关系，强调了法律分析"都有一个法律的社会理论，从而使之与我们生活中的所有非法律元素相联系，把它当一个齿轮，协调进整个社会活动大机器中"。① 紧接着，在对财产所有权、雇佣合同等进行剖析的基础上，他用马克思主义经济分析模型阐释基本法律制度，批判资本主义法的虚伪性及对人的剥削，论证了社会主义法的合法性，丰富和发展了马克思主义法律理论。

一　法律的功能性

伦纳认为法律具有经济功能与社会功能，对这两项功能展开研究是其研究法律与经济关系的必然选择。他认为对法律制度做系统讲解已经是老生常谈，对法律制度创制问题的研究也并不是其兴趣点，他强调对法律功能性的研究，这有利于理解经济因素带来法律效果的内在机理，以及有效规则在其存续期内对经济与社会产生的效果。

伦纳首先对法律的经济功能进行了论述。马克思认为，法律产生的根源是生产力发展到一定阶段引起生产关系发生变化后的产物，是对社会经济生活的反映，任何社会的立法"只是表明和记载经济关系的要求"，② 指出法的关系并不能从其自身出发去理解，也不能从唯心主义角度去理解，它"根源于物质的生活关系"，③ 强调应该从经济关系出发去理解法律。基于此，伦纳认为，一切经济制度同时也是法律制度，法律以一定经济基础为根基，出现在某个特定的历史阶段。因而，法律首要而必须具有的是经济功能，经济功能就是"不同的法律制度为单一的经济进程服务"。④ 法律的功能在于为

---

① 〔奥〕卡尔·伦纳：《私法的制度及其社会功能》，王家国译，法律出版社，2013，第18页。

② 《马克思恩格斯全集》第4卷，人民出版社，1958，第121—122页。

③ 《马克思恩格斯选集》第2卷，人民出版社，2012，第2页。

④ Karl Renner, *The Institution of Private Law and Their Social Functions*, London：Routledge & Kegan Paul，1949，p. 57.

经济过程服务，但这种服务并不是单向的，而是经济与法律的双向互动，体现在法律与经济的相互影响的关系中。无论何种社会制度，社会商品的处置权都必须由社会秩序来规定，实现人对商品的占有权利，而这能保证生产过程的连续性。正因为此，经济发展的每个阶段都要有规则，以保证并然有序，那么这种情况下，法律制度的产生也就成为必然。法律保护生产过程的秩序性，但普遍意义上的法律并不足以保障生产的各环节的稳定性，这就需要法律根据生产过程的生产、分配、消费三个阶段建立具体详细的辅助性法律，并分别执行与之相匹配的经济功能。

法律的经济功能往往体现在经济与法律的相互作用中。马克思在《〈政治经济学批判〉序言》中对经济基础与上层建筑的关系进行了详细论述，指出，法律属于上层建筑范畴，受生产关系等的制约，"这些生产关系的总和构成社会的经济结构，即有法律的和政治的上层建筑竖立其上并有一定的社会意识形式与之相适应的现实基础。物质生活的生产方式制约着整个社会生活、政治生活和精神生活的过程"。[①] 伦纳肯定了马克思关于经济基础与上层建筑之间关系的分析，认为马克思将法律归入上层建筑具有合理性，但他不认同第二国际所谓正统马克思主义者将马克思所阐述的经济基础与上层建筑看作对应的下层建筑与上层建筑的观点，认为以这样简单的对应关系式的理解去看待经济与法律的关系，是将马克思错误地理解为经济决定论者。他认为法律与经济之间并不是简单的因果关系，上层建筑不仅仅包含法律，还包含诸如道德、文化等所有意识形态，因而就"上层建筑"这一术语来看，其必然包含所有事实，而这些事实并不一定与法律所包含的事实相同，法律同其他上层建筑结构是不同的，具有特殊性，需要单独定义。因而不应该简单认为经济结构产生法律，也不能将马克思的经济基础与上层建筑辩证关系单纯理解为所谓经济决定论。为了与这种错误理解进行切割，他放弃使用"上层建筑"这一术语，进而研究"持续不变的法律与流变的经济条件之间的关系，转变的经济条件与新规范同新法律间的关系"。[②] 他认为经济基础的改变

---

① 《马克思恩格斯文集》第 2 卷，人民出版社，2009，第 591 页。
② 〔奥〕卡尔·伦纳：《私法的制度及其社会功能》，王家国译，法律出版社，2013，第 54 页。

会引起法律制度的改变，但二者并不总是同步，法律制度的改变总是滞后于经济制度的改变，引起经济发展的也并不是法律，而经济的变革并不会直接造成法律的变革。通过对经济与法律关系的分析，伦纳向我们展示了法律与经济之间复杂的关系，阐明了法律的经济功能。

在对法律的经济功能进行论述后，伦纳又对法律的社会功能进行了考察。伦纳认为，现代社会的所有法律都是由国家来制定，并作为社会全体意志来强加于个人意志之上，且强制要求个人遵守，且在实际上是作为一个整体而对社会起作用。[1] 法律将自身化为社会的共同意志，维持社会生产与再生产的稳定以及连续性，要求人们必须从事生产工具的生产进而来服务社会大生产各环节的有序开展。"如果我们把一项法律制度的所有具体效果与整个社会关联起来，单独存在的局部诸功能也就融为一个单独的社会功能"，[2]社会再生产就是将法律与社会联系起来的中介，法律的最终目的就是维持物种的存续，所有法律整体上讲都承担这一功能，"每个经济制度及由之生发的法律制度也都因此必须践履这项功能"，[3] 为此组织社会也就成为必然。社会通过向人们提供工作维持其生产与再生产、发号施令以及对商品进行分配来实现这一功能，并借此形成"劳动秩序"、"权力秩序"与"商品秩序"，在整个过程中，法律发挥着重要作用，使独立的个体整合成一个整体。

伦纳认为，社会的中高级目的以及由此导出的法律的最终社会功能，就是维持人种的延续。[4] 他从历史角度阐述了法律的社会功能尤其是最终社会功能的形成过程。对物种延续的保存而设立的法通过人类社会进化历史不断完善，而人类社会的新陈代谢与权力更迭也要求法律对物种繁衍的承接与转移。原始社会的法是通过部落逐步确立下来，并成为人类集体活动的准则；封建社会及奴隶社会则更多依靠对选择与遗传法的应用，并最终形成维护社会秩序的行为法典；资本主义社会则更多体现在继承法上。而这些法的产生又与人的社会化分不开，他指出，法律的产生、发展与废止都有其社会因

---

① 〔奥〕卡尔·伦纳：《私法的制度及其社会功能》，王家国译，法律出版社，2013，第45页。

② 〔奥〕卡尔·伦纳：《私法的制度及其社会功能》，王家国译，法律出版社，2013，第71页。

③ 〔奥〕卡尔·伦纳：《私法的制度及其社会功能》，王家国译，法律出版社，2013，第66页。

④ 〔奥〕卡尔·伦纳：《私法的制度及其社会功能》，王家国译，法律出版社，2013，第6页。

素，他参考马克思关于人是社会的产物的论断，强调无论什么社会制度，只要个体与他人产生关系，社会就必然作为共同意志压制个人意志，也必然以各种方式安排个人劳动生产力。在这种情况下，社会就变成人们共同劳动的社会，即劳动共同体。但如果没有规则，社会就不会协调，相对稳定的劳动秩序就不可能形成，因而要求规章制度的产生，而就法律而言，这就要求个体意志服从社会共同意志。这种服从的实现与规章制度的制定又归根到底需要社群通过行使命令权而实施，一切法律分析"都有一个法律的社会理论，从而使之与我们生活中的所有非法律元素相联系，把它当一个齿轮，协调进整个社会活动大机器中"，[①] 而这就是法律产生的社会因素，它反过来赋予了法律的社会功能性。

二 资本主义法对人的控制与剥削

资本主义法是建立在对人的剥削与控制的基础上的，是法律异化的结果。他认为，资本主义社会财产执行的功能与简单商品生产时期极其不同，甚至有些功能完全相反。所有权已经变成了反社会的力量，即它内在地与社会现实利益相对抗。然而一切所有权都是法律赋予的，即有意识地运用社会权力。当社会进行管理时，它赋予个人处理实物的权力；但现在实物控制着个人即劳动力，甚至控制社会本身——它规管着权力与劳动的等级、社会的维持与生产。人类已附庸于其自己创造的物。[②] 他与很多马克思主义者一样，认为资本主义社会法律权力造成社会资源分配不公及社会地位的差距，因为生产工具所有权掌握在资产阶级手中，而经济与社会秩序的关键就在于生产工具所有权的归属，所有权是人对物具有支配权的法律权利，能够保证人的一定自由。在资本主义社会，由于无产阶级不占有生产工具与生产资料，而不得不为了生存而为资本家工作，这就造成少数资本家对多数无产者的支配与控制，所有权也变成了资本家控制人的工具。

伦纳认为，财产所有权侵害了无产阶级追求自由的权利。财产权是法律

---

① 〔奥〕卡尔·伦纳：《私法的制度及其社会功能》，王家国译，法律出版社，2013，第18页。
② 〔奥〕卡尔·伦纳：《私法的制度及其社会功能》，王家国译，法律出版社，2013，第271页。

上对个人财产进行保护的一项制度。从表面来看，法律规定人人拥有财产权，人人享有财产权，但在资本主义社会，由于无产者没有财产因而也就没有财产权可言，本质上资本主义财产权还是为资本家服务的，"法律上可保有生产资料的人，只限于不劳而获者，这就使他们成了劳工的主人。财产权自动地接管了管制权力和劳工的功能，并成为私人的支配权"。① 与此同时，在帝国主义时代，财产所有权客体发生变化，逐渐资本化，且呈现出资本所具有的功能。伦纳指出，资本主义通过国家强制手段来实现财产所有权资本化，"资本主义议会已经提出若干法律制度来实现集中化。不过所有这些制度都以所有权为基础，因此并未改变财产的法律结构"，但是通过法律，"物主保留着对剩余价值的权利，这种权利现在不再承载着实体物。立法赋予了这种法律权利以一种全新的内容，这种权利本身是非物质的，表现为一纸文本，法律把它当成一个事物，因此当成所有权可能的客体：可转换证券（认股权、债券等）。这种由法律确立起来的权利在价值上等量于所承载的财物"。② 这样对财产的占有通过法律转变为财产所有权。而资本家的财产所有权体现在对场地空间的占有、对生产资料与劳动力的占有以及对剩余价值的占有。其中，工人劳动是在资本家的统一指挥下进行的，受资本家的冷酷监督与支配，其劳动成果并不归自己所有，而是全部流入资本家的口袋中。资本家通过雇佣合同这种法律形式将工人为其劳动的形式固定下来对工人进行支配与控制，使资本控制人成为劳动过程的一部分，承担管理、监督与调节的功能。因而，法律强化了资本家这一财产主体对客体的支配权，当财产变为资本投入生产领域时，那么财产所有权对物的支配基础上也就增加了一项对人的支配权，而这正是资本内部不断发展滋生出来的新权力。

在法律的强化下，财产所有权不断实现资本功能并改变其原有的社会功能。随着财产所有权不断履行资本的功能，这就使财产所有权不断加强对人的控制，不断侵蚀无产阶级的个体自由。马克思深刻揭露了在机器大生产过程中，资本对工人的支配，在工厂生产中，工人丧失独立性，成为机器的附

---

① 〔奥〕卡尔·伦纳：《私法的制度及其社会功能》，王家国译，法律出版社，2013，第112页。
② 〔奥〕卡尔·伦纳：《私法的制度及其社会功能》，王家国译，法律出版社，2013，第203页。

庸，受机器支配，"一切资本主义生产既然不仅是劳动过程，而且同时是资本的增殖过程，就有一个共同点，即不是工人使用劳动条件，相反地，而是劳动条件使用工人，不过这种颠倒只是随着机器的采用才取得了在技术上很明显的现实性。由于劳动资料转化为自动机，它就在劳动过程本身中作为资本，作为支配和吮吸活劳动力的死劳动而同工人相对立"。① 伦纳在马克思对人与机器之间关系、资本家对人支配的分析中，指出在异化劳动对人的残酷支配下，财产已经变成劳动秩序与权力秩序的一部分，对工人进行严格规制，工人失去劳动选择的自由并最终受资本支配成为资本的一部分，"财产聚拢了工人同时又分离了他们的工作，它把专业劳动力分派到各关联岗位上去，并据此把劳动者终身转变成了资本的器官"。②

在资本家是如何通过法律掩饰其剥削实质的问题上，伦纳认为应该研究雇佣合同，在他看来雇佣合同是资本家用来掩盖对工人剥削与控制的手段。资产阶级利用这种看似双方自愿、平等基础上签订的具有法律效力的雇佣合同，为工人营造一种虚构的自由平等景象，掩盖其从来就不平等的剥削与控制实质。马克思深刻揭露了工人被迫出售劳动力向资本家换取工资的情况，"劳动力占有者没有可能出卖有自己的劳动对象化在其中的商品，而不得不把只存在于他的活的身体中的劳动力本身当做商品出卖"。③ 伦纳也强调，签订劳动合同是工人阶级获得生存手段的唯一选择，并不是其自愿行为，"劳工阶级只有一种可用的生存和繁殖手段：签订雇佣合同，据此却受到无助的束缚"。④ 对资产阶级而言，劳动力不受干扰地持续进行再生产是其最感兴趣的，资产阶级通过雇佣合同对工人工资进行分配与再分配，用计件工资、计时工资、日工资、周工资或月工资等将工人工资进行有计划的分配，致使工人不得不将平均周工资或月工资按计划分配到无限持续的生活以及预防风险中。此外，他们通过辅助性立法对消费品征税、设置保险以及一些社会保障设施等一系列举措来扩大劳动合同内容，建立对劳动资金进行规制的公共制

① 《马克思恩格斯文集》第5卷，人民出版社，2009，第487页。
② 〔奥〕卡尔·伦纳：《私法的制度及其社会功能》，王家国译，法律出版社，2013，第103页。
③ 《马克思恩格斯文集》第5卷，人民出版社，2009，第196页。
④ 〔奥〕卡尔·伦纳：《私法的制度及其社会功能》，王家国译，法律出版社，2013，第216页。

度，强迫工人不得不将本来就不多的工资进行再分配来避免犯法，这样工人对个人工资的支配权被大大限制，用于支配生活的工资所剩无几。

在这里，伦纳提到因资本主义变化而产生的新阶层——白领等知识分子组成的阶层（又名带薪无产阶级）。他指出，尽管白领等知识分子阶层拿着高薪水，文化水平高，从事脑力劳动，但是其实质与工人阶级一样，受到资本主义雇佣合同的控制，"他们拿着高薪并为其子女的教育或嫁妆储备资金。这些资金与工人的储蓄一样，有着相同的属性"，[①] 这些属性就是积累消费的准备金，而不是因具有这部分储蓄金，工人或白领等知识分子阶层就成为受法律保护的物主、债权人等。一切对工人阶级或白领等知识分子阶层储蓄而产生误解的情况，都是资本主义雇佣合同的不充分与戴有欺骗性面具所造成的。在雇佣合同支配下，工人阶级家庭以一种分裂的、异化的、松散的家庭形式组织起来，家庭只是不同个体的代数和。工人阶级父母因工作繁忙无暇看顾家庭，子女在婴儿时期就被锁在家里，稍稍长大后就要离开家去做学徒并受制于所谓行会教师、师傅的控制，父母权力被分裂并转化为一些并没有血缘关系且不相干的人来掌管。在工人阶级家庭中，要么父母依靠子女工资收入生活，要么全家都进行工作支撑整个家庭，父母与子女的血缘纽带关系变为冰冷的利益关系，子女被当作维持整个家庭生存的新劳力，子女在家庭中也成为被剥削的存在。当子女可以独立享有工资时，这也就意味着他们进入重组新家庭时期，原有家庭的生存状态又会在新家庭中重现，此后这种状态在工人阶级家庭后代中继续循环往复。在这种情况下，工人阶级，即使是收入还不错的白领等知识分子阶层，其家庭在伦纳看来也不是一个有机共同体。可见，在雇佣合同制度下，工人阶级及其家庭后代无时无刻不受到压制，他无比愤慨地对资本主义雇佣合同制度发出诘问："人的生活何以能够靠每周的工资维持？人们如何能将其家建立在没有石头，没有土和沙的地基之上，而在一份随意可解除、前景飘忽不定的雇佣合同上呢？又如何能靠付月租来营造一个家？"[②]

---

　①　〔奥〕卡尔·伦纳：《私法的制度及其社会功能》，王家国译，法律出版社，2013，第218页。
　②　〔奥〕卡尔·伦纳：《私法的制度及其社会功能》，王家国译，法律出版社，2013，第221页。

三 社会主义法的合法性

在对资本主义法进行分析与批判后，伦纳对社会主义法的合法性问题进行了较为充分的论证。他认为，资本主义法孕育社会主义法的胚胎，为社会主义法诞生奠定基础。法律的社会功能会随着经济基础变化而发生转变，而社会主义社会的法律制度必然会取代资本主义法律中的诸如财产所有权制度等不平等制度，以维护公共利益为目的的公法制度将越来越取代以保护个别私人利益为目的的私法制度，而成为人类社会法的主流，并在社会中发挥越来越重要的作用。

伦纳首先论证了资本主义法向社会主义法的转变的可能性。他认为人类社会进入社会主义时期，法律并不会消失，他明确反对"法律消亡论"，指出，"人类由必然王国向自由王国的过渡，如果没有一个统领性的社会组织意志来取代个人杂乱的专横，则是无法想象的，所以，已经成为人之主人的物就会再次服从于社会的控制"，① 法律允许个人拥有私人领域，这是共同意志不能入侵的，同时，法律消亡论者没有认识到"过去的经历把我们引向一个全新的世界，甚至未来的情况必须以过去为条件，否则不会有未来"，"新的社会其实早在旧社会母胎中孕育，包括在法律领域中"。② 因而，他坚信，无论创建什么社会秩序，将来仍会存在私人的"物"（共同物），包括人们合法拥有的，故而社会主义社会也必然会存在法律，只是法律不是统治阶级压迫、剥削人的工具而是组织社会秩序的工具。然而，在关于社会主义法如何实现问题上，他却对资本主义抱有一定乐观态度，他指出，社会主义法可以由资本主义法的转变而实现。他认为，帝国主义阶段，经济基础发生了重大变化，垄断组织产生，金融资本成为新的资本形式，私法制度也就相应地改变了其社会功能，推动社会规范发生转变。

伦纳认为，在社会主义社会中，公共法的辅助制度将迫使私法制度背景

---

① 〔奥〕卡尔·伦纳：《私法的制度及其社会功能》，王家国译，法律出版社，2013，第271页。

② Karl Renner, *The Institution of Private Law and Their Social Functions*, London：Routledge & Kegan Paul, 1949, p. 294.

化并取代基本法律制度。他指出，雇佣合同无所谓好坏，关键是被什么制度利用，法律形式的价值完全取决于法律制度所实现的社会功能，使雇佣合同成为剥削工具的是其与财产制度的关联性，而不是它的法律形式。雇佣合同被资本主义制度利用就成为压迫人民的工具，被社会主义利用就成为塑造社会良好秩序的手段。因而以雇佣合同为代表的一系列法律制度，如委托合同、转让合同、公司法等辅助性法律制度在社会主义社会也将取代资本主义的财产所有法律制度，接管所有权的功能，所有权也不再具有其真正功能。就资本处理权而言，社会将代替物主行使处理资本的权力并针对其用途制定相应的法律，这样就能改变资本主义法的属性，使之成为社会主义法。他指出，所有权尽管在法律上仍是一项私法制度，但业已经成为一项空洞的法律形式，在事实上已经变成了公法制度并需要通过辅助法律制度来实现其主要功能。他坚信，在社会主义社会，公法必将取代私法，解放辅助性法律制度，赋予辅助性法律制度以社会主义法律属性并将之转变为社会基本法律制度，是当时推动资本主义法向社会主义法转变的重要任务。他认为，当时的发展趋势是私法的辅助制度已经剥夺了物主实际上对其财产的处置权，新秩序的构成元素已经在旧社会的框架中形成，公法将取代私法成为理性社会组织的必要工具，社会主义法的合法性不言而喻。

其次，伦纳探讨了资本主义法向社会主义法转变的工具。伦纳认为，资本主义法向社会主义法转变具有必然性，但不应将之看作一种"放任不管"的消极宿命论，社会民主党人要积极找寻方法推动社会主义法的实现。伦纳在对金融资本及股份制企业进行深入分析后，指出股份制是推动资本主义法向社会主义法转变的重要工具。他认为，金融资本家在股份公司中通过持有股权参与公司事务，但这种"参与"并不意味着每个股东能够对公司进行直接管理，这种"参与"仅仅是消极的、缺乏主动性的"参与"，并不涉及公司具体日常事务的运作，因而其所有权仅仅只是对剩余价值占有的一种象征性符号而已。股份制公司将持有者与实际控制人相分离，职业经理人或其他主管成为公司日常运行的实际管理者，资本家放弃了对生产力与生产资料的管理，物已不再是私人的而是转变为社会的，"物主以一种技术上的方法不再使用其财产；出租房服务于大量陌生人，铁路服务于所有人与杂物。财产就技术面向来看已经完全脱离物主"。① 他通过煤矿的例子指出这种物主控制权的丧失及社会化趋势发展，"数千名矿工组成一个群体，有其领头小队长，这些队长本身都是雇员，受委任或非委任的，这些人从技术上讲完全控制了矿场；他们向下深挖并把宝藏带出来，不仅要确保其连续性，还要保证其完好；他们为此目的而冒着生命危险。若把他们视为一些陌生人、与股东等毫无联系的乌合之众，则显然是无理瞎编"。② 因而，与工业资本主义时代不同，金融帝国主义的资本由经理管理而不是由财产所有人管理。相应的，国家从资本主义自由时代对经济的不干预政策也随着这种变化而开始积极参与经济管理，对经济实行越来越多的干预政策，新的法律条文逐年大量推出并弥补着私法制度的不足，最后"劳动关系中十分之九，都是受公法管理的，而私法影响的领域被限制在了剩下的范围内"。③

因而，私人资本将被社会资本所取代，持股人仅仅是众多持股人中微不足道的一个，这样一来社会资本以股份合作形式将私人财产集中起来转变为社会财产，股份制成为组织社会化生产力的一种方式。股份制公司也就将私人财产所有权同社会生产与再生产相剥离，私人财产的法律制度将变得多余并有可能阻碍股份制公司的发展。因而，在伦纳看来股份合作制是一种更理性的生产机制，符合生产条件社会化的趋势，未来其势必会越来越排斥私有财产，国家利用股份制进一步组织生产，铲除资本主义社会财产所有权私人占有的基础，社会主义法的实现指日可待。

第四节　奥地利马克思主义政党理论

奥地利马克思主义诞生时正值各国社会民主党、共产党等无产阶级政党纷纷成立，世界社会主义运动蓬勃发展时期。1869 年德国社会民主工党成

---

① 〔奥〕卡尔·伦纳：《私法的制度及其社会功能》，王家国译，法律出版社，2013，第 274 页。
② 〔奥〕卡尔·伦纳：《私法的制度及其社会功能》，王家国译，法律出版社，2013，第 274 页。
③ 〔奥〕卡尔·伦纳：《私法的制度及其社会功能》，王家国译，法律出版社，2013，第 275 页。

立，成为世界上第一个在民族国家建立的无产阶级政党，将消灭阶级写入党纲，在一些主要观点上坚持了马克思主义，受到了第一国际及马克思恩格斯的热情支持。德国社会民主工党的成立对奥地利社会民主党的成立产生了重要影响，党内重要领导人、理论家李卜克内西和倍倍尔与奥地利社会民主党创始人、奥地利马克思主义者维克多·阿德勒有着密切往来关系，也正是在恩格斯、倍倍尔、李卜克内西等人思想影响下，维克多·阿德勒加深了对社会主义的理解，走上了社会主义道路。此后，考茨基先后加入了奥地利社会民主党与德国社会民主工党，更为两党思想交流搭建了桥梁。1867 年 12 月 15 日，奥地利工人在维克多·阿德勒带领下于首都维也纳的鲁道夫海姆剧场举行了"维也纳第一工人教育联合会"成立大会，宣告奥地利第一个全国性工人组织——维也纳第一工人教育联合会的诞生，这是奥地利社会民主党建立的雏形。1888 年 8 月 30 日，奥地利第九届工人代表大会召开，大会通过了《社会民主工党纲领》，宣布成立奥地利社会民主工党。1888 年 12 月 30 日至 1889 年 1 月 1 日，在海因菲尔德举行联席代表大会，正式成立奥地利社会民主工党（后改名为社会民主党）。奥地利马克思主义与早期的奥地利社会民主党是相互依赖的关系，为社会民主党提供理论指导。奥地利社会民主党的创始人维克多·阿德勒是奥地利马克思主义的早期思想家，此外，党内拥有众多奥地利马克思主义者且都处于党的核心位置。社会民主党的活动需要奥地利马克思主义思想指导，而奥地利马克思主义则需要通过社会民主党来实现其政治理论主张，可以说 20 世纪初的奥地利社会民主党就是奥地利马克思主义的政党。为了发展与巩固社会民主党的基础，奥地利马克思主义提出了一系列政党建设主张，促进了奥地利社会民主党的成长与发展。

一 坚持马克思主义基本方法与原则

"在国际上，奥地利社会民主党被公认为是一个正统的具有马克思主义思想的政党组织，是争取无产阶级斗争走向社会主义的先锋队之一。"[①] 这一

---

① Mark E. Blum, *Austro-Marxists 1890 – 1918: A Psychobiographical Study*, Lexington：The University Press of Kentucky, 1985, p. 1.

称号足以证明奥地利马克思主义及由其思想指导的奥地利社会民主党在 20 世纪初的性质。此外，在 1889 年恩格斯亲自撰写的第二国际成立大会的邀请函中，奥地利社会民主党作为第一个社会主义工人政党被邀请在列，同时恩格斯还在多个场合对奥地利社会民主党的行动予以赞赏，如在《致帕布洛·伊格列西亚斯》的信中指出，"根据我所看到的判断，我认为奥地利社会主义者的前景颇为可观"。[①] 在庆祝其顺利召开第二次代表大会的贺信中，他再次赞扬了奥地利开展的社会主义运动。奥地利马克思主义者申明马克思主义理论的重要性，认为社会民主党必须坚持马克思主义，强调社会民主党是无产阶级政党，其任务就是消灭私有制，实现社会主义。总体来看，早期的奥地利社会民主党是一支具有马克思主义性质的政党（二战后发生变化），受到了革命导师及第一国际与第二国际的认可，基本把马克思主义作为理论发展与行动的指南。奥地利社会民主党内部最早对马克思主义理论进行坚决捍卫的奥地利马克思主义者之一是马克斯·阿德勒，他因为伯恩斯坦及奥地利社会民主党党内元老对马克思主义的阶级斗争概念提出疑问，而对这些修正主义者进行猛烈回击，坚持将马克思主义基本理论方法用于指导奥地利社会民主党的社会实践。与奥地利社会民主党的早期成员相比，奥地利马克思主义者属于马克思主义理论家，尽管其理论主张存在一定局限性，但他们既感受到了马克思主义跨学科思想的魅力，也感受到了遵从正统马克思主义观点的压力，在此基础上他们不断通过理论与实践的探索，丰富和发展马克思主义，带领奥地利工人阶级建设社会主义新世界。

在奥地利马克思主义者的组织主持下，1888 年，奥地利社会民主工党正式成立。大会通过了《海因菲尔德宣言》（又称《原则宣言》），该宣言基本建立在科学社会主义之上，能够充分展现当时奥地利社会民主党的思想主张。该宣言宣布以科学的马克思主义为指导，强调消灭私有制，维护工人阶级利益，追求社会主义的目标。可以说，奥地利社会民主党的产生既是世界社会主义运动的产物，也是奥地利先进分子积极参与奥地利无产阶级工人运动的结果。该宣言还指出，奥地利社会民主党的宗旨是"不分民族、种族和

---

① 《马克思恩格斯全集》第 39 卷，人民出版社，1974，第 222 页。

性别的区别，使全体人民摆脱经济依附的枷锁，消除政治上的无权地位，并克服精神上的衰退"。① 它把团结和教化无产阶级当作党行动的纲领，"从政治上把无产阶级组织起来，使之认识到自己的地位和使命，在精神上和体力上具备有战斗力并保持这种战斗力，这就是奥地利社会民主工党的真正纲领"。② 同时，该宣言论证了生产资料公有化的必要性，提出了一系列改善劳动人民物质条件的举措。针对无产阶级世界联合问题，宣言强调了奥地利社会民主党的国际职责，反对一切民族特权行为，强调要与国际剥削行为做坚决的斗争。③ 可以说这个纲领基本上体现了马克思主义的基本理论、基本观点和基本方法，这一纲领以科学社会主义为基础，具有进步意义，能够指导奥地利社会民主党开展社会主义实践。但宣言没有提到要推翻旧制度，没有谈及无产阶级专政与暴力革命，忽视了农民问题，没有把农民看作可以争取的伙伴，因而在此后革命中，将农民视作与资产阶级一样的敌人，党也因为害怕农民与资产阶级的联合组成强大的反对势力而在发动革命方面畏首畏尾。

在取得维也纳控制权后，1926 年 11 月 3 日，在鲍威尔主持下，奥地利社会民主党在林茨召开全党会议，会上通过了著名的《林茨纲领》，在该纲领的开头，奥地利社会民主党再次开宗明义地表明社会民主党坚持马克思主义立场及目标："奥地利社会民主工党基于科学社会主义的（教义）和数十年胜利斗争的经验，与所有国家的社会主义工人党紧密相连，领导工人阶级进行解放的斗争，并制定了克服资本主义、建立社会主义社会秩序的目标。"④ 奥地利社会民主党的行动并不是废除民主，而是获取更多的民主，强调转变国家机构的功能，扩大工人阶级在民族国家的政治参与权利，使国家机构作为权力手段来夺取集中在大资本与大地产财产中的生产和交换权利，并将其转移给全民共同所有。同时，纲领再次强调工人阶级国际团结的重要性，指出，克服资本主义和建设社会主义社会的前提是各国工人阶级的团结

① 《第二国际》，中央党校国际工人运动史教研室编印，1986，第 206 页。

② 《第二国际》，中央党校国际工人运动史教研室编印，1986，第 206—207 页。

③ 《第二国际》，中央党校国际工人运动史教研室编印，1986，第 207 页。

④ "Sozialdemokratische Arbeiterpartei Deutschösterreichs Das Linzer Programm", SPÖ, https://www. marxists. org/deutsch/geschichte/oesterreich/spoe/1926/linzerprog. htm.

与合作。因此，社会主义政党的任务是团结所有国家的工人阶级共同奋斗，引导工人阶级在斗争中相互支持，并使每个国家工人的特殊利益服从于国际工人阶级的共同利益，以避免工人阶级队伍的分裂。

在对俄国十月革命进行评价时，鲍威尔强调看待孟什维克与布尔什维克两党孰对孰错时，应该关注政党选择怎样的行动方向，要用马克思主义基本方法进行分析。他指出，马克思主义在工人运动内部要完成的任务是捍卫国际无产阶级共同利益与长远利益，着眼于工人运动的未来发展，顾全大局，指出工人政党应该坚持以马克思主义指导工人运动，明确马克思主义在工人运动中的作用与任务，"反对一瞬间的幻想而维护建立在历史经验、对历史发展趋势的认识之上的理论"。[1] 他认为党的任务除了运用马克思主义思想指导工人运动外，还应该对"左"的和"右"的思想理论或行为进行批判。他举例指出，马克思也是在与"左"的和"右"的理论派别做斗争的过程中创立马克思主义的。为此，奥地利马克思主义者也要捍卫马克思主义基本原理，坚持马克思主义的基本方法与原则开展政党活动，指导工人运动，坚决与"左"的和"右"的理论派别做斗争，"奥地利马克思主义者——在这次代表大会上被称为'左派'——同样也要捍卫马克思主义政治的基本原则，他们既反对我们右边的机会主义，即把我们的任务看作使无产阶级一般地适应资本主义的国家、并且特殊地适应奥地利的多民族国家的那种机会主义，也反对比'左派'还要左的'左倾激进主义'，这种'左倾激进主义'的基本错误在于这样的幻想：无产阶级为了彻底改变整个资本主义，只需要愿望，而无须顾及斗争和胜利的客观条件"。[2]

二 强调中央集权

维克多·阿德勒重新组织建立社会民主党后，就致力于维护党的团结与统一，使马克思主义思想融入工人阶级组织内部，并将之内化为党的行动指南。在他担任党的总书记期间，社会民主党吸收了大量奥地利马克思主义知

---

[1] 殷叙彝编《鲍威尔文选》，人民出版社，2008，第93页。
[2] 殷叙彝编《鲍威尔文选》，人民出版社，2008，第93页。

识分子，并将他们中大部分安排在领导决策层，重新组织构架起一个由奥地利马克思主义者领导的工人阶级政党组织。事实上，自从奥地利马克思主义者维克多·阿德勒进入维也纳第一工人教育联合会开始，该工人组织就开始受到奥地利马克思主义的影响，奥地利社会民主党正式建立后，随着大批青年奥地利马克思主义者的加入，尤其是领导核心领域被奥地利马克思主义者把持，奥地利社会民主党的行动基本是在奥地利马克思主义思想主张的指导下开展的。而为了使奥地利马克思主义思想主张能够更好地指导党的实践活动，党实行了中央集权的组织形式，并坚持认为中央集权思想能够维护党的团结与统一。

在党的组织构建上，围绕中央集权治党思想，奥地利社会民主党在维也纳设立执行委员会，由12—20名成员组成，负责处理党的日常政治事务。执行委员会成员一般由奥地利各州代表通过定期的党员大会选举产生。执行委员会设有秘书处，用以负责管理包括市镇、街区等更小单位的党分支机构的日常事务。在组织构成上，执行委员会成员听命于奥地利社会民主党总书记，而执行委员会成员的决议，通过秘书处下达各区域分支机构，并由基层分支机构贯彻实施执行。在成员构成上，执行委员会及秘书处等党的上层组织内均有奥地利马克思主义者的身影，以确保党的方针、政策能够保持马克思主义方向不动摇。同时，党员大会成员构成上，有四成多的代表是奥地利马克思主义者或认同奥地利马克思主义思想的知识分子，这就使党中央制定的决策能够顺利通过并指导党员开展活动。此外，为了保持党内团结与统一，奥地利社会民主党强调当党员之间、党员与领导层之间、领导层成员之间发生意见不一致或冲突时，要尽量将这些矛盾留在党内解决，而不是在公开场合做出有损党内团结的行为。奥地利社会民主党认为还需要保持党员思想的一致性，因而党组织有权对党员的信仰问题进行干预，并对任何妨碍党员树立马克思主义信仰的错误倾向与思潮予以强烈批判。维克多·阿德勒曾对党内倾向于无政府主义的激进分子进行批判，指出奥地利社会民主党实行"中央集权"思想是推动革命胜利的必然选择，"对这些害怕'中央集权'的同志们，有一句话要说……一个能带来社会民主的政党必须以一种井然有序的方式组织起来，而这种方式反过来又有能力建立秩序。我们对手的党组织结构是他们获得权力的主要因素；如果我们希望取得胜利，我们就不能因为对'党派暴政'的幼稚恐惧而使自己变得无能为力"，[①] 指出奥地利社会民主党实行中央集权的措施是维护党团结与统一，推动奥地利社会主义革命发展的正确选择。

奥地利马克思主义者对中央集权的理解也被用来指导党的日常行动。奥地利社会民主党是一个以创建社会化的民主国家为明确使命的政党。因此，奥地利马克思主义者认为自己是知识领袖，他们的主要责任是做"无产阶级的先锋队"，用科学的方法批评教育群众，使他们接受马克思主义思想，使他们做好参加社会变革的准备。因而，他们强调党在群众生活中的领导作用，认为党应该为群众运动及群众生活指明方向，使他们能够以无产阶级的名义证明自己的行动是正当的，领导群众开展社会主义革命与斗争，并确保奥地利马克思主义者在党内的领导地位。他们认为，党的中央集权是增强党凝聚力及领导力的体现。

正是党的中央集权制的运用，才使奥地利马克思主义的主张得以成为全党的指导思想，也才使奥地利马克思主义的一些主张能够有机会得以实践，著名的"红色维也纳"的实验也才能问世。但是，这种"中央集权"思想也造成社会民主党形成了排斥其他左派政党的不良习惯，助长了党内独断专行作风，缺乏与其他左派政党及先进知识的沟通与交流，使其局限于理论不尽完善的奥地利马克思主义理论中，致使知识分子处于被异化的地位。一方面奥地利社会民主党为其提供了一个可以自由发表意见主张的平台，但另一方面又不可避免地使其形成自负心理，有脱离工人阶级的危险，因而受到当时及后来一些批判家的批评。批评家弗朗茨·布莱就指出，在组建奥地利社会民主党早期，维克多·阿德勒被称为"医生"，[②] 这反映了大多数工人阶级对"有教养的"人表示敬意的倾向。然而，后期这样的称呼使奥地利马克

---

① Mark E. Blum, *Austro-Marxists 1890 – 1918: A Psychobiographical Study*, Lexington: The University Press of Kentucky, 1985, p. 13.

② 维克多·阿德勒在投身革命前曾做过医生。

思主义知识分子感到尴尬，显然他们并不愿意被这样称呼，但这又是在互动中获得领导地位后所不可回避的，[1] 后期对这种称呼的不满也恰恰表明他们有脱离群众的危险。尽管受到各种批评，奥地利马克思主义者对其困境并不敏感；尽管有脱离群众的危险，其仍致力于维护工人阶级利益。

三　努力维护无产阶级利益

奥地利社会民主党拥有维护无产阶级利益的革命传统。奥地利社会民主党的雏形是由工人阶级自愿组成的维也纳第一工人教育联合会，该教育联合会成立初衷就是致力于维护工人的合法权利。此后，在奥地利马克思主义者的主导下成立的奥地利社会民主党，同样坚持维护工人的合法权利，但在维护工人阶级合法权利、团结群众上更具有组织性、方向性与目的性。奥地利社会民主党在当时致力于解放受资本主义剥削压迫的工人阶级，并根据资本主义变化情况努力将更多新阶层团结在工人阶级周围，扩大社会民主党的群众基础。它强调，在社会民主党的带领下，工人阶级能够通过取得国家政权而消灭阶级统治，而奥地利社会民主党的目标就是消灭剥削阶级，实现社会主义。

《林茨纲领》指出了工人阶级生活受压迫的事实，资本主义不仅使传统手工业破产，还使工人和雇员经常性地陷入失业的痛苦之中。工人阶级对失业的恐惧驱使广大群众在零售业和仍然幸存的手工艺品分支中寻求庇护，这加剧了这些部门的竞争，也严重降低了小商人及工匠的生活水平。而对失业的恐惧，则致使农民和工人不惜一切购买土地，这又造成农民与工人进而受到高利贷资本的盘剥。这样，资本施加在工人和雇员身上的压力间接地转移到了工匠、小商人和小农户身上。而随着帝国主义的发展，垄断的产生，大部分工业生产、贸易和运输都集中在大型企业，压制了小资本生存空间，"它们以卡特尔和信托的形式组织起来，越来越受到金融资本的控制。强大的卡特尔决定了商品价格。能够关闭整个生产部门的大型工业集团将其意志

---

① Mark E. Blum, *Austro-Marxists 1890 – 1918: A Psychobiographical Study*, Lexington：The University Press of Kentucky, 1985, p. 14.

强加给政府和人民代表。大银行控制生产，它们对国家和社会产生极大的影响。因此，所有劳动人民都受到少数资本大亨的压迫"。① 这迫使工人阶级团结起来对抗资本压力，在争取自身解放的斗争中，工人阶级将各受压迫阶层团结在周围，越发成为全体无产阶级反对资产阶级的代表，从而进一步扩大了社会民主党的群众基础。因而，鲍威尔指出，当前党的任务就是团结所有被压迫的各阶级与阶层反抗资产阶级统治。鲍威尔认为这些阶层并不仅仅局限于传统从事体力劳动的工人，还包括白领阶层、公务员阶层、农业和林业工人阶层、从事工商业的小资产阶级的新阶层等，因而社会民主党要团结与依靠的群众基础不能仅仅局限于体力劳动工人，应该将一切受压迫阶层团结起来，"我们只能逐步地使所有这些中等阶层脱离资产阶级政党，只能逐步地争取他们。但是即使我们仅仅争取到他们中间的一部分，我们就会在人民和议会中成为多数"。② 但鉴于这些"新阶层"还缺乏马克思主义革命精神，而"工人阶级是整个劳动人民的，因此也是小农和小资产者的天然领导者和天然先锋队，它负有在反对大资产阶级的斗争中把整个劳动人民集合在自己的领导下的使命"。③ 因而要将所有阶层团结在工人阶级周围，社会民主党有义务对其进行教育，使他们在身体和精神上都适合战斗，并使各阶层的所有特殊利益服从于整个工人阶级的普遍利益。其试图以这种方式将工人阶级的战斗力提升到最高水平。

　　鲍威尔曾指出奥地利社会民主党的性质及团结无产阶级的原因，"我们必须保持我们原来的性质：工人阶级的政党。但是为了工人阶级夺取政权，我们现在必须进一步发展成为集合在工人阶级领导下的劳动人民的政党"。④ 他强调在开展实践活动时社会民主党要维护工人阶级的经济、政治、社会和文化权利，团结工人阶级。因此，要不断扩大工人阶级的合法权利，给予工人阶级民主自由权，保障人身自由权、司法权等，经济上必须实现税收制度

---

① "Sozialdemokratische Arbeiterpartei Deutschösterreichs Das Linzer Programm", SPÖ, https://www. marxists. org/deutsch/geschichte/oesterreich/spoe/1926/linzerprog. htm.

② 殷叙彝编《鲍威尔文选》，人民出版社，2008，第 287 页。

③ 殷叙彝编《鲍威尔文选》，人民出版社，2008，第 284 页。

④ 殷叙彝编《鲍威尔文选》，人民出版社，2008，第 283—284 页。

民主化，降低工人阶级税费，扩大对工人利益的保护，要求实行更加惠民、亲民的政策，解决人民生活工作中的迫切问题，如就业、生育、健康、教育等，提高其生活水平与质量。此外，还要求建立民主制，充分发挥群众的自主性，"社会民主工党力图获得在民主共和国中的统治权，不是为了取消民主，而是为了使民主为工人阶级服务，使国家机关适应工人阶级的需要，并利用国家机关作为强力手段从大资本和大地产那里夺取被他们集中占有的生产资料和交换资料，把它们转变为全体人民的共同财产"，① "民主制的保障保证社会民主党政府将在工人阶级领导下联合起来的人民多数的经常监督下行动并将始终对这一人民的多数负责。民主制的保障将使社会主义社会制度的建设能够在极其有利的条件下、在人民群众自由的最积极的参与下完成"。②

小　结

奥地利马克思主义者基于现实问题对民族、文化、法律、政党等方面的研究构成了奥地利马克思主义理论的另一面，如上章所论述的那样，其带有明显的时代特色与奥地利特色，是在奥地利马克思主义者对时代与国家命运的深刻思考与实践中产生的，具有一定创新性与合理性，但也带有明显的局限性。关于民族的理论，奥地利马克思主义者对民族问题进行了细致梳理，为后世研究民族问题奠定了基础，丰富和发展了马克思主义民族理论，但是其过分强调民族文化的重要性，强调实行民族文化自治，对单一大民族（如德意志民族）带有明显偏爱，这显然并不利于民族团结，相反更容易产生民族分离主义与沙文主义。对文化的研究，奥地利马克思主义是西方较早认识到资本主义文化出现分裂现象的马克思主义流派，奥地利马克思主义者看到了资产阶级文化对无产阶级的控制与压迫，提出要发展无产阶级文化，与资产阶级争夺文化领导权，并将文化与政治因素挂钩，竭力实现知识民主化，弥合当时文化分裂的状况，这是非常值得肯定的，一些观点在今天看来仍具

① 殷叙彝编《鲍威尔文选》，人民出版社，2008，第325页。
② 殷叙彝编《鲍威尔文选》，人民出版社，2008，第326页。

有现实意义。但在一些理论主张上，奥地利马克思主义者内部并没有达成一致意见，也没有厘清文化内涵，导致在对资本主义文化的一些分析及观点上往往前后矛盾，同时对文化的作用估计过高，也对其后来的社会实践造成了一定困扰。在对法律功能性的理解上，他们试图厘清经济、社会与法律关系，强调经济基础与上层建筑的丰富理论内涵，马克思在这方面的研究具有科学性，指出二者之间的关系并非简单的决定与被决定，不应该简单地将之看作经济决定论，进而对当时庸俗的经济决定论进行了有力批判。他们对资本主义法本质的揭露与批判，对社会主义法的论述等都对马克思主义法学发展有重大贡献，但是同其他理论一样，其法律理论也具有不彻底性及折中色彩。他们试图通过法律来规制资本主义社会，通过变革法律实现社会主义，没有认识到资产阶级敌对势力的强大力量，这无疑也陷入了改良主义的空想之中。在政党理论方面，他们强调奥地利社会民主党坚持马克思主义指导思想与原则，坚持中央集权，维护党中央领导权威，坚持维护无产阶级利益，具有马克思主义政党属性，但从其纲领来看，又存在忽视暴力革命手段，忽视农民问题，将农民排除在可团结的阶级范围外，有脱离群众的危险等问题。尽管奥地利马克思主义理论存在一定缺陷，但也正是在这种理论指导下，奥地利马克思主义者领导的社会民主党开启了具有奥地利特色的社会主义实践。

第四章
奥地利马克思主义的
"红色维也纳"实践

二战前的奥地利社会民主党直接受奥地利马克思主义者的领导，因而在两次世界大战期间，奥地利马克思主义理论通过奥地利社会民主党的实践得到了很好的贯彻与实施。1919—1934年，在奥地利马克思主义思想的指导下，奥地利社会民主党取得了维也纳的城市管控权，通过对维也纳进行一系列社会改革而将维也纳变为举世闻名的社会主义实验基地，因其社会主义色彩，人们将当时的维也纳称为"红色维也纳"。这一时期，面对一战后衰败的国民经济与尖锐的社会矛盾，奥地利社会民主党认为应当进行社会主义改革，将维也纳打造成一个享有广泛福利和教化的大都市。其希望通过改革，工人阶级能够受到社会更多关注，获得更多平等权利，真正成为城市的主人。因此，十多年来，其致力于将奥地利马克思主义理论付诸实践，采取一系列具有奥地利马克思主义特色的措施解决社会问题，对百废待兴的维也纳进行了社会改造，在政治、经济、文化、社会等领域都取得了较显著的成就，维也纳一度成为具有社会主义色彩的城市并在整个欧洲名声大噪，广受好评。即使在今天，"红色维也纳"期间取得的一系列成就仍是奥地利社会民主党的重要功绩，影响深远，为奥地利民众津津乐道。

第一节　建立工人阶级民主政治制度

奥地利马克思主义者对内主张团结各阶级阶层人士，扩大各阶层选举权，利用议会民主选举方式获得议会席位，进而获得对国家的统治权。然而国内社会主义革命的胜利需要依托国际共产主义运动的发展。他们认为，奥地利社会主义革命要想成功，需要团结世界各国工人阶级，建立国际联盟，共同对抗进入帝国主义阶段的强大资本主义国家。因而，在对外政治政策上，其积极充当第二国际与第三国际的调停人，积极创造机会推动两个国际的对话与交流，试图消除两个国际之间的隔阂，与此同时，采取了一系列有利于工人国际团结及工人运动开展的民主政治措施。

一 致力于民主制度的建立与完善

在对资产阶级议会民主进行充分分析后，奥地利社会民主党强调，"社会民主党人谋求的是夺取民主共和国的领导权，这不是为了废除民主，而是为了使民主为工人阶级服务，使国家机构适应工人阶级的需求"，① 也就是遵照"职能民主"主张的要求。奥地利社会民主党认为要走符合社会主义理念的议会民主道路，缓慢地、有秩序地、和平地夺取政权。其强调要建立完善的、更加公平公正的民主选举制度，给予工人阶级选举权，不断扩大选举权的适用范围，将知识分子、小资产阶级等团结在工人阶级周围，以体现社会主义政党团结人民群众、维护人民群众合法权利的政治立场，进而获得人民的广泛支持，赢得议会选举中多数席位组建内阁，以实现其和平夺取资本主义政权的夙愿。

首先，它主张司法行政民主化，强调要建立完善的司法行政领域的选举制度。奥地利社会民主党向全社会宣告：国家和各地方人民或人民代表有权通过自由选举，选举其认为具有正义精神且知识渊博能够胜任司法工作的法官，任何人不得以任何名义强迫人民或违背人民意愿剥夺其选举权，杜绝司法腐败与任何选举舞弊行为。但考虑到人民因知识水平较低或政治敏感度不足等，无法对选举出来的法官进行充分考量或监督，可能造成选举效果不佳的问题，奥地利马克思主义者认为维护司法民主化，确保选举出的法官能够服务于人民是应对这一问题的关键。基于此理念，奥地

---

① "Sozialdemokratische Arbeiterpartei Deutschösterreichs Das Linzer Programm", SPÖ, https://www. marxists. org/deutsch/geschichte/oesterreich/spoe/1926/linzerprog. htm.

利社会民主党采取了对所有法官进行社会科学培训的方法，让非专业法官和陪审团成员一起参与到所有刑事案件的研判中来，在学习与实践中提升其职业素养，这种方法大大提高了司法人员的业务水平与办事能力。同时，它从促进社会民主的角度对刑法进行改革，修改或删除不适应社会民主发展的法律条款或法规，在学校教育中设置普及一般法律知识的教学课程并组织免费的法律咨询活动，积极向社会普及法律知识，提高民众的法律素养，帮助群众树立法治观念。

其次，奥地利社会民主党带领工人阶级争取到了普选权，并首先实现了男性工人的普选权，不仅如此，还在世界上第一次宣布女性也具有选举的权利，保障了女性参与政治的权利。在工厂中，奥地利社会民主党组织成立了劳资委员会、工会，定期召开职工代表大会，赋予工人在工作场所以及整个经济决策中与资本家相同的决定权。通过社区与合作社对公司企业进行社会化改造，要求社区和合作社必须保证职工能够对社会化公司进行直接管理，将公司塑造成社会政治模范公司。它认为只要这种方式不致使社会化公司的存在和经济增长的动力受到威胁，就会比资本家监管公司更有用，工人不会感到剥削与压迫，同时又能拥有公司的一定管理与决策权，这充分发挥了工人的积极性，也有利于公司的发展。它规定，社会化工厂的经理，以及在已经由工人阶级、公共服务机构或工人合作社主导的社区所运营的工厂中工作的工人和雇员，都必须将其工作看作为整个社区、整个工人阶级的利益而服务的，并将此作为增强其业务能力的动力。为了进一步推进民主在公司与工厂中的发展，奥地利社会民主党制定了一系列政策规范公司与工厂行为，并制定相关政策解决劳资争端，避免发生暴乱。它认为，在资本主义企业中发生的任何争端归根到底都是资本与劳动力之间的较量引起的，在这个较量中，工人阶级离不开斗争的武器，但在经过奥地利社会民主党社会化的公司或工厂中，工人阶级不需要拿起暴力的斗争武器就可以顺利解决争端。因为，在社会化的公司、工厂、社区、合作社等里面的工人都是主人，他们对社会化公司、工厂、社区以及合作社等都拥有所有权，因而这种争端就变成了整个工人阶级的共同利益与单个工人的特殊利益之间的冲突，奥地利社会民主党只需要保证在不侵害这些工人和雇员的罢工权的前提下，对其进行教育，并将争端交给工会组织设立的仲裁委员会和仲裁庭解决即可。也就是说，社会民主党在处理劳资关系时，将劳资关系简单化为人民内部矛盾，认为只需要调解的手段。

最后，团结新阶层，赋予新阶层以充分的民主权利。解决了工厂内部民主与决策问题后，奥地利社会民主党赢得了大部分工人的拥护，但为了使更多群体享受民主选举权，它对新阶层也采取了诸多措施，为知识分子参政议政提供便利条件，吸纳更多知识分子入党，参加内阁等。为了赢取知识分子的支持，在1927年大选之际，奥地利社会民主党利用其创办的报纸大量宣传维也纳知识分子支持社会主义事业的消息，刊登一些奥地利著名知识分子支持奥地利社会民主党及社会主义的文章、签名信，如奥地利三位最伟大的心理学家西格蒙德·弗洛伊德、阿尔弗雷德·阿德勒和卡尔·布勒，奥地利宪法之父汉斯·凯尔森、现代主义作曲家安东·韦伯恩（Anton Webern）和埃根·韦尔斯（Egon Wellesz），画家和建筑师里奥·德里茨（Leo Delitz）、约瑟夫·多布劳斯基（Josef Dobrowsky）和恩斯特·利希特布劳（Ernst Lichtblau），女性主义者法妮娜·黑尔（Fanina Halle）和黛西·迈诺（Daisy Minor）等。[1] 这些知识分子在他们所处领域中都有着重要的贡献与影响力，其签名信在当时各行业中引起了巨大反响。为了进一步团结知识分子，奥地利社会民主党提出知识分子也与工人阶级一样受到大资产阶级的盘剥，要将知识分子团结在工人阶级周围，赋予其广泛的民主权利。奥地利社会民主党对知识分子的政策与宣传在当时产生了很大影响，为奥地利社会民主党团结知识分子到工人阶级队伍中来起到了一定作用。据统计，在第一共和国选举中，社会民主党获得了40.8%的选票，[2] 保守派和社会主义者都指出知识分子是关键的决定因素。约·勒克斯（Joseph August Lux）认为奥地利马克思主义者招募受过教育的新阶层是正确的，称赞奥地利社会民主党对知识分子

---

① Janek Wasserman, *Black Vienna: The Radical Right in the Red City, 1918 – 1938*, New York: Cornell University Press, 2014, p. 47.

② "1918 – 1933: Regierung, Opposition und Illegalität", rotbewegt. at/epochen/1918 – 1933 – regierung-opposition-und-illegalitaet/.

的宣传为其成功做出了巨大贡献。[①] 这标志着奥地利马克思主义者和维也纳知识分子之间和谐关系达到高潮。

二　赋予人民广泛的平等权利

奥地利马克思主义者认为，社会主义要建立在平等自由的基础之上，社会民主党要致力于增进民主平等的事业。一战后，奥地利社会民主党的群众基础更加广泛，而且社会民主党拥有施展其政治主张的平台，这更需要社会民主党保持工人阶级政党初心，因而其实施了一系列致力于赋予人民广泛平等权利的措施，推动了社会平等意识在奥地利的广泛建立。

首先，重视妇女合法权益，制定政策措施积极推动妇女解放事业的开展，反对任何人以任何名义对妇女享有的权利进行侵害，充分尊重妇女拥有发展自己个性的选择权利。针对当时妇女因受到家庭与事业的双重压力而无法走上社会获得平等就业权的问题，奥地利社会民主党出台了一系列减轻妇女承担家务负担的政策措施，鼓励妇女走出家庭从事自己喜欢的职业。在法律上，废除所有歧视妇女的法律条文，确保妇女在公共服务中获得与男人一样的平等权利；规定妇女可以获得与男性同样的职业培训机会，且同工同酬；赋予妇女可以自由进入所有职业领域的权利；改善工作环境，禁止以任何理由为女性提供任何有损其身体健康的职业。为了使这些规定落到实处，奥地利社会民主党认为要着眼于妇女现实困境，解决束缚其走出家庭走向社会的现实因素。因而，它在构建非营利性公共住房建设框架时将这些考虑在内，通过增加适当的公共设施以减轻妇女家庭工作的负担，如为学龄儿童、学龄前儿童等建立托儿所、公共日托中心，减轻职业女性育儿负担；每套公寓配有公共洗衣房、公共厨房等减轻妇女家务劳动负担等，从而确保了法律政策能够得到有效的贯彻落实。

其次，尊重宗教信仰自由，团结所有被资本和土地财产剥削的民族与个人。与以宗教为由分裂工人阶级并维护资产阶级统治的一些宗教型政党不

---

① Janek Wasserman, *Black Vienna*: *The Radical Right in the Red City*, *1918 - 1938*, New York: Cornell University Press, 2014, p. 48.

同，奥地利社会民主党认为宗教信仰是个人私事，不应该利用宗教信仰来排斥不同信仰的人民。它认为尽管人们宗教信仰不同，但是都受到资本家的剥削与压迫，都应该是被团结的重要对象，因而在奥地利社会民主党看来，无论是拥有宗教信仰，还是没有宗教信仰，无论是信基督教，还是犹太教，抑或其他宗教，只要是饱受资本主义压迫的人民，就不应该将他们排除在可以团结的阶级范围之外，而是应该将他们团结起来共同面对强大的敌人。因此，奥地利社会民主党指出，它不是在与宗教、个人信念和感情做斗争，而是在与教会和宗教社会做斗争，这些教会和宗教社会利用其对信徒的控制来抵抗工人阶级的解放斗争，从而维护资产阶级的统治，这是必须而且必然受到工人阶级坚决反对的。马克思指出宗教对人的压迫本质，强调要对宗教及纵容宗教存在的资本主义法及政治统治进行批判，"宗教是被压迫生灵的叹息，是无情世界的情感，正像它是无精神活力的制度的精神一样。宗教是人民的鸦片"，"反宗教的斗争间接地就是反对以宗教为精神抚慰的那个世界的斗争"，"对天国的批判变成对尘世的批判，对宗教的批判变成对法的批判，对神学的批判变成对政治的批判"。[①] 为此，奥地利社会民主党在自己所辖地区内，强调要与现行的州教会法律做斗争，并对国家与教会之间的关系进行监管，以保证每个教会和宗教社会都有权根据其信仰进行教学和工作，每个人都有权根据各自加入的教会或宗教团体的教养生活。但是，奥地利社会民主党禁止国家颁布强迫公民向教堂提供经济服务、参加教堂的宗教教育和教堂的宗教仪式且服从教堂的命令，主张政教分离。为此，奥地利社会民主党颁布法律规定：在法律面前，世界上的所有思想主张（宗教、各种哲学和科学信条）都是平等的，人人有权自由决定他们是否属于某个世界观共同体（教堂、宗教社会、自由的宗教或非宗教世界观共同体）；父母在子女 14 岁后不得干预其宗教信仰选择权利；所有意识形态社区（教堂、宗教社区等）都是根据私法成立的公司，它们组织和管理自己的事务，并有权自行授予成员职务，但它们必须自行支付其行政管理、宗教活动、意识形态课程（宗教指导）的费用，以及牧师和宗教教师本身的培训与维持工作的所有费用；制

---

① 《马克思恩格斯选集》第 1 卷，人民出版社，2012，第 2 页。

定宗教教学指导原则并将神学系从大学教育中删除；任何人都有权在教堂结婚且可以自由选择不同的宗教结婚仪式，但婚姻有效性以国家机关登记注册为准。

最后，加强对人身自由的保障，赋予人民最广泛的平等权利。奥地利社会民主党强调公民具有结社、集会和新闻出版自由，积极打击新闻腐败，对不实新闻报道予以批判，强调马克思主义新闻观的重要性，还人民群众新闻知情权。它废除了《流浪者法案》，赋予流浪者以人权，废除以往对流浪者的各种非人管教与羁押，拆除各种流浪者收容所，加强对政治难民的庇护。

在这种情况下，奥地利社会民主党得到了人民的热情拥护，吸引了更多群众入党。1929 年，入党人数达到高峰，据统计，奥地利社会民主党人数是奥地利所有工人政党人数总和的 3/4。在维也纳，妇女入党的比例达到了创纪录的 38%，其中，党员人数比奥地利六大主要城市的人口总数还要多。在"红色维也纳"时期政治舞台上活跃的妇女人数为 149000 人，这比奥地利第二大城市格拉茨总人口还多。1932 年，奥地利全国 65 万多名党员中，2/3 在维也纳，其中产业工人是核心群体，40 岁以下的党员占党员总数的近 3/5，[1]成为奥地利社会民主党内部的主要力量。

三 团结国际工人运动

奥地利马克思主义者认为，任何单一小国都不可能建立起真正的社会主义，因而无论是发展社会主义经济还是社会主义政治文化，都要联合其他国家，在其他国家发展的前提下、在其广泛的支持下才能够获得成功。在资本主义统治世界的 20 世纪初，各国资产阶级通过垄断已经取得世界联合，力量更加强大，仅仅依靠单一民族国家的工人阶级并不能打破资本主义旧制度的枷锁，取得社会主义革命胜利。而克服资本主义和建立社会主义社会的前提是各国工人阶级的合作。因而，奥地利社会民主党的重要任务之一就是团结所有国家的工人阶级共同开展斗争与运动，教导他们在斗争中相互支持，

---

① Wolfgang Maderrthaner，"Austro-Marxism：Mass Culture and Anticipatory Socialism"，*Austrian Studies*，Vol. 14，No. 1，2006.

捍卫国际工人阶级的共同利益与长远利益，避免工人阶级的分裂。

为此，奥地利社会民主党提出了五条有利于团结国际工人运动的政策。第一，要求对年轻人进行系统的教育，倡导和平理念，维护外国人民的权利与尊严，与一切挑起人民内部矛盾与争端的政策与行径展开斗争，反对大国沙文主义，尊重少数民族权利，反对任何歧视少数民族权利的行为，强调各民族之间的平等。第二，社会民主党要求维护与所有国家的和平往来关系，反对将国家拖入战争的任何企图，竭尽全力抵御任何帝国主义或民族主义战争。第三，持久和平只能基于人民的自由和平等，主张所有民族拥有自决权，赋予所有人民以平等权利，支持各国人民反对帝国主义殖民统治及对反革命势力做斗争的努力，强烈反对以任何理由干涉别国内政的行为。第四，为了团结，维护大德意志传统，实现民族统一，奥地利应该寻求和平手段加入德意志帝国。第五，建立国际法，规范国际秩序，以法律手段解决世界各民族之间争端，保护弱势民族免受强势民族的纠扰，进行国际裁军，并在人民自决权的基础上对 1919 年巴黎和会签订的一系列帝国主义条约进行修订，废除这些帝国主义条约中的不平等条款。

在这五项政策的指引下，奥地利社会民主党加快了团结国际工人阶级的进程。它认为，国际联盟是阶级斗争的基础，要使国际联盟成为对抗那些捍卫《巴黎和约》所确立的世界资本主义社会秩序的帝国主义势力的有力武器。它强调，无产阶级国际联盟应该本着民主平等宗旨允许所有人加入其中，团结世界上受压迫的一切人民，而不应仅仅将团结的对象局限于工人阶级，以此来推动组织民主化。为此，奥地利社会民主党以维护国际和国内社会主义运动的统一为己任，尽其所能阻止国际工人政党组织的分裂。维克多·阿德勒多次呼吁各国社会主义政党要为了共同的目标求同存异，搁置彼此的矛盾与争议，加强彼此的交流与合作，推动"国际的恢复和工人在阶级斗争中的团结"。[①] 然而，面对不同政党组织在意识形态原则问题上的差异而造成的不和，怎样在搁置争议的基础上实现国际共产主义的合作，如何

---

① 〔苏〕伊·布拉斯拉夫斯基编《第一国际第二国际历史资料：第二国际》，中国人民大学编译室译，生活·读书·新知三联书店，1964，第 218 页。

构建能够令各国社会党或共产党接受的准则，进而将不同国家、不同民族之间的工人团结起来等一系列问题，仅仅凭借无论是国际声望还是政党规模都远远不足以称为一个国际大党的奥地利社会民主党来解决，显然不切实际。尽管如此，一战后，奥地利社会民主党仍致力于推动国际工人阶级的团结。面对机会主义泛滥给国际工人运动团结与统一造成的伤害，它坚决站在反对立场上，撰写文章严厉批判这种机会主义，拒绝参加由机会主义者操控的日内瓦会议，揭露伯尔尼国际的虚伪丑陋面目，并积极与苏联共产党沟通，着手准备加入共产国际事宜。但是，奥地利社会民主党又不满于共产国际对成员国所制定的严苛条件，而且并不愿意放弃自己的主张。经过反复研究，它认为每个政党因其国情的特殊性，因而不可能与苏联共产党达成完全一致的观点与行动，加入国际只是为了谋求合作及维护社会主义运动统一而采取的一种妥协性策略，每个社会主义政党都有权在国际内部保持其独立性，因而它最终没有加入第三国际（共产国际）。它既批判第二国际，又对共产国际感到失望，"现在自称为第二国际的组织，只是在国际工人运动中属于纯粹改良主义和民族主义派系的那些党的联合组织"，而"共产国际把布尔什维克在俄国工农革命中运用的一切方法奉为金科玉律，强加给各国工人政党"，"提倡宗派主义运动"。[1] 我们不难看出，其对两个国际的分析具有一定的合理性，选择坚持自己政党特色开展社会主义革命与建设也无可厚非。在这种情况下，它两个国际都没有加入，但又认为有必要建立一个新的国际，既继承第二国际的内部有价值的精神遗产，又能关照成员党的独特性，避免出现它所认为的共产国际的一些问题，用其话语来说，这个新国际是"真正世界性的国际"。1921 年 2 月，由奥地利社会民主党带头组建的社会党国际工人联合会正式成立，这是一个主要由中派政党构成的国际组织，但不具备单独开展国际革命的职能，具有临时过渡性质。由于其具有临时过渡的性质，史称第二半国际或维也纳国际。

尽管奥地利社会民主党对共产国际与伯尔尼国际（第二国际）不满，但

---

[1]　〔苏〕伊·布拉斯拉夫斯基编《第一国际第二国际历史资料：第二国际》，中国人民大学编译室译，生活·读书·新知三联书店，1964，第284—285 页。

新成立的社会党国际工人联合会仍与伯尔尼国际保持密切联系，并努力争取共产国际的支持，也就是说其目的并不是分裂工人运动，而是试图成为两个国际的"中间人"，将分裂的国际重新"黏合"起来，社会党国际工人联合会章程明确指出，联合会只是一个具有过渡性质的策略性工具，不具备单独引导全体无产阶级开展革命的职能，它最大的任务是促进两个国际的联合，"统一所有加入联合会的各社会党的活动，确定一致行动，努力恢复联合全体革命无产阶级的国际"，① "我们想要的国际是包括莫斯科国际在内的。我们希望把尚软弱无力的国际变为一个有活动能力的国际"。② 在其努力下，三个国际最终于 1922 年 4 月召开会议，商讨建立工人阶级统一战线，加强各国政党联合的事宜。这次会议给了三个国际面对面坐下来阐述自己理论主张的机会，但会议分歧很大，主要集中于对统一战线的理解上，三方对统一战线的理解存在偏差，第二国际与第二半国际的统一战线带有对资产阶级妥协的色彩，而共产国际则对此表示反对。③ 但最后三方都做出一定妥协，一致通过了联合宣言。就会议报告而言，此次会议举办得相对来说是成功的，三方最终达成协议，"朝着积极的方向取得谅解比这次会议刚开始的时候所设想的要容易得多"。④ 但实际上这次会议却是失败的，会后三个国际联合并没有达到预期效果，国际工人运动仍处于分裂状态。因对会议上展现出的机会主义不满以及第二国际与第二半国际对资产阶级妥协，一个月后，共产国际退出了致力于三个国际合并的工人国际筹办委员会。四个月后，在奥地利社会民主党内部右派的驱使下，第二国际与第二半国际单独举办会议商讨合并事宜，一年后两个国际正式完成合并，社会主义工人国际正式成立。它们发表声明表示，新国际"旨在联合所有民主社会主义派别，作为专制的、以莫

---

① 〔苏〕伊·布拉斯拉夫斯基编《第一国际第二国际历史资料：第二国际》，中国人民大学编译室译，生活·读书·新知三联书店，1964，第 289 页。

② 〔苏〕C. A. 莫吉列夫斯基：《第二国际的复活（1919—1923 年）：革命高潮时期国际改良主义中心的历史》，杭州大学外语系俄语翻译组译，人民出版社，1982，第 163 页。

③ 《列宁全集》第 43 卷，人民出版社，2017，第 142 页。

④ 《第二国际、第三国际和维也纳联合会柏林会议记录》，北京编译社译，生活·读书·新知三联书店，1966，第 72 页。

斯科国际为中心的布尔什维主义的对立面",① 这标志着三个国际谋求联合的努力最终失败,国际工人运动走向分裂。

第二节 推动经济向公有制转变

奥地利马克思主义者对资本主义的分析,对公有制、社会化及经济民主等的分析都为奥地利社会民主党的经济政策提供了理论基础。奥地利社会民主党接管维也纳后,立即采取了一系列措施对经济进行调整。它通过实行税收民主化平衡预算,迅速恢复国民经济,减少资本家剥削,通过税收、补偿、合作化运动等方法推动企业社会化、社区化,致力于实现资本主义性质企业向社会主义性质企业的转变。

一 税收民主化

一战后,奥地利国民经济受到了极大的破坏,当时奥地利政府及其他市政当局试图通过筹集外国贷款来恢复经济,与之不同的是奥地利社会民主党组成的维也纳委员会却试图通过国内税收来增加财政收入,平衡收支。事实证明,这种做法远比奥地利政府仅仅依靠外国贷款有效,从现实来看,即使在1921—1923年的经济危机以及随后的股市繁荣再到崩溃的整个经济危机周期中,这种做法的效用也十分明显。这期间,奥地利社会民主党的政策推动财政收支迅速实现了平衡,同时也提高了维也纳政府对未来的偿付能力;从长远来看,减少了对大量的外国贷款的依赖,减少了国内资产的外流,避免了使维也纳陷入越来越超过偿还承受能力的财政泥沼中。奥地利社会民主党要求税收制度民主化,改革税制,实行累进税制,设立消费税,提高财产税、遗产税和奢侈税的征收比例,以此降低资本家剥削程度,提高工人阶级及其他受剥削压迫的底层民众的生活水平。规定对财产收入的征税要高于个人工资征税标准,同时为购置税和财产税制定免税最低限额,进一步降低资本家剥削程度,并将征收的税款通过再次分配或进行市政建设的方式,惠及

---

① 〔奥〕尤利乌斯·布劳恩塔尔:《国际史》,杨寿国等译,上海译文出版社,1986,第301页。

工人阶级及其他底层人民，努力缩小社会贫富差距。

为了进一步推进税收民主化，奥地利社会民主党在推行税收制度改革时选择重组税收制度，将租金税转变成累进税，对所有类型的财产实行统一税率，但为了降低酗酒事件发生频率，对酒店实行单独的征税措施，并征收更高税费。奥地利社会民主党通过调整税率，有效地将大量税赋压力从工人阶级和小资产阶级身上转嫁到资产阶级身上，从而减轻了大部分底层民众负担。同时降低租金税，对租户进行租金补贴，使大部分租户每年用于租金上的花费大大减少。当然，租金税额的减少也使维也纳在租金税收方面获得的财政收入减少，为了增加财政收入又不至于改变租金税收政策，同时还能够不改变缩小贫富差距、抑制资本家剥削的目的，奥地利社会民主党建立了两种新税种——福利税和奢侈品税。

福利税是主要针对工商业的一种税，因其税收主要用于资助城市的社会福利项目而得名。为避免利润型资源税①在通货膨胀期间给企业个税计算带来的问题，它代替利润型资源税，主要针对大资产阶级企业主的工资征税，实质上是一种工资税，但在征税标准上，福利税没有有效地规定税费不应转嫁到消费者身上并由消费者承担。此外，这一新税种的征收频率很高，几乎每月一次，对拖欠税款的人会处以严厉的惩罚，因而在实行中也造成了增加消费者一定负担的问题。事实上，该税后来被奥地利资产阶级所利用，逐渐成为资本家掩盖其剥削实质的新工具。当然，福利税的初衷并不是增加消费者负担，其主要还是向大资本家、银行资本家、企业等征收税费来增加财政收入以用于社会福利建设，因为工人个人所得税大部分是由企业主负担，因而福利税对于大雇主，尤其是对大银行来说，需缴纳的税费比小公司和小企业要多得多，从这点来看，福利税确实对抑制大资本家对工人的剥削有一定作用。此外，福利税的税率并不是一成不变的，随着经济发展，税率也相应提高，最初税率为大企业雇主工资收入的2%，1925年上升至4.6%，而银

---

① 利润型资源税是以开采企业的盈利为征收对象的资源税，这一税种灵活性很强，当企业处于亏损状态时不对其征收，能够既考虑到企业的运营成本，又考虑到资源耗减因素，且对企业规模、利润产出等没有要求，强调更为公平的税收原则。

行的税率则为 8.6%。① 此外，从奥地利社会民主党的立场来看，它十分拥护福利税，因为福利税比传统的利润税有几个优势：第一，可以每月征收，而不必等到公司在财政年度结算的时候再征收，能够确保政府每个月都能获得流动资金；第二，大型雇主的工资账单不可能像利润那样被精明的会计方法所掩盖，能够减少企业主偷税漏税；第三，在大萧条之前，维也纳工会斗争确保了工人工资能够与物价同步上涨，而在通货膨胀期间通过福利税还能确保财政收入的增加，维持工人阶级工资购买力与平时相似的水平。这项税收对于在通货膨胀时期维持财政收入的计划至关重要。然而，福利税也有严重的缺点。它为雇主提供了压低工人工资的额外机制，如果工资上涨，税收也会上涨。但这并不利于劳动力的就业，也无法降低失业率。② 因而这项政策一定程度上受到了雇主们的反对，他们认为这增加了雇主与雇员的负担，不利于就业，但奥地利社会民主党认为公共事业的支出必须依靠这项税收政策，虽然该政策会在短时间内造成小范围失业问题，但是总体来看最终会惠及失业者，因为福利税所获得的税收将会通过再分配补偿给在私营部门失去工作机会的雇员。此外，通过福利税的资金支持而建立起来的职业培训机构等能够帮助提高工人劳动技能及素养，为工人进一步获得更加优质的工作提供助力。当经济危机来临、国民经济经历显著的波动时，这种特殊的税收政策似乎更具有非同寻常的意义。恢复国民经济的方法当然并不一定要创建新税种，但是其他选择被现实证明确实是不可行的，当时摆在奥地利社会民主党面前的只有两种现成的方案：一种是减少税收和求助于国外贷款——这项政策在全国和各省都被证明是不明智的；另一种是削减开支，但奥地利社会民主党拒绝考虑这一举措，因为这会减少市政雇员的数量，从而加剧失业问题的严重性。同时，维也纳在奥地利国内的商业地位意味着税收对这座城市预算至关重要。因而选择创新税种，增加对工商业征收福利税，对当时的奥地利社会民主党来说是恢复国民经济的第三种选择。

---

① Jill Lewis, "Red Vienna: Socialism in One City, 1918 – 27", *European Studies Review*, Vol. 13, No. 3, 1983.

② Jill Lewis, "Red Vienna: Socialism in One City, 1918 – 27", *European Studies Review*, Vol. 13, No. 3, 1983.

此外，奥地利社会民主党对奢侈品设置了品类繁多的税种，例如对娱乐、马匹、汽车、仆人、奢侈品店出售的食品和饮料、啤酒、海报、广告、拍卖和养犬等征税。有些税种的设置带有明显目的性，但是有些则显得有些不必要而且近乎滑稽、烦冗。娱乐税是针对音乐会、歌剧、电影表演、赛马等娱乐消遣和比赛的门票征收的，但不同类项被征收的税率却并不相同，同样是提供观感娱乐的电影院支付的税费比歌剧和音乐会多，前者征收的税费是后两者的 5 倍。奥地利社会民主党的解释是为了鼓励人们参与更多的文化和教育活动，显然后两者比前者更适合其对文化与教育的定义。虽然一些税种设置的初衷是为了减少贫富差距，但在具体征收细节上又过于琐碎，比如犬税，尽管在一战前就已经存在，但在新税制中对犬税的征收采取的是累进制方式，而税率取决于犬的品种和血统，我们能够理解社会民主党这样设置是为了对大资产阶级征收更多的税，毕竟只有富人才养得起品种优良的犬，然而事实证明这一税种是不合时宜的，有用宠物的等级划分人群等级的嫌疑，因而在实行一年后即被废除。又如，汽车税只适用于私家车，并根据发动机的功率和汽车的宽度不同而税率有所不同。如上所述，有些税种带有明显的清教徒的味道，种类繁多的税种及繁杂的计算方式都引起了社会一些争议，尤其是遭到了反对派的强烈反对，他们声称要废除这一制度。然而，奥地利社会民主党坚持认为，该税收制度的设计是针对富人和穷人征收的，是建立在税收公平原则基础之上的，是平衡财政收支、缩小贫富差距的良策。但它仍受到了其他保守党派及资产阶级政党的指控，如基督教社会党等右翼党派指责奥地利社会民主党的税制并不如其宣称的那样民主平等，在实际实行中带有不民主性，其党员受到了免税的优待。而保守党派的媒体也纷纷撰文，或暗示或公开地指责奥地利社会民主党的会员证剥夺了大众税收的豁免权。尽管受到其他党派的指控与批评，在 1931 年之前，这一税收制度仍被实施到更广泛的区域，包括所有餐馆和咖啡馆，但是征税地点多位于资本家或富人聚居区，而在工人阶级地区、社会民主党支持的地区，很少有餐馆或咖啡馆等饮食场所缴纳税费。从表面上看，基督教社会党等右翼党派的指控似乎是合理的，但实际上，它们是错误的，因为饮食习惯就像政治一样，在资本主义制度下，从某种程度上来说也具有阶级属性，工人阶级由于收入较低而不能享受高级餐馆昂贵的美食与高级服务，他们更愿意去一些物美价廉的普通餐馆，因而高级餐馆在工人阶级聚居地区很少且存在感很低，而普通餐馆因不具有奢侈性质也就不需要缴税。因此，反对征税的争论又回到了阶级偏见的问题上，奥地利社会民主党并不否认这一点，相反其目的就是通过制定新的税收制度，遏制剥削，缩小贫富差距，努力实现民主平等，从这一点来看，奥地利社会民主党的税收制度尽管有很多缺点，但相对来说却是成功的。

二 推进资本主义企业国有化

奥地利马克思主义者认为应该通过法律手段和平地推动国有化，为奥地利国有化运动如火如荼开展奠定了理论基础。奥地利社会民主党颁布法律，运用补偿政策与税收政策，将大工业、大企业、大庄园等的所有权从大资本家或大地主手中夺回，通过组织消费合作社、互助合作社将资源整合起来，将资本主义企业收归国有。

奥地利马克思主义者认为，对于大工业、大企业的社会主义改造要借助国家力量，但又不能采取强硬的暴力手段将企业直接从企业主手中剥夺，因为这种做法将有可能造成企业主破坏机器等重要生产资料，他们主张用更加和平合法的方式来完成。奥地利社会民主党制定了一系列关于企业国有化的法律，强调向有产者征收累进财产税，对需要国有化的企业主进行补偿，对大地产的公有化同大工业、大企业的公有化相同，也是用法律手段来剥夺地主、教会的大地产所有权，并向全体有产者征收累进税来补偿地主被剥夺的部分。征税是有步骤地剥夺剥夺者最主要的办法，即依靠财产税和所得税使有产阶级自己来付清对资本家和地主的损失补偿。此外，社会民主党强调资产阶级还须承担国家对公债付息的责任，这样社会在不受损失的情况下成为大工业和庄园主的主人，社会生产也没有遭到破坏，广大人民群众并未为此承受额外负担，整个剥夺过程几乎在无痛的状况下得以完成。时任奥地利社会民主党总书记的鲍威尔还区分了征税在两种社会形态中截然不同的作用与性质，指出在资本主义社会，国家向人民征收沉重的消费税，并用此为国家与资本家偿还债务，使税收成为剥削人民群众、为资本家服务的经济手段。而"未来社会主义社会所要走的恰是与此相反的道路：使资本承担财产税和遗产税的负担，并使不劳而获的收入承担特种税款的负担，以便利用这样的税收，使土地和生产工具成为全民所有，利用税收来剥夺资本家而为劳动人民群众服务。征税本是为资本家的利益来剥夺人民的工具，现在却成了为人民的利益来剥夺资本家的工具了"。①

此外，他们认为管控国家经济命脉的应该是国家而不是垄断资本，国家不应该成为私人资本的经济工具与统治工具，国家也不能像一些资产阶级经济学家所说的，从原先是全社会的警察和法院沦为少数资本家的奴仆，他们认为这种观点完全违背了自由主义精神。同时，经济命脉也不能完全由国家来操纵，不能将所有生产资料与生活资料均转化为国有，因为这实质上是由扩大的官僚行政机器来操纵经济命脉，只是简单地从私有资本主义转化为国家资本主义，由扩大为技术官僚的行政官僚统治来替代民主的自决管理，这种国有化极有可能产生新的独裁统治、新的压迫剥削，国家被彻底神化，人民成了国家的被监护人。他们反对苏联将所有生产资料与生活资料收归国有，实行百分百公有制，认为这样的苏联是一个国家资本主义的国家而不是社会主义国家，"国家成为唯一和彻底的资本家，所有公民都成为无产者，这种简单的法律上的所有制更换并没有改变资本关系，远非社会主义"。② 因而，奥地利社会民主党主张另一类国有化，即国家作为国民的民主机构，拥有经济的指挥权而不是完全所有权，由它从垄断资本手中夺回对商品的支配权并使其置于人民的意志之下，国家也由此成为受托于人民的工具。这种国有化的实质是社会化。所谓社会化或社会化的国家绝不仅是建立国家行政机构，以保护老弱病残，而是指社会的各个方面均在自由选择和自由决定的基础上组织起来。它主张建立消费合作社，认为国家经营生活资料，以行政化

---

① 〔奥〕奥托·鲍威尔：《到社会主义之路》，王志涵译，生活·读书·新知三联书店，1964，第35页。

② Karl Renner, *Wandlungen Der Modernen Gesellschaft*: *Transformations of Modern Society*, Wien: Arno Pr. , 1953, p. 108.

手段分配生活资料会造成极大的浪费和混乱，且危害个人的自由，强调生活资料的生产等系列活动应由消费合作社来进行，每一个家庭作为一个自由的有参议权的成员从属于合作社，产品的生产和分配都没有行政手段的强制性干预，在全国范围内形成以产销合作社为基础的民主组织，使之能保证满足人们对产品的需求。

他们认为，在资本主义社会内部所成长起来的工会和各种类型的互助合作社是民主自由的经济组织，它们是社会主义的萌芽，必将成为新社会的模范。社会主义的基本特征并不是所有生产资料的公有化。对生产资料的社会化并不是其最终目的，也不是在任何情况下必须全力以赴加以追求的，它只是一项措施，只有资本主义经济的发展提出并有益于生产资料社会化时，它才具有意义。从经济民主化的意义上说，单是生产资料的社会化是不够的，在没有解决所有制问题，社会没有对其拥有支配权的地方，生产资料的社会化是没有必要的；在资本主义退场所必需的条件没准备好之前，也是不适宜的。由此，一些社会民主党人提出要根据实际情况，限制没收生产资料私人占有的要求。

总而言之，奥地利社会民主党的国有化是建立在不消灭原有资本主义基础上，不没收私人资本的情况下，通过国家机关或法律条文，采取税收、经济合作社等和平的手段将企业收归国有。

三　开展社会化与合作化运动

合作化运动是奥地利社会民主党进行社会化改造的手段，涉及农林牧副渔等各行各业。合作化运动可以推动各行各业向社会主义方向发展。在具体实施中主要采取补偿等方式将这些行业收归国有或社会集体所有，确保社会化改造平稳过渡，避免发生冲突动荡。它主张废除私人狩猎和私人捕鱼的权利，将狩猎权与捕鱼权转让给市政当局、工人合作社、工农贸易和经济合作社、公共经济机构、国有和市级企业等，通过农民和商业生产者合作社与消费者合作社之间的直接联系来取消资本主义贸易。此外，扩大市政当局对所有待售土地的优先购买权，以此推进土地集体化进程。将社区使用的农业和林业财产转换为社区财产，根据农业计划对社区使用权进行重组。采矿和运输系统等大型企业的管理权将被转移到社区手中，资本主义商业、银行和保险部分由社区机构取代，部分由合作机构取代。原所有者是否被补偿取决于被征收时的具体情况，如果是有偿赔偿，则赔偿义务必须在不动产和遗产税收入的范围内偿还。社会化的大型企业可以根据其特征以国有、地区或市政企业的形式运行，也可以委托公共机构，自治经济机构或合作社管理。被征用的土地进行重新分配，具体应在多大程度上转移到乡村社区、小农、小租户所有，依据情况而定。此外，奥地利社会民主党还强调要加强国家对中央银行、商业银行、卡特尔和工业集团的信贷和利率政策的监督，并制定反托拉斯法。

当然，合作化的目的不是单纯整合资源，而是促进工人对这些资源的共享，并推动生产率的提高，促进社会经济发展，因而奥地利社会民主党强调，社区和合作社必须吸引在公司工作的工人和雇员对社会化公司拥有更广泛的共同决定权和共同管理权，将他们的公司塑造成社会政治模范公司，同时规定，只要不影响社会化公司的发展，采取任何措施都是被允许的。此外，奥地利社会民主党要求在这些社会化公司工作的工人和雇员也应该适应社会化生产需要，自觉遵守工作纪律，主动将工作效率提高到尽可能高的水平，实现公司发展与工人自身发展的双赢。为了实现公司社会化与工人或其他雇员利益最大化，改变公司与员工对立的传统局面，奥地利社会民主党还强调要制定一些新的政策，启动新的程序来规范和监督公司行为。而这些政策与程序应该围绕化解劳资矛盾来制定，在它看来资本主义企业的任何争端都是资本与劳动力之间的斗争。当个人与社会化公司产生争端与矛盾时，社会民主党认为不应该将之看作资本主义的劳资矛盾，而应该看到社会化公司是归社区或工人合作社所有的，是工人阶级集体财产，因而这种争端与矛盾充其量是整个工人阶级的共同利益与单个工人的特殊利益之间的冲突，因而不能采取与对待资产阶级公司一样的方法化解矛盾争端，而应该由整个工会组织设立的仲裁委员会和仲裁庭解决，强调要通过温和的教育手段来解决矛盾。

为了推进合作化进程，减少敌对势力的阻碍，奥地利社会民主党致力于限制资本家和大地主的剥削财产的发展，保护小商人和农民的劳动财产，积极促进小商贩和农民合作社的发展，寄希望于通过逐步发展小商贩和农民自愿合作，而推动形成适当的生产部门和产品分配新模式，摆脱大资本对其的束缚与盘剥，从而使它们融入发展中的社会主义社会，给社会主义经济发展带去鲜活力量。在剥夺资本家阶级的范围内，奥地利社会民主党对承担社会化重任的社区提出了要求，社区必须接管资产阶级以前行使的职能，必须有计划地扩大生产规模和完善社区的社会生产设备，实现资本积累，并承担教育所有阶层子孙后代的任务。

奥地利社会民主党对其合作化运动十分有信心，它认为对大企业的社会化和小企业的合作化，能够提高社会生产力，改变生产的无政府化状况，消除资本家的经济剥削，改善人民生活。只有资本主义生产方式的无政府状态被克服了，工人的工作稳定性才能够得以确保。一旦工人自己确定了他们的工作过程，能够自行处理他们的劳动成果，并通过劳动能够确保他们及其后代的生活水平更高，工人的生活就会变得有意义且有尊严。社会化与合作化将消除无产阶级、小资产阶级与农民等的后顾之忧。随着无产阶级对生活无保障的担忧的消失，随着小企业过度竞争造成的小资产阶级破产和农民过度负债现象的消失，随着剥削阶级和被剥削阶级，阶级统治和阶级的斗争的逐渐消失，全体人民将成为享受劳动成果的自由人。

第三节　营造无产阶级文化氛围

马克思恩格斯认为，宣传思想文化工作是传播共产主义思想和无产阶级政党思想的一种必要的意识形态手段，是工人阶级斗争中最强有力的手段，有利于唤醒工人阶级，壮大工人阶级力量。1880年12月8日，马克思在致亨利·迈尔斯·海德门的信中指出，工人阶级推翻资产阶级的革命中必须进行宣传，否则革命会有失败风险，"不预先进行组织、不掌握知识、不进行宣传，……即使开始时是顺利的，但归根到底总会反过来反对他们"。[①] 1895

---

① 《马克思恩格斯全集》第34卷，人民出版社，1972，第456页。

年，恩格斯在《卡·马克思〈1848 年至 1850 年的法兰西阶级斗争〉一书导言》中也指出，"耐心的宣传工作和议会活动"是社会主义者争取群众获得革命运动持久胜利的重要因素。奥地利马克思主义者坚持马克思主义宣传理论思想，以其文化理论为依托，强调要对人民进行全方位的马克思主义教育，帮助其树立社会主义价值观，因而，他们支持并创立了以马克思主义为指导，对人民尤其是年轻人进行身心教育的教育组织或社团组织。同时，改革教育制度、建立职工再教育机制，普及教育和发展民间艺术。注重工人阶级精神生活，在满足工人阶级基本生活需要的同时关注其文化需求，鼓励科学和文化艺术发展，推动无产阶级社会主义文化发展。

一　建立广泛的文化组织与社团组织

奥地利马克思主义者将文化活动看作其践行奥地利马克思主义文化思想，进行社会主义改革的重要事项。为了让包括青年在内的所有人都能够受到社会主义文化熏陶，参与各种文化活动，以增强其阶级意识、社会主义意识，奥地利马克思主义者主持成立了多个文化组织，构建了相对庞大的文化组织网络。至 1932 年，维也纳就拥有超过 40 个文化组织，这些组织下设多个分支机构，辐射范围可至维也纳偏远乡村，注册会员约 40 万，① 规模之大，令人惊叹。这些组织始终遵循三条原则：①要把最好的精英/资产阶级文化供工人阶级享有，加强无产阶级联合；②打造集体文化而不是个人文化；③捍卫共和国的民主制度，反对资产阶级剥削。这使文化组织的目标更加明确：以传播无产阶级文化、集体主义文化，摒弃资产阶级个人主义文化为己任，倡导文化知识民主化。这些组织承担着全社会文化教育启蒙的任务，通过组织有关当代政治、社会主义运动、历史、宗教、人文学科、教育、文化和性等主题的讲座、舞台剧等丰富多彩的活动，传播社会主义思想。依托于这些文化组织，讲座成为司空见惯的活动，融入人们的日常生活中，整个维也纳举办讲座的频繁程度时至今日仍令人惊叹，据统计，维也纳讲座次数从

① Helmut Gruber, *Red Vienna*, *Experiment in Working-Class Culture 1919 – 1934*, New York：Oxford University Press, 1991, p. 81.

1924 年的 3000 次增加到 1932 年的 6500 次。[1] 讲座主题包括当代政治、社会主义运动、历史、宗教、文学、教育等，内容十分丰富。奥地利马克思主义者试图通过组织这些丰富多样主题的系列讲座来吸引大量听众，普及现代科学文化知识，传播社会主义思想。这样，这些文化组织满足了维也纳人民的文化需求，是兼具艺术普及与文化传播功能的高水平的组织，使维也纳的良好文化体验成为当时除苏联以外的社会主义政党掌控的地区所独有的，为人民营造了良好的社会主义文化氛围，推动了维也纳文化教育发展，为工人阶级提供了广泛的良好文化教育氛围。

此外，除了建立这些面向所有工人阶级的文化组织外，奥地利马克思主义者还针对工人阶级后代教育问题，创办专门的青年社团组织。奥地利马克思主义者通过调查发现，绝大部分维也纳青年活动场所有限，大部分青年将街头巷尾作为自己活动的秘密基地，大部分奥地利青年的社会化都是在这里完成的。流浪于街头的青年，缺乏家庭教育、社会教育给予的正确价值引导，很容易走上犯罪之路。青年聚集的街道也被人们视为犯罪的象征。奥地利马克思主义者认为青年堕落、犯罪不能仅仅归咎于街道，而应该看到街道成为青年堕落场所的根源仍旧是资本主义的剥削。在资本主义制度统治下，工人普遍受到严酷盘剥，生活贫穷，生存空间被严重压缩，工人外出工作频率极高，离婚率也居高不下，长期在工作中的剥削压迫投射到家庭中，便形成了父母对子女专制的威权主义。因而，无序的工人家庭不能担负养育未来有秩序的社会主义者的重任。[2] 青年在家庭中缺乏足够而安全稳定的成长空间，迫使其逃离家庭寻求虽脏乱但具有足够自由空间的街道为其主要活动场所。为解决此问题，奥地利马克思主义者认为国家要承担起引导青年社会化的职责，弥补家庭教育与社会教育的缺失，为青年提供自由的活动空间、与朋辈之间交流的场所及纯净的社会化场地。为此，他们认为可以成立青年社团组织，为年轻人提供与同辈共同学习成长的环境，加强对青年的管理与

---

① Helmut Gruber, *Red Vienna*, *Experiment in Working-Class Culture 1919 – 1934*, New York：Oxford University Press, 1991, p. 91.

② Helmut Gruber, *Red Vienna*, *Experiment in Working-Class Culture 1919 – 1934*, New York：Oxford University Press, 1991, p. 165.

教化。

奥地利马克思主义者针对 6 岁至 10 岁儿童成立"儿童之友"协会。该协会最主要的功能就是取代使工人阶级的子女不得不在街头完成社会化的各种不良的教育设施及项目，发展儿童慈善、儿童保育与儿童福利事业，组织工人阶级子女到免费的课外活动中心学习并对其进行社会主义教育，避免其因父母忙碌无法照看而在放学后不得不在街头流浪的情况发生。据统计，到1929 年，该组织有 100540 名儿童成员加入。针对 10 岁至 14 岁的儿童，他们成立名为"红色猎鹰"的组织，该组织旨在帮助儿童磨砺坚强意志，提供身体上、心理上及精神上的支持，组织内部纪律严明，定期进行严格训练，包括体育训练、党性教育培训等，被认为是培养马克思主义者的童子军组织。到 1932 年，该组织在维也纳共吸纳了 6000 名成员。针对 14 岁至 21 岁的年轻人，成立"社会主义工人青年"组织，活动集中体现在体育和教育上。早在 1923 年，该组织就有 10500 名成员，[1] 组织内部经常召开研讨会及课程培训，青年可以对时事政治进行自由讨论，组织章程由青年制定，并可民主选举出主席、委员等领导层成员，具有一定的民主性、组织性，在支持工人阶级青年争取社会权利的斗争中发挥了重要领导作用。这些组织很好地解决了青年社会化问题，帮助年轻人体验良好的同辈情谊，也为他们提供了认识社会主义的重要平台。

二　保护知识产权与兴办报刊

奥地利马克思主义者认为，实现无产阶级文化领导权必须充分发挥书籍报刊等传播媒介的作用，为此他们通过制定法律推动新闻出版自由、保护知识产权、创办种类众多的报刊并在工人住宅区开设书店等措施来实现这一目标。

长久以来，奥地利新闻出版业受到哈布斯堡王朝严格审查制度的侵扰，新闻出版不自由成为困扰知识分子的难题。加之，在当时图书盗版情况十分猖獗，很多作家知识产权得不到应有的法律保护，一些奥地利作家被迫选择在能

---

[1]　Helmut Gruber, *Red Vienna*, *Experiment in Working-Class Culture 1919 – 1934*, New York：Oxford University Press, 1991, p. 166.

够对其作品版权予以充分保护的国家出版书籍，有些奥地利作家甚至干脆长期旅居国外或加入其他国家国籍，这就造成了文化财产及人才的严重外流，奥地利国内文化氛围显得死气沉沉。当代历史学家卡尔·容克指出，文化知识产权缺乏法律保护是一场灾难。[1] 盗版的盛行、出版的不自由破坏了公平原则，更是对劳动成果的不尊重，是劣币驱逐良币的行径，不应该出现在一个致力于建立社会主义新秩序的国家中。因而，奥地利马克思主义者掌权后颁布了新闻出版自由与知识产权保护法，鼓励并支持新闻出版业，极大地振兴了奥地利出版事业，增强了奥地利知识分子信心。1901 年第一家工人阶级书店在工人聚居区成立，此后，随着奥地利社会民主党控制范围的不断扩大，工人阶级书店更成为每个社区的标配。工人阶级书店的成立不仅为工人阶级提供了阅读的机会，同时也极大鼓励了工人阶级作家从事有关社会主义文化的创作。

此外，为了进一步传播奥地利马克思主义文化思想，奥地利马克思主义者创办了各种各样的报刊，据统计，到 1930 年，奥地利马克思主义者、工会和合作社共出版了 127 种报纸和期刊，总印数为 316.1 万。其中包括 7 种日报、68 种专业期刊（针对租户、消费者、禁酒主义者、干部、其他人士、妇女和对文化感兴趣的人等的专业期刊）和 52 种工会周刊。[2] 这些刊物有些比较专业，但大部分贴近人民生活，以生动、通俗的风格见称，内容丰富且能抓住人们兴趣点，兼具娱乐性与教育性。例如，1927 年，奥地利马克思主义者创办了《克莱恩报》，该报偏向一种更活泼、更流行的写作风格，多刊登奇闻轶事，并辅以大量图片以增添娱乐性与教育性，吸引更多读者阅读，致力于帮助工人摆脱资产阶级反动报刊的思想毒害。到 1931 年，该报的发行量已达 17.3 万份，到 1934 年增长到 20 万份。在专业性出版物中，最成功的是《未满之报》，该报创刊于 1926 年，是专门为女性创办的报纸，旨在吸引女性入党。该报内容符合女性实际需求，以传播社会主义价值理念、新时代独立女性观念为己任，设置供女性发声的专栏，刊登介绍现代家居用品、

---

① Katrin Kohl and Ritchie Robertson, eds., *A History of Austrian Literature 1918 – 2000*, New York: Camden House, 2006, p. 77.

② Helmut Gruber, *Red Vienna*, *Experiment in Working-Class Culture 1919 – 1934*, New York: Oxford University Press, 1991, p. 87.

健康、美容、服装和烹饪的小贴士，连载具有社会主义色彩的小说等，有时也会刊登女性读者来信或讲座、选举等信息，试图将女性从家务劳动中解放出来，鼓励其积极参与政治等。到 1931 年，该报的发行量为 154600 份，为妇女解放、争取自身权利立下了汗马功劳。①

此外，为了进一步了解工人阶级阅读习惯，使党刊更能满足读者需求，提高党刊质量，他们对工人阅读习惯进行了定期调查。在被调查的工厂女工中，48.2% 的人阅读《克莱恩报》，28.8% 的人阅读《阿贝特》杂志，21.4% 的人阅读《每周新闻》。另外一项针对 14 岁至 19 岁的皮革工人学徒的调查显示，80% 的人有每天阅读报纸的习惯，其中阅读《工人报》的占 30.7%。② 1933 年维也纳进行的一项调查表明，《维也纳日报》读者中有 1/3 是工人。在 20 世纪 20 年代末和 30 年代初，每 80 个维也纳党员中有 1 人会购买主要理论读物《理论报》。③ 经过多次调查，奥地利马克思主义者对这些结果表示满意，认为无论结果如何都应该保持乐观态度，因为这是为了客观地了解青年工人在塑造未来文化工作方向方面所做的努力，是取得社会主义改革胜利的一步。

然而，实际效果并没有社会民主党想的那样乐观，尽管奥地利马克思主义者在如何更好地宣传马克思主义与社会主义价值观，提高工人文化水平，提高工人意识方面有自己的设想，但在一些具体措施上存在方法粗暴、一刀切、论证不足等问题，使一些措施效果欠佳，甚至出现浪费人力、物力、财力的现象，引发部分民怨。例如，他们通过积极掌握新闻舆论主动权，争取文化领导权，利用报刊等传播无产阶级文化思想与社会主义价值观，具有创新性与进步性，但依靠发行大量的报刊，以数量取胜，并不能真正发挥预计效果，相反为工人阶级增加了负担。大量报刊涌入，工人往往没有时间逐一

---

① Helmut Gruber, *Red Vienna*, *Experiment in Working-Class Culture 1919 – 1934*, New York：Oxford University Press, 1991, p. 88.

② Helmut Gruber, *Red Vienna*, *Experiment in Working-Class Culture 1919 – 1934*, New York：Oxford University Press, 1991, p. 89.

③ Helmut Gruber, *Red Vienna*, *Experiment in Working-Class Culture 1919 – 1934*, New York：Oxford University Press, 1991, p. 88.

翻看，同时一些刊物在语言上也没有做到通俗，一些晦涩、艰深的语言使原本文化水平较低的工人阶级无法对其产生兴趣，宣传效果大打折扣，文化实践并未达到预期效果。

三 完善教育制度

19 世纪末到 20 世纪初，随着科学技术发展，工业技术的提高，资本主义发展不再像早期那样需要大量的劳动力，维也纳工厂雇用童工现象相对以前来说已有所减少。同时，奥地利帝国颁布法律限制工厂雇用童工，并颁布了《义务教育法》，规定儿童义务教育年限，强调要从 6 年延长到 8 年。从表面来看，奥地利帝国重视儿童成长，有利于减少儿童失学情况发生，促进儿童身心健康发展，但实际上对工人家庭来说并没有起到什么作用。大多数工人家庭对儿童上学仍旧持消极态度，认为儿童接受三年教育已经足够（能够识字找到工作即可），义务教育的延长不但无益于家庭生活质量的提高，相反是对家庭劳动力的剥夺，无益于生活水平的提高。因为工人阶级家庭普遍贫困，儿童更多被当作减轻家庭生活负担的劳动力来培养，因而即使义务教育强制实行，童工也并没有因此而消失，失学状况仍然普遍存在，根据 1898—1899 年统计数据，维也纳女孩平均每年有 28.5 天失学，男孩则为 22.9 天。[1] 与此同时，大多数工人自身的文化教育水平较低，只能从事一些较为基础的工作，而这部分工作需要的恰恰是具有可替代性的简单劳动，因而一旦工厂主对其工作不满，便可以随时更换劳动者，这增加了这部分工人失业风险，而一旦失业便意味着工人生活将更加艰辛。同时，文化水平限制了工人阶级社会主义意识的形成，他们因不识字或文化水平低下而对马克思主义思想理论所知甚少，这更不利于其对资本主义社会剥削本质的认识及工人阶级的团结。

奥地利社会民主党认为，奥地利工人阶级及其后代由于生活所迫无法接受教育，其必然普遍缺乏一定的社会主义价值观，这不利于工人阶级队伍的

---

[1] Susanne Wurm, "Fin-De-Siecle Vienna: Living Conditions of the Working Class", Central European Economic and Social History, http://centraleuropeaneconomicandsocialhistory.com/living-conditions-of-the-working-class.

持续发展与壮大，为了增强工人阶级对社会主义与国家认同，必须采取一切手段对教育进行改革。在经过反复研究后，奥地利社会民主党采取了通过政策重塑再教育的方法来重新塑造工人阶级价值观。奥地利社会民主党一再强调教育的重要性，并将教育视为一个优先事项，认为要使社会主义政党取得政治优势，需要广大民众的广泛支持，党的一切行为都应该牢牢围绕这一宗旨开展，例如其著名的公共住房倡议就服务于教育政策，旨在满足维也纳公民的基本需求的同时，向他们灌输社会主义原则和国家传统文化。在开展教育改革中，它注重关注现实问题，将关注点主要集中于再教育与儿童教育上。

由于工人阶级识字率不高，往往只能从事简单劳动的工作，难以从事薪资较高的复杂劳动工作，为此，奥地利社会民主党开办了成人教育学校。在这些成人教育学校中，教师多为奥地利马克思主义者，这使这些学校也成为奥地利马克思主义者宣传马克思主义思想的重要场所。此外，奥地利社会民主党在维也纳专门成立了教育学院，该学院致力于将教师培训与科学研究联系起来，为教师及学者提供长期的知识交流和互动场所，这一方面提高了教师队伍素质，另一方面也为维也纳科学文化研究提供了良好平台。鉴于当时工人识字率不高，奥地利社会民主党运用纽拉特开创的一种新的教学方法，即图像统计学，通过图像向当时没有受过教育的工人传播马克思主义思想及无产阶级知识，降低了知识普及的门槛，提高了知识普及效率。此后，奥地利社会民主党又专门开办了将图像统计学方法用于科学教育的社会博物馆，将这种方法由成人学校教育扩展到社会大众教育方面，极大地推动了维也纳工人阶级教育事业的发展。该方法被国际上称为维也纳方法，苏联曾学习借鉴这种方法改革学校教学，对后世教学具有借鉴意义。

为了提高工人阶级后代知识文化水平，奥地利社会民主党积极推进适龄儿童入学入托，将维也纳开办的幼儿园的数量从 1913 年的 20 个增加到 1931 年的 113 个。[①] 此外，建立了日托中心与社区儿童保育设施，为工人阶级

---

① Susanne Wurm, " 'Red Vienna' 1923 – 1933: Social Welfare", Central European Economic and Social History, http://centraleuropeaneconomicandsocialhistory. com/red-vienna – 1923 – 1933 – social-welfare.

家庭儿童提供保育服务，减轻职业女性照顾儿童的家庭负担。为了解决工人家庭因生活负担迫使儿童辍学问题，维也纳为小学生提供免费午餐、教科书及教学设备，采取蒙特梭利教育法，开展实践学习，设立休闲假期，丰富儿童及青少年课外活动。因此，对于贫困儿童而言，学校不仅是一个没有繁重劳作、仅仅涉及学习和与其他孩子进行社交互动的地方，也是一个有助于他们身体健康发展的地方。在义务教育方面，将义务教育时间延长到八个完整学年；建立联合学校，小学教育阶段实行四年制学制教育，普通中学从第五年级到第八年级为义务教育；推行小班教学模式，规定一间教室最多可容纳 30 名学生，加强对学生的人文关怀；为残疾儿童建立特殊学校和辅助学校；增强青少年身心健康，将智力劳动与体力劳动、智力训练和体力训练结合起来，提高青少年综合素质；设立各种奖学金，避免学习优异的学生因贫困辍学。此外，奥地利社会民主党还出台专门的教育法规，强调要废除体罚，建立学校学生图书馆和教师教学中心图书馆，允许妇女学习法律、工程和农学，废除选拔教师的政治标准，废止对女教师的独身要求，建立统一的教师培训制度，并在每个地方的学区建立家长协会，推动教育公平的进一步实现。

通过教育改革，奥地利社会民主党在维也纳建立起了一套相对公平合理的教育体系，使工人阶级及其后代获得了与资产阶级同等的受教育权利，且这种受教育权是建立在充分考虑工人阶级生存处境基础之上的、真正能够被工人阶级及其后代接受与充分享有的受教育权。这项措施，提高了工人阶级知识水平，改变了工人阶级的精神面貌，有利于工人阶级理解自身处境及马克思主义思想，有利于工人阶级团结与解放，推动工人阶级及其后代形成阶级意识。

第四节 建立健全社会保障与福利体系

奥地利马克思主义者认为，在取得政权后革命成果要惠及人民，要通过解决工人阶级迫切关心的问题来传播社会主义思想。因而，奥地利社会民主党将解决当时工人阶级面临的居住、工作以及卫生等最关心的生存问题放在首位，第一次施行了将解决社会问题与文化教育结合起来的政策，在解决社会问题的同时潜移默化地开展文化教育，在现实中教育工人阶级，向工人阶级传播社会主义思想，将更多的人团结在社会主义旗帜下。

一　实施住房项目

住房项目是奥地利社会民主党在"红色维也纳"时期的社会主义方案中，最著名、最有争议和最独特的社会基础建设与完善方案。住房项目更多依托奥地利社会民主党强有力的领导，财政支出方面也多来自维也纳市政府，并没有得到国家财政的过多支持，相反有时甚至会受到奥地利政府及其他地方党派的阻挠、反对，压力大、工程紧。住房项目与奥地利社会民主党的经济方案有着内在的联系，成为当时维也纳城市建设的中心问题。面对底层民众无房、少房、住房环境极度恶劣的情况，奥地利社会民主党人认为必须在尽可能短的时间内解决这一问题，他们认为在城市中心兴建集中式的公共住宅是一个更切实际且更高效的解决方式。

奥地利社会民主党遵循公民应该具有居住权的法则，在其控制范围内重新出台出租房屋制度，成立租赁人委员会对房屋租赁进行统一管理，并由市政府出资兴建公共住房，缓解住房压力。1923 年，市政委员会计划在五年内建造 2.5 万套新住房，在基本完成目标后，为了使更多群众享受福利，奥地利社会民主党将住房目标增加到 3 万套，截至 1934 年，共新建了 63924 套住宅，近 20 万维也纳人居住其中。这极大地缓解了维也纳住房压力，庞大的住房建设工程更解决了工人就业问题，改善了维也纳城市面貌。在新建住房费用上，据统计，仅 1923 年至 1929 年的主要建设阶段用来兴建新住房的费用便高达 1659.41 万英镑，[①] 值得一提的是，这些建筑费用基本由奥地利社会民主党主持的维也纳市政府提供，国家住房和安置基金委员会几乎没有提供任何资金支持。然而其耗费如此巨大的资金建设住房，绝不仅仅是为了单纯解决工人阶级住所问题，除此之外，住房建设项目还具有文化教育功能。

---

① Jill Lewis, "Red Vienna: Socialism in One City, 1918 – 27", *European Studies Review*, Vol. 13, No. 3, 1983.

奥地利社会民主党人认为，居住环境可以在文化传播和文化教育方面发挥核心的组织作用，"其思想意图绝不仅仅是提供住房，而是推动身心健康以及文化发展"，他们将住房作为一种手段，把马克思主义教育融入日常生活中，致力于培养接受政治教育、自信的"新人"。因而为了实现新建住宅的文化教育功能，主要建设集中式住宅，在总体形态上主要采取了周边式（环绕封闭型）、阶梯式（阶梯平顶屋型）、超级街区式（跨区域型）等，建筑大多体态庞大且数量巨大，整体建筑可以延伸至整个城区及城市四周，这些建筑内部都提供开放式庭院及大量便民公共设施。在住房条件上，虽然新建的公寓住房条件并不是当时欧洲最高水平，但这些公寓与之前工人住房相比条件要好得多，配套设施齐全，而且这些公寓不只具备居住功能，还提供居民日常生活、娱乐、教育等功能，"有自来水、厕所、煤气和电力，虽没有如浴缸或淋浴、内置橱柜或壁橱等单独配置，但公共设施配套齐全，如配备现代家电的洗衣房、带浴缸的公共浴室、淋浴（有些甚至配有蒸汽浴室和游泳池）、幼儿园、儿童保育设施、诊所、图书馆、木工店、会议室、剧院、电影院等"，[①] 基本可以满足居民日常生活、娱乐、教育等需要，为居住在这里的工人提供相互交流的空间。生活在这样的公寓中，人与人之间交流更加频繁，生活更加便利，由于其具备居住以外的其他功能，基本可以将之看作一种更加聚集性的、配套设施更加完善的社区，不同人生活其中，会无形中参与集体生活，工人阶级意识在这种集体生活中进一步被加强。

此外，这些公寓内外设计精美，装饰有能够表现工人阶级及其生活情景、传达社会主义思想及国家传统文化的诸如雕塑、壁画、金属工艺、砖瓦等精美装饰品，公寓也以社会主义的著名政治人物名字命名，如卡尔·马克思、弗里德里希·恩格斯等马克思主义革命导师及奥地利马克思主义者的名字都曾被用来为新的公共住宅命名。住房项目为生活在这里的工人阶级尤其是青年营造了一种无产阶级文化氛围，进一步加强了人民的社会主义意识。因而这些住宅在当时也被称为"工人阶级的公寓"，是能够在一定程度上潜移默化地进行文化教育、传播社会主义思想的地方。

---

① Eve Blau, *The Architecture of Red Vienna 1919-1934*, Cambridge: MIT Press, 1999, p.7.

二 初步建立社会保障制度

奥地利马克思主义者致力于工人阶级的解放，因而建立完善的社会保障制度成为奥地利社会民主党控制维也纳后的重要举措之一。为了减少资本家对工人剩余价值的剥削，奥地利社会民主党规定任何工厂都要完全执行八小时工作制，为劳动者提供充足的休息与享受业余生活的时间。对一些在小企业或小作坊工作的劳动者，如学徒、女佣、家庭佣工等的最低工资提供法律保护，对工业事故和职业病等通过社会保险予以保障。通过此，初步建立起覆盖面较为广泛的社会保障体系，为二战后奥地利社会民主党成为奥地利执政党进一步完善社会保障制度打下了良好基础。

首先，建立完善的失业保险制度。将包括农业和林业工人以及家庭佣工等在内的所有工人纳入失业保险保障的对象范围内，由政府、公司及个人按一定比例缴纳失业保险金。政府规定要根据当年失业人数及就业状况逐步增加失业保险费用的补贴。奥地利社会民主党尤其指出，在经济危机时期，必须确保为每位非自愿失业的工人提供长期、充足而有力的资金支持，能够满足其基本生活需求，直至帮助他们顺利渡过难关。同时，失业保险也应该保障从事兼职工作的工人的权益，为一些因家庭等因素而无法从事长期工作的人提供保障，从而将失业保险范围进一步扩大。对奥地利社会民主党来说，失业保险制度能够避免工人阶级破产，仅仅是其社会保障政策的目的之一，更为重要的目的是，为失业工人提供再就业培训基金，帮助失业工人获得新技能实现再就业，即在提供失业保险维持工人基本生存需要的同时，奥地利社会民主党会为这些失业人员尤其是青年人提供更好的福利政策及培训机会，提升其生活及工作技能，帮助其顺利实现再就业。

其次，扩大健康、事故、养老、伤残等保险覆盖范围。奥地利社会民主党强调要为包括农业和林业工人以及家政工人在内的所有从事强劳动的人员提供健康、事故、养老、伤残和遗属等社会保险，解决其后顾之忧。此后，这些社会保险覆盖人群扩大到更广泛的范围内，规定小企业职员、农民和自由职业者也能够享受医疗、养老、残疾等方面的保险保障。同时，社会民主党认为要利用合同让资本家承担起工人阶级因工作使健康受到摧残，发生事故、伤残等责任，维护工人阶级合法权益。奥地利社会民主党强调雇主要基于平等原则与职工签订劳动合同，在法律范围内双方都要遵守劳动合同规范，当劳资双方发生矛盾冲突时，尤其是由雇佣合同引起法律纠纷时，劳动法院（商业法院）有权进行裁决并尽量保障工人的合法权益。

最后，对教育、医疗卫生及健康等提供社会保障服务。对于一战为社会留下的创伤问题，奥地利社会民主党人认为也需要通过社会保障手段予以抚平。对战争后的伤残者、失去亲人者，他们强调国家要尽可能地予以救济并予以安抚善待。奥地利社会民主党认为，政府要加大地方和区域社区对儿童、老人、病人和残疾人的社会关怀力度，对孕妇要进行特殊照顾。国家建立专门医疗咨询中心，为孕妇提供从怀孕到生产的科学指导，以降低生育风险，并为生产期孕妇提供免费的疗养院居住。同时，颁布法律，保护孕妇和哺乳期的母亲的合法权益，为每个妊娠期的母亲提供公共资金支持的生育保险。为了降低婴儿或儿童死亡率，奥地利社会民主党规定要为每个孩子提供抚养费，为婴儿和儿童提供健康保险，并建立学校和日托中心为学龄和学龄前儿童提供喂养和医疗服务等。

三　设立公共卫生项目

一战后，维也纳的公共医疗卫生设施遭到了毁灭性的破坏，城市建设面临巨大压力：长期生活资料短缺致使人口因缺乏营养而大量减少，传统致命疾病如肺结核、性病及其他传染病急剧增加，而医院现有设施落后，无法为治疗这些疾病提供良好的医疗条件。与此同时，贫困者和无家可归者急剧增加，大量难民的涌入造成维持公共卫生所需的燃料、食品、药品等出现短缺，维也纳城市公共卫生设施压力骤增。奥地利社会民主党人认为健康权是每个人应有的权利，应该改善医疗卫生条件，进行社会主义公共卫生改革，为人民提供获得健康的权利，赢得人民对社会主义政府的支持。他们主要通过建设诊所、家庭援助项目和儿童援助项目等来落实其公共卫生项目。

奥地利社会民主党在维也纳建设了大批婚姻咨询中心、母亲咨询中心及一些具有体检功能的诊所，建立了每个人都能得到良好医疗服务的新型公共卫生系统。当新生儿降生后，医院社工会立刻对其进行登记，并会根据登记信息进行定期回访，为新手母亲提供医疗卫生及哺育建议，普及医疗卫生知识，并督促新生儿母亲定期到母亲咨询中心就诊，以便进一步获得婴儿护理知识，为新手母亲照顾新生儿提供了很大帮助。值得一提的是，到1927年，维也纳已经建立了34所母亲咨询中心，为儿童及其母亲提供定期检查。也是从1927年开始，每位母亲都会收到来自母亲咨询中心提供的装有婴儿服装和亚麻布等的"生产包"，极大地降低了工人阶级生育成本及婴儿死亡率，体现了奥地利社会民主党的人文关怀。此外，维也纳还建立了为新婚夫妇提供咨询服务的中心，为他们提供计划生育、节制酗酒、精神疾病诊断等服务，降低了普通家庭患病概率。为了降低肺结核及其他传染性疾病发生率，塑造人民健康体魄，维也纳建立了包括游泳池在内的众多市政洗浴设施，定期清扫街道、集中处理垃圾保持公共场所的清洁和卫生，同时向公众宣传保持个人卫生的重要性及方法，积极组织儿童与成人进行预防性体检，仅1932年一年，市政诊所儿童和成人的预防性体检便达到了12.3万人次，社会工作者在同一年进行了9.1万次家访。[1] 多措并举下，维也纳的人口死亡率和婴儿死亡率均大幅降低，市容焕然一新，公共卫生水平一度居于世界领先。良好的医疗体系为工人阶级尤其是其中的青年塑造健康体魄、养成良好的生活习惯与卫生习惯提供了有力保障，工人阶级及其后代更能感受到社会主义带来的切实好处。然而，随着奥地利被德国吞并，维也纳的公共卫生系统被摧毁。

小　结

通过社会改革，奥地利社会民主党在短短十几年内将维也纳建设成一个具有一定社会主义色彩的城市。据统计，在1923年到1930年议会和市政选

---

① Susanne Wurm, "'Red Vienna' 1923–1933: Social Welfare", Central European Economic and Social History, http://centraleuropeaneconomicandsocialhistory.com/red-vienna–1923–1933–social-welfare.

举中，大约80%的工人阶级选民选择支持奥地利社会民主党，① 可见，在奥地利第一共和国时期，奥地利社会民主党在工人阶级中有着良好的声誉，几乎获得了全部工业行业的核心群体的支持。由此可以看出，在奥地利马克思主义思想指导下，奥地利社会民主党的实践成效显著，满足了工人阶级及其他阶层利益需求，受到工人阶级的欢迎。其实践一方面解决了工人阶级生存、生活问题，另一方面将更多受到资本主义剥削的群体努力团结在工人阶级周围，壮大了党的群众基础，促进了马克思主义的传播，使维也纳成为当时仅次于苏联的拥有社会主义氛围的地区，名声远扬。但是，其政策也存在很多问题。由于奥地利马克思主义的理论主张的折中主义色彩，其实践往往缺乏革命精神，奥地利社会民主党在资产阶级的疯狂反击下容易丧失斗志。尽管在政治上赋予了人民更多的民主权利，尤其是第一次使妇女获得选举权，推动了妇女解放运动的发展，但其企图通过民主选举获得国家的掌控权，实际上是行不通的。从现实来看，在第一共和国选举中，奥地利社会民主党获得了空前胜利，伦纳甚至当选了总理，可以大刀阔斧地开展其社会主义实验，但最终奥地利社会民主党人的影响力也仅仅局限在维也纳，基督教社会党、大德意志人民党等资产阶级政党没有放弃与其争夺国家权力的机会，其政策经常受到这些政党的批评与阻挠，阻碍了其政策实施的进程。在经济方面，其试图通过改革税制，征收各种各样的税来遏制资本家的剥削，从一定程度上确实减轻了低收入群体的经济负担，缩小了贫富差距，充盈了市政财政，也有利于市政府的其他用于社会主义实践的投资，但是，仅仅依靠税收，通过法律手段而不从铲除资本主义的根源出发，是不可能彻底解决剥削问题的，而种类繁多的税种在后期发展中也被证明并不能提高人民生活水平，资本家能够轻易将税收转嫁到购买者身上，人民用于税收的支出占总花销比例比以往更大了。在文化教育方面，其建立了一套引以为傲的现代教育体系，满足了儿童从出生到步入社会各阶段学习与再教育的需求，成立各种文化组织、举办丰富多样的讲座活动、创办报刊、推动新闻出版自由、保

---

① Wolfgang Maderrthaner, "Austro-Marxism: Mass Culture and Anticipatory Socialism", *Austrian Studies*, Vol. 14, No. 1, 2006.

护知识产权等，促进社会主义文化在整个社会的确立，但在一些具体措施上存在方法粗暴、一刀切、论证不足等问题，一些措施效果欠佳，甚至出现浪费人力、物力、财力的现象，引发部分民怨。在社会保障方面，奥地利社会民主党强调建立全面福利制度的重要性，初步建立起一套较完善的福利保障体系，其初衷是好的，但是庞大的福利保障体系使市政府财政常年处于赤字状态，加重了财政负担，妨碍了其他政策的施行。

总体来看，奥地利社会民主党在两次世界大战期间的实践是对奥地利马克思主义理论构想的初步实践，是其努力建立社会主义社会的实验。这些社会改革实践在一定程度上取得了成功，这些改革措施既改善了奥地利工人阶级的生存环境，让其能够享有生存权、健康权、受教育权等；也强调培养工人的群体意识。其试图通过建立一个复杂立体的、既有教育内容又有象征意义的政党文化组织和活动网络来促进维也纳工人阶级的发展，并借此获得更多的支持，最终达到实现社会主义的目标。然而，这种走所谓"中间路线"的改革显然具有空想性。与此同时，由于奥地利马克思主义理论自身带有鲜明的折中主义色彩，奥地利马克思主义者又害怕革命给建设成果带来毁灭性打击，而在资产阶级反动势力及法西斯破坏其改革成果并对其展开疯狂进攻时不敢发动群众，因而错过了正确领导奥地利社会民主党团结广大工人阶级反抗法西斯暴行的机会，大批党员及工人阶级被迫害，"红色维也纳"时期建设成果在战火中大部分被摧毁，奥地利马克思主义者主要成员或丧生或流亡海外。至此，奥地利马克思主义的社会主义实验在历史上昙花一现，令人扼腕叹息。

第五章
战后奥地利马克思主义对奥地利社会民主党施策的影响

二战后，由于奥地利马克思主义大部分理论思想家离世，以及共产国际对其理论的批判态度，其渐渐被历史埋没，但几乎是由奥地利马克思主义者主导的政党——奥地利社会民主党却保留下来，并在长期执政中将其思想种子延续了下去，尤其是在二战后奥地利第一任政府总理卡尔·伦纳（1945—1950 年任总统）的主持下，奥地利马克思主义的思想精髓重新被注入奥地利社会民主党的实践中。尽管在二战后长期发展过程中，奥地利社会民主党逐渐修改了早期纲领，但无论怎样修改，其实际行动仍被深深刻上奥地利马克思主义理论的思想印记。在奥地利社会民主党执政时期，其提出"社会伙伴关系"、处理国有企业与中小企业关系政策等，正是在"社会力量因素"论、"阶级力量均势"论、"职能民主"、"经济民主"等理论基础上的新实践；其发展社会保障事业，进行教育改革等正是奥地利马克思主义者在得出"有组织的资本主义"结论后提出的社会主张的再现，更是对二战前奥地利马克思主义者在维也纳进行的社会主义实验的延续；其在对外关系中保持中立原则，也正是奥地利马克思主义者长期以来倡导走的"中间路线"或"第三条道路"以及折中主义的现实体现。因而，有必要阐明奥地利马克思主义对奥地利社会民主党在战后施政方面的影响，以及战后奥地利社会民主党对奥地利马克思主义主要思想的背离。

第一节　以国家宏观调控手段稳定市场经济

长期以来，奥地利国内工业发展缓慢，很多关乎国家经济命脉的产业被私人、贵族财阀及国外大资本所垄断，造成战争时期奥地利被这些大资本掣肘，前方战线无法获得由这些资本控制的产业的物资支持。一战后，奥地利马克思主义者领导的奥地利社会民主党在获得维也纳控制权后，面对一战后经济衰退、百业待兴、城市破败、人民生活困苦的维也纳，尝试通过税收、补偿的方法将工厂及私营企业收归国有，致力于以保持生产资料市场及私人对企业所有权不受侵害的方式，采取和平手段，让这些企业为国家效力。但是由于其所控区域范围较小，且时间有限，这一措施并没有大规模推广开来，其成果也随着纳粹德国吞并奥地利而被摧毁。可以说，这一时期奥地利社会民主党调节市场经济、处理私有制与公有制问题的初步尝试，为二战后奥地利社会民主党进行大规模的市场经济调整与改革奠定了实践基础。二战后，奥地利经济受到了更加严重的破坏，经济管理出现严重混乱，甚至无政府状态，自由市场体系和金融体系濒临崩溃，国家亟待进行大规模生产改革，运用国家力量调节经济，促使国民经济迅速恢复。二战后，奥地利第二共和国成立，奥地利马克思主义者卡尔·伦纳担任总理，此后更当选为总统，在整个国家政权构成中，很长一段时间里奥地利社会民主党或与其他党联合执政，或单独执政，在议会中占有绝对优势地位，有了理论支撑及现实需要，奥地利马克思主义在经济调控方面的部分思想主张继续影响着社会民主党的决策，并影响着二战后奥地利经济发展模式的形成，时至今日，奥地利经济发展模式仍受益于此。

一 对市场经济的调节

奥地利马克思主义者曾极力主张国家要充分利用自身强大的行政手段对经济进行干预，通过贷款等方式集中资本并重新将其应用于生产，进而搞活经济。他们指出资本家自身能力有限，并不能解决经济危机及失业问题，"把这部分资本重新用于生产，进而搞活生产，无疑将是阻止世界危机和解决失业问题的最有效的手段之一。但资本家本身没有能力运用这一手段。只有政府采取行动，才能把资金用到最需要的地方"。[①] 同样，面对战后国内经

---

① 〔奥〕布鲁诺·克赖斯基：《民主和社会主义是钥匙——对奥地利马克思主义的思想与社会民主党实践的回顾》，苏萍译，《中共中央党校学报》1991 年第 4 期。

济问题，奥地利社会民主党在执政中继承了奥地利马克思主义的这一思想精髓，采取了国家干预手段对经济进行调节，主要通过建立可靠稳定的银行体系解决货币发行量过大问题；通过实行税费改革、争取国内外投资，解决早期因原料不足而造成的市场经济不活跃等问题；通过建立成熟、均衡的国家物价和工资政策来解决投机倒把、哄抬物价等扰乱市场秩序的问题；等等。经过国家对市场经济发展问题的一系列精准施策，奥地利在短时间内迅速稳定市场，为经济发展创造了稳定环境。

战后，奥地利社会民主党以抑制通胀、稳定物价、重建货币体系等为着眼点，提出要稳定财政，恢复银行体系对稳定市场经济作用的战略。其认为要恢复高效的银行信贷体系，通过对货币发行量进行严格监控，以解决货币发行量不受管制而造成的通货膨胀问题。为此，奥地利政府迅速接管了中央发行银行，通过中央发行银行抑制货币发行量过高增长，规定银行存款必须冻结六成，剩余存款需要经批准才能发放，严格审核贷款事项。此外，降低存款税率，吸收长期存款，降低投资集中度，提高贷款税率。经此改革，中央银行成为阻止生产下降和确保经济增长的重要依托。

与此同时，战后的奥地利经济十分困难，不得不对工业品和消费品实行定量配给的政策。尽管在困难时期这项政策有其合理性，但却并不利于奥地利经济长期恢复与发展。定额的原材料、燃料费不能满足企业恢复生产的需要，食品供应标准不能保障人民群众的生存权利。这样就形成了一个恶性循环，在这种恶性循环中，由于没有人能够积累足够的资金来扩大必要商品的生产，有限资源的行政分配导致短缺问题再次加剧，这成为当时奥地利扩大生产的一大难题。为了破解这个难题，搞活市场经济，奥地利社会民主党采取了改革税收、积极寻求国际援助等方法。首先，提高间接税，减免直接税，以提高生产率。与此同时，积极争取国外援助，并从国内募集资金。据统计，仅战后十年间，奥地利就得到了总额高达 16 亿美元的经济援助，[①] 这帮助奥地利在战后得以迅速渡过经济难关，但是这些援助基金大多带有政治附加条件，也为后来奥地利由中立政策逐渐走向亲欧美的"不中立"道路埋

---

① 〔俄〕H. M. 扎哈罗娃：《奥地利的市场经济模式》，傅南译，《国外财经》1995 年第 2 期。

下了伏笔。此外，坚持对外开放，鼓励外国资本对奥地利进行投资，统一汇率，取消贸易数量限制，鼓励本国企业出口，实行出口优惠政策，大量购买国外证券等，提高本国资本在国际上的地位。扩大商业银行业务范围，取消国家银行对外汇业务的垄断，国家银行职能更多在于对外汇支付及其目的进行监督，随着对外贸易的不断扩大，外汇业务限制也越来越小，为国家利用外国资本积累本国财富提供了助力。

然而，这些措施的实行需要有一个稳定的经济社会发展环境。在经济较为混乱的年代，投机倒把、哄抬物价的行为更是成为扰乱市场秩序、不利于恢复市场稳定的不安定因素，因而对这些乱象的解决也成为国家统一市场的重要因素。哄抬物价、投机倒把危害甚广，一方面造成市场流通不畅，另一方面容易造成通货膨胀，引起市场恐慌，因此，奥地利政府认为，只有鼓励生产，提高市场产品流通速度，并通过逐步将定价权转移到国家手中，提高国家对价格的可调控能力，才能使哄抬物价、投机倒把等行为因供求压力而无利可图，进而消失。在调控市场价格时，其通过"社会伙伴关系"政策，制定了一系列能够得到各行各业接受的有关物价、工资及退休等的政策，解决不利于社会稳定的一些问题，为经济走上正轨提供了稳定的社会环境。

二 对国有企业与中小企业关系的处理

奥地利马克思主义者一直以来强调要推动企业国有化、社会化，同时，他们认为单一的公有制并不是社会主义的特征，允许社会主义制度下存在其他经济形式。在"经济民主"思想中，他们从公有制角度进一步强调私有经济的最终社会化具有差异性特征，有些经济实体也并不适合社会化，要尊重不同经济形式的自主权。二战后，奥地利社会民主党尽管逐渐不再强调公有制与社会主义的关系，但仍旧遵从了"经济民主"思想，加强了对国有企业与中小企业关系的处理，鼓励中小企业发展，壮大国有企业，使两大经济形式都能成为为国家服务的重要经济力量。

在相关措施上，首先，奥地利社会民主党出台了一系列政策鼓励与支持中小企业发展。对中小企业的扶持不只体现在国家政策支持与资金援助上，更表现在为中小企业长期发展提供智力支持上。具体而言，奥地利实行了对中小企业发展长期有利的双重职业教育，即在教育课程中开设讲授中小企业基本经营知识的课程，向学生灌输一定的市场经济思想。这种教育具有一定的强制性，规定即使是在培训纯技术性专家时也必须讲授市场经济及企业基本知识，因为奥地利社会民主党坚信大部分学生毕业后会选择到这些中小企业工作，对中小企业运营模式、发展方向等基本知识的了解能够帮助毕业生很快参与到工作中，为企业创造价值。即使一些毕业生进入国有企业部门，这种知识也不可或缺，因为国有企业也是市场经济的参与者，对其灌输市场意识必然有利于发展壮大国有企业，提高其市场竞争力。

其次，发展中小企业活跃市场。在政策上支持中小企业发展，并不意味着忽略国有企业发展，事实上战后经济重建的前两年，奥地利社会民主党就将大部分重工业和主要银行收归国有。对这些关键领域的国有化，为当时国家掌握经济命脉，开展各种社会措施，发展经济，提供了必要的经济基础。20世纪70年代末，一些重工业出现产能过剩、发展缓慢、经济效益不好等问题，进而面临严重生存危机，国有企业改革成为奥地利社会民主党重点关注的问题。为了进一步探究国有企业走向问题，奥地利社会民主党进行了大量的国有企业调查活动，对其陷入危机的原因进行了深入分析。它认为国有企业经济效益不好原因有三：第一，领导层决策失误，缺乏长远发展眼光，固守成规，缺乏创新意识，致使企业产品单一，无法适应市场发展需求；第二，缺乏相应的员工裁员及流动机制，造成人工成本过高，成为萧条时期企业发展的巨大负担；第三，政企不分，行政干预过多，企业缺乏决策权，任何重大决策都需要通过议会才能施行，这使决策审批及实施过程漫长，企业发展自主性不足。在对这些原因进行充分研究及对奥地利国情进行充分分析后，奥地利社会民主党认为这些问题是可以通过改革克服的，要学习中小企业的管理模式，但国企改革也不能效仿一些发达资本主义国家完全走私有化道路，应该坚持其国有性，国家仍要掌握对关键领域的控制权。在具体操作上，首先，重新修订股份法，政企分离，赋予国有企业与私有企业独立处理企业自身事务的决策权与支配权，其日常运行及管理由经济专家负责，政府不再对其进行干预，监事会成员也不再由各党派党员担任。其次，改革国有企业管理模式，明确公司各层权力范围与职责，扩大企业自主权，赋予基层组织一定权力，鼓励国有企业走出去，引入竞争模式，帮助企业树立危机意识，鼓励企业发行股票、债券并与国外合作等。再次，缩小企业规模，对一些亏损严重的企业进行裁员、拍卖、合并等，提升企业竞争力。复次，优化产业结构，推动国有资本向高新科技领域投资并控股，强调质量及产品发展前景。最后，处理好总公司与分公司的关系，加强总公司对分公司的管理。国有企业控股公司设立总公司、下属行业控股公司及其各行业下的具体企业。其中，总公司由国家完全控股，负责制定工业长远规划及处理法务、财务、税务等事务并对行业进行监督；总公司下设七个行业控股公司，负责各行业具体发展事宜；各行业下设分散从事经营生产活动的具体企业，这些企业允许私人资本参股，可以按照市场自主安排经营活动及经营方针，监事会对国有企业控股公司进行监督。通过这一系列改革，奥地利国有企业基本扭转了长期亏损局面，实现了盈利，为奥地利进一步改革增强了信心。

三 对劳资关系的处理

二战后，奥地利社会民主党成为奥地利的执政党，其政策所能影响的已经不仅仅是维也纳一座城市，而是整个奥地利，此时的奥地利总理/总统是奥地利马克思主义者伦纳。奥地利社会民主党认为奥地利马克思主义的思想已经覆盖整个奥地利，奥地利社会主义革命已经完成，阶级对立状态已经消失，不需要再进行剥夺资产阶级的社会主义革命了，因而奥地利社会民主党的任务是维护社会经济稳定秩序，在推动政治民主化的同时要促进经济民主的发展，让工人广泛参与到经济社会决策中来，以解决经济社会问题与劳资关系问题，故而出台"社会伙伴关系"政策。"社会伙伴关系"指不同行业的资本、劳工团体代表与政府三方就雇员待遇、物价等问题进行制度化协商的模式。"社会伙伴关系"强调通过采取这种相对平和的方式，劳资双方可以面对面坐下来协商，达成相对一致的意见，从而实现两个群体的利益平衡，把原本可能互相"对立"的关系转化为友好的"伙伴关系"，"其基本内容是劳方和资方互相受到监督和制约，政府调节双方的关系，使之进行伙伴般的友好合作"。①

事实上，"社会伙伴关系"政策的形成受到了奥地利马克思主义的影响。一战后，哈布斯堡王朝被推翻，奥地利第一共和国建立，一战中工人阶级受到战争严重波及，即使战争结束后，其工作及生活条件也没有得到良好改善，生活依旧贫困。奥地利马克思主义者认为新制度必须对工人阶级在战时和社会革命中所做出的牺牲进行补偿，新建立的第一共和国有必要用这种补偿牺牲的方法协调各阶级利益。奥地利马克思主义曾提出"职能民主"来改良资产阶级议会，要求政府在采取行动时要与各阶级利益代表的组织进行协商沟通，尽量保证统治阶级与被统治阶级利益的协调。在这种民主治理下的社会，在经历资产阶级统治的阶段后，会进入一种"阶级力量均势"的过渡阶段，而只有经过这一阶段，无产阶级才能夺取政权实现社会主义。而这两个理论也成为奥地利社会民主党促进劳资双方协商合作的理论基础。为此，其提出要进行劳资合作，以平衡各阶级利益，这也得到了当时活跃于奥地利政治舞台上各阶级政党的支持。

然而，这一计划的实行被二战所中断，奥地利被纳粹德国吞并，二战后奥地利面临着四国占领、经济社会凋敝、人民流离失所等重要难题，对奥地利来说，当时迫切的任务就是恢复国家主权，重新开展工业与经济建设，解决人民贫困、失业与通货膨胀等经济社会问题。为了尽快恢复经济，维持社会稳定发展，奥地利工联与各经济组织协会参与了工资物价协议的制定。各阶级代表坐在一起商讨物价问题，场面其乐融融。阶级斗争这一术语逐渐被遗忘，任何阶级意见分歧都仅仅被看作可以通过协商解决的意见不同、利益分歧，而不是分歧之下的阶级矛盾，谈判语言蔚然成风。

此外，奥地利存在诸多协会组织，以商人为主要构成的商业协会（联邦商会）控制着全国范围内几乎所有商业活动，一个公司如果不加入商会将很难在奥地利得到发展，也无法与其他州以及国外企业进行贸易往来。为了减

---

① 王海霞：《奥地利社会民主党研究》，北京广播学院出版社，2003，第104页。

少工商业资本家及其组织对工人的剥削，维护工人的权利，职工协会、工会联合会成立，这两者常常在维护工人权利时进行合作，它们的成立具有政治与经济双重意义。为维护农民群体权益，奥地利成立了农会。这些协会都严格按照民主选举程序，以网络状辐射奥地利各州，各州都有其分支机构，国家及地方政府在制定与之相关的政策时必须与该组织协会进行协商。从很大意义上来说，这些协会不仅仅具有经济权力，还掌握着参与国家政治决策的巨大政治权力。1959年工会联合会第四次全国代表大会就经济社会发展表达了其政策主张及任务，指出，工会要成为对社会经济发展有重要作用的组织，尽管围绕名义工资的斗争十分重要，但是参与整个经济和社会政策的制定也很重要。积极的工会政策要对整个社会经济发展负责任，就必须具备虽不总受到群众的赞赏，但在领导层能获得更多认可的重要品质。除工会外，联邦商会也强调现代利益集团要能够处理好与政府、党和其他利益团体的关系，要与其他利益集团保持密切关系，努力担负起对社会公众利益的责任，因而要求商会组织利益服从于整个国民经济目标，为了避免个别商业集团过分追求自身利益而损害国民经济整体目标的实现，商会必须作为商界代表对各方利益进行平衡与协调，并使其最终服务于整体利益。在这种情况下，各方都竭力让渡出自己的一部分利益而努力平衡各方利益，来服务于国民经济发展这一整体利益，"社会伙伴关系"政策的顺利实施并被各利益团体承认由此成为可能。

在奥地利，"社会伙伴关系"不仅仅是指工人和雇主利益协会合法参与决策过程的基本概念和价值观，还指整个决策过程，包括政策协调的两个维度：咨询与妥协。前者一般指利益协会参与政府政策咨询和制定；后者则侧重于它们的参与，明确寻求和实现政府与主要利益协会之间或仅在主要利益协会之间的利益平衡点。奥地利"社会伙伴关系"的特点是行为者之间的关系高度不正式。尽管参与者本身高度制度化——要么是高度垄断和中央集权的组织，要么是公法设立的代理，或者两者兼而有之——但任何将正式机构称为"社会伙伴关系"核心特征的说法都没有抓住重点。正是由于行为者自身的制度化和实力，其能够较少地依赖制度化的互动形式，而更多地依赖非正式的面对面接触形式，以就政治问题达成共识。

奥地利"社会伙伴关系"试图在"开明的"技术官僚决策过程中协调社会经济决策的各个方面，旨在建立长期而巩固的利益关系，这需要两种密切相关但又截然不同的利益中介来进行协调解决。狭义的"社会伙伴关系"涉及工会与雇主组织在收入政策上的自主互动。在更广泛的意义上，"社会伙伴关系"是指利益团体参与政治决策过程和协议中几方的利益平衡状态，这不仅只涉及三方参与，甚至可能意味着主要利益团体在没有政府干预的情况下，开展社会经济政策领域草案的谈判与拟定。在极端情况下，政府向议会提交草案，而议会需要征询利益协会确定是否通过这些草案。然而，由于高度集中和垄断的协会在两者中都扮演着至关重要的角色，这种征询在实践中几乎没有重要性可言，但从分析的角度来看，它是理解奥地利政策制定中网络密度特殊性的线索。奥地利政治体系的一个核心特征是，在政策形成过程中垄断和集中的利益集团起着重要作用。

从结构上来讲，奥地利"社会伙伴关系"是一个由各大利益集团之间、利益集团与政府之间正式和非正式的相互作用而形成的复杂网络。"社会伙伴关系"中的利益组织主要由四大组织——奥地利工会联合会（Österreichischer Gewerkschaftsbund，ÖGB）、联邦劳动公会（Bundesarbeitskammer，BAK）、奥地利联邦商会（Wirtschaftskammer Österreich，WKÖ）以及奥地利农业总会构成，这些利益组织通过召开联合峰会实现其组织诉求，并协调各方利益。这些协会依法设立，有权在政府向国会提交议案前对议案进行讨论。奥地利政府与社会民主党为了协调各方利益，保证社会各利益团体都能在自愿协作基础上工作，进而推动经济社会稳定有序发展，形成了相互让步而又和谐的相处模式。此后，为了推动这种关系进一步发展，1957 年在各方同意的基础上，奥地利设立了由政府相关部门官员及各利益组织代表组成的协调委员会，用于进一步协调各方利益纠纷问题。该协调委员会因其构成而分为官方正式与非官方非正式两大类分支机构。其中，非官方非正式分支机构是指四大利益组织定期召开的商讨利益问题与决策的联合会议。正式分支机构分为负责工资问题的工资分支委员会、负责物价问题的物价分支委员会、负责协调工资分支委员会与物价分支委员会分歧议案的协调委员会，以及负责就国民经济问题向政府提供咨询的经济与社会问题咨询委员会。[①] 其中，经济与社会问题咨询委员会因为直接对接政府，对政府议案提供参考性分析，因而对政策制定与决策执行具有比较大的影响。在决策商讨过程中，协调委员会及其分支机构实行严格的保密原则，直至利益代表双方能达成比较一致的共识，进而做出最终决策为止。此外，各利益组织还成立了基金会，银行也对各行业提供资金支持，进而保证了"社会伙伴关系"的持续健康发展。在具体执行中，利益协会将物价与收入、经济发展和社会福利看作其重要关注领域，其中物价与收入政策的协商与制定是其中心任务。这些利益协会对物价政策、工资政策进行详细讨论并将其作为讨论的重要议题，但其不仅仅满足于单纯对物价与工资水平进行讨论，在讨论中也会把经济政策的总目标考虑进去，也就是说，尽管这些利益协会在讨论中致力于达到各自利益最大化，但其并不是如资本一样无限制扩张，而是有考虑国家总体经济发展目标的一面，这也避免了这些协会陷入各自为政、互不妥协的纠纷局面。同时，一切政策的协商与制定都必须严格遵守程序正义，即某利益协会想要提出一项议案或对该议案表达反对意见时，其必须首先向分支委员会提出书面说明，阐述其提出或反对的理由并给出详细意见，之后召开集会对此提案进行商讨，最后形成决议后报协调委员会批准实行。这一程序必须严格遵守，否则协调委员会有权对其进行制裁。

简言之，奥地利"社会伙伴关系"是各利益协会与政府为了达成利益合作与平衡，以社会稳定发展为尺度，相互让渡出自己的一部分权利的一种政策，有利于推动奥地利经济社会民主稳定和谐持续发展。它是社会民主党实行经济民主的一种模式与总体构架，在具体实行中更加强调指导性。

四 对经济调控方面政策的评价

二战后，奥地利经济调整与改革总体来说取得了良好成效。战后，奥地利国内情况同德国一样糟糕，但由于其曾是法西斯主义的施暴者及受害者，

---

① 王海霞：《奥地利社会民主党研究》，北京广播学院出版社，2003，第111页。

相对于德国来说，国内情况更加复杂，在这种情况下稳定国内经济发展局面需要巨大的决心与勇气，奥地利顶住各方压力，稳步实施经济政策，打击黑市、控制国家银行、掌握国家经济命脉，通过财政与税收两大杠杆，遏制通货膨胀，进行社会改革，充分运用国家调控职能调控物价与工资，活跃中小企业，壮大国有企业，逐渐使国内市场恢复稳定，为此后奥地利经济崛起打下了良好基础。

在处理国有企业与中小企业关系问题上，奥地利社会民主党鼓励各中小企业发展，以此搞活市场经济，其并不像当时苏联一样实行单一的公有制经济，而是公有制与私有制并存，国有企业掌握国家经济关键领域与部门，并在国企改革后允许私人资本进入国有企业，很好地协调了公有制与私有制的矛盾。同时，其鼓励发展中小企业，给中小企业创造良好政策条件，但并不是一味依靠提供财政补贴，也不是牺牲国有企业利益而发展中小企业，其致力于为国企及中小企业输送具备企业基本知识的人才，致力于将社会政策引入企业发展之中，给企业平等竞争权利。尤其是其开设的双重职业教育，将市场经济意识转化为社会共识，强调无论是国有企业还是私有企业都是市场经济的一部分，其管理者及从业人员都要适应市场积极发展规则，企业也必须在市场规则之下运行。尽管在经济发展中，国外援助起着重要作用，但大部分基础工业的投资仍来自国内，在当时，奥地利国内在此领域的投资份额连续数十年都占20%左右，高于欧洲其他国家，这也是奥地利能够迅速崛起的重要因素之一。按照行业原则组织起来的国有企业也表现出了较高的企业化水平。在国有化过程中的经济和政治互动是良性的，社会福利与国有化相互促进。在处理国有企业与非公企业关系时，奥地利这些做法值得我们借鉴，国有企业与非公企业不是死对头，更不是"父子"关系，政府应该为双方创造平等竞争与发展的良好环境。

在国有企业改革中，奥地利国企也面临着我国国企改革中遇到的同样的问题，奥地利社会民主党在解决国企问题时，不是一味按照已有发达资本主义国家企业改革模式进行，而是根据奥地利国有企业自身发展困境、奥地利经济发展现状以及国家特殊国情，通过各种调研，细化问题，并根据问题制订灵活的解决方案，制定推动国企发展的法律，从法律上保证国企及国企改革的正确方向，探索符合本国国有企业特点的改革路径。其国有企业改革不是盲目一刀切，也不是一味将效益不好归于国有企业公有制体制问题，采取粗暴的方式对国有企业进行私有化，而是在保证国有企业性质不变的基础上，对国有企业管理体制进行根本性的改造，以适应不断变化发展的市场经济，改变其不适应市场经济发展的不灵活部分，但又不放弃国家对国有企业的控制权，使国有企业扭亏为盈，改变了国有企业尾大不掉，效益低的负面形象，使之成为国民经济的支柱力量。

但是，奥地利对经济的调整举措毕竟是建立在资本主义制度基础之上的，与二战前奥地利社会民主党在维也纳进行的国有化及工业合作化运动大大不同。"红色维也纳"时期，以奥地利马克思主义理论为指导思想的奥地利社会民主党在进行国有化与工业合作化运动时仍旧强调马克思主义的指导思想，并认为国有化是实现社会主义过程中的必然选择，尽管在当时它处理私有企业的方式仍旧比较温和，但是并没有放弃阶级斗争与社会主义的思想。然而，在二战后的经济政策中，它已经逐步放弃了马克思主义的一些思想，也不再将奥地利马克思主义作为指导思想，并不强调市场经济调节、企业国有化的社会主义性质，且将劳资矛盾简单地理解为意见与利益的分歧，有意无意地掩盖阶级矛盾，其经济调节与改革目的也并不是废除私有制，实现生产资料归全体劳动人民所有，而仅仅是维护国家政权及社会稳定，因而本质上已经不具备社会主义性质。

在处理劳资双方关系问题上，"社会伙伴关系"虽然起初是以协调各方经济利益为出发点形成的，但是其作用范围却远超经济领域，对奥地利政治也产生深远影响。从宏观决策上，赋予利益组织以极大的政治特权，使各利益组织能够最大限度地介入政府政治决策与施策，令政府行为打上各利益协会组织的印记，从而使利益协会组织的利益主张部分或完全上升为国家意志。当然，"社会伙伴关系"并不会对每个领域的问题都进行大量关注，而是大多关注与其经济利益直接相关的经济、社会福利等领域，而对诸如教育、司法、艺术等领域则很少涉足。

奥地利自实行"社会伙伴关系"以来，经济社会稳定发展，即使在20世纪70年代西欧不断爆发经济危机，大多数国家经济增长处于停滞状态，失业率与通货膨胀率高企时，奥地利仍通过"社会伙伴关系"政策，实现了高就业率、低失业率、低通胀、高国民生产总值增长率，经济振兴、社会稳定、人民生活普遍较西欧其他国家安稳富裕。政党之间虽有矛盾，但其矛盾冲突并没有妨碍政策施行的连续，也没有引发重大冲突，总体来看，奥地利政局十分稳定，为经济社会稳定发展提供了内部良好环境。这在当时西欧来说堪称辉煌典范，因而奥地利在当时被誉为"沙漠中的绿洲"和"极乐岛"，也促使西欧一些国家纷纷效仿学习。

尽管奥地利是个高福利制度国家，但其与北欧的高福利制度却有着不同之处，其福利制度是一种既能改善工人生活水平使其满意，又能鞭策雇主与工人共同努力的相对良性发展的制度。在奥地利"社会伙伴关系"各方看来，将这种福利水平保持在双方都能接受的程度是最佳方案，而要想获得福利，解决社会普遍存在的问题，首先就要解决就业问题，它们认为应该将就业变成全社会重视的一大问题，雇主也应该承担就业责任，要用就业压力鞭策雇主，尽量使社会收入分配比例处于较稳定状态。各利益协会在收入分配与就业方面能够达成一致意见，尽管其代表各自利益诉求，但在维持稳定方面自愿妥协，让渡一部分利益来维持平衡，例如，工会认为提高工人工资收入与生活水平固然重要，但工人福利不能成为雇主的负担，如果不分情况一味向雇主要求增加更多的工资，只会造成更大的劳资纠纷，既不能很好实现工人利益诉求，也不利于企业自身发展，更有甚者将危害国家整体经济稳定发展。工会认为，要满足工人日益增长的利益诉求，仅仅将矛头转向雇主并不能解决根本问题，应该大力发展生产力，推动经济发展，促进企业效益提高，这时工人诉求才能更加容易实现。因而，奥地利"社会伙伴关系"各方都清楚地认识到，只有各方团结起来致力于奥地利经济社会稳定发展，才能化解各方存在的矛盾，满足各方利益诉求。可以说，"社会伙伴关系"为二战后奥地利经济政治稳定奠定了基石。

总体而言，"社会伙伴关系"政策在一定程度上维护了工人权利，为其利益诉求表达提供了一个畅通渠道，扩大了其民主权利。与以往相比，"社会伙伴关系"使工人获得了对经济权力进行监督、对决策制定与施策表达意见的权利，使工人能够更加积极地参与企业管理以及处理社会事务。表面来看，其改变了长久以来劳资对立、资产阶级对工人阶级剥削压迫的局面，提高了工人阶级政治经济地位，受到了工人阶级的欢迎。同时，调动了工人工作积极性，劳动生产率大大提高，罢工现象减少，因而也受到了雇主的欢迎，一定程度上缓和了劳资矛盾。但从本质上来看，"社会伙伴关系"并没有改变资产阶级与工人阶级对立的根本矛盾，其建立在生产资料私有制基础上，是在资本主义框架下为缓和阶级矛盾所采取的调和方案。表面上看，资本家权力受到工人阶级制约，但是"社会伙伴关系"却使奥地利罢工次数与规模都被限制在很小范围内，由此罢工给资本家带来的损失也小了很多，而且"社会伙伴关系"一直在向工人灌输这样的思想：只要劳动生产率提高了，生产力发展了，企业效益提高了，经济水平提高了，工人日益增长的诉求也就会更容易实现。这实际上使工人阶级从被迫努力工作转变为自愿努力工作、自愿被资本家剥削，最终获益最多的还是资本家。尽管劳资双方可以通过谈判解决矛盾争端与分歧，但是这种谈判并不是平等的，因为在"社会伙伴关系"中的劳资双方就处于不平等地位，尽管在协调委员会中劳资双方各占一半，但人数的相等并不代表完全的平等，在话语权掌控上工人阶级往往处于弱势，同时资本家一方由于拥有雄厚的财力、较高的社会地位，也容易制造一些灰色交易，使其在委员会中处于强势地位，这使所谓民主与平等不可能是真正意义上的民主与平等。恩格斯指出："如果同意工人和企业主在劳动委员会里各占半数，那我们就上当了。这样，在今后若干年里，多数总是会在企业主方面，只要工人中出一个害群之马就够了。如果不商定在争论的时候两个半数分别表示意见，那么，有一个企业主委员会和一个与它平行的独立的工人委员会，会好得多。"① 恩格斯一针见血地指出了类似这种劳资双方各占一半的号称"公正平等政策"的迷惑性与缺陷。在私人占有的社会制度中，掌握财富的一方占有绝对的话语权以及政治经济地位优势，尽管

---

① 《马克思恩格斯选集》第4卷，人民出版社，2012，第298页。

人数相等，但占有财富一方由于其天然优势，有可能利用其财富地位而对财富较少一方进行收买或施加压力，进而在决策方面获得实际上垄断的地位。此外，"社会伙伴关系"是在资本主义框架内的经济政治改良，是在不消灭私有制基础上企图实现经济与政治民主的举措，没有触动资本主义私有制的根本。这种改良极具迷惑性，虽然一定程度上为工人阶级争取了部分权利，但也仅限于部分权利，奥地利社会民主党也沾沾自喜于为工人阶级争取的这部分权利，而放弃了为人民争取更多权利的机会。更为糟糕的是，该政策麻痹了工人阶级，使工人阶级也沉浸其中，认为该政策能够维护自身权益，甚至为获得更多利益，也变得越来越心甘情愿地为资本家卖力，"越努力工作越能获得幸福人生"成为掩盖资本家剥削的又一新的幻象，但资本家的剥削并没有因为这种改良而结束，工人与资本家关系仍旧没有在根本上发生改变，工人创造的剩余价值依旧不属于自己，依旧被剥削，而工人阶级却因为无法识破这种幻象而丧失革命斗志。总体来看，这并不利于实现社会主义，更不利于世界社会主义运动走出低谷。

第二节 以建立福利社会为政治目标

奥地利马克思主义者始终将改变工人阶级生活境遇作为斗争的目标，在其政治经济学理论与社会主义理论论述中可见一斑，因而奥地利社会民主党自成立以来就将社会福利政策作为自己治国理政的重要政策，并将其写入党纲。奥地利社会民主党在 1958 年修订的党的纲领中声明，党的基础仍是科学社会主义，但其已经不是仅仅代表工人阶级的政党，而是全体劳动人民的政党。[①] 此后，它更是将实施社会保障、建立福利制国家作为追求的目标，并将之看作执政的重要政绩。从时间维度上看，奥地利社会民主党的社会福利政策分为两个阶段，二战前与二战后。在二战前，以维也纳为根据地，在奥地利马克思主义思想的指导下，社会民主党进行了有名的"红色维也纳"

---

① 世界知识出版社编辑《各国社会党重要文件汇编》第 2 辑，世界知识出版社，1962，第238—239 页。

实践，尽管仅仅只有十几年时间，但取得的成果显著，为二战后社会民主党长达半个世纪的单独执政与联合执政中实行的社会福利政策奠定了基础，二战后社会民主党的福利政策也是对这一时期福利政策的继承与发展，从这一点来看，二战后，奥地利社会民主党在社会治理方面的政策受到了奥地利马克思主义的影响，并在继承奥地利马克思主义思想精髓的前提下不断拓展社会治理新途径。从社会福利政策来看，主要涉及社会基础设施的建设与完善、教育事业改革、改善医疗卫生及保障条件等。

一 社会基础设施建设与完善

二战后，尽管奥地利社会民主党党纲发生一些变化，但其社会福利的总体思想并没有改变。在社会基础设施领域其继续沿着二战前目标，积极改善住房条件与交通设施。仅 20 世纪 60 年代新建住房便高达 45 万套，极大地改善了因战争而造成的人民流离失所状况。80 年代后，奥地利社会民主党致力于改善基础设施来缩小城乡差距，推进公平正义。它认为要缩小城乡差距，推进公平正义，需要积极的政策以及社会基础设施投资来弥补农村地区的劣势。针对八九十年代以来房租上涨加剧人民负担的问题，奥地利社会民主党重新制定方案，解决住房问题。它认为，首先要取消租金增值税，在当时租金增值税为 10%，对租户来说额外支出过多；而对于拥有住房的居民来说，对月收入 7000 欧元的人应该设立住房奖金，用于减轻其分期付款购房及装修费用压力。其次，尽可能维护租户权利，建立并完善普遍租赁法，制定公平的租金定价体系，明确规定租金上限与公寓住房附加费折扣，禁止将中介费用转嫁给房客，对超过租金限额的房东进行罚款。对空置房屋和第二套房征收高额税收，杜绝囤房、炒房等扰乱房地产市场的行为。最后，打击房地产投机活动，加强非营利性住房建设。规定要为社会住房预留土地，当土地重新用于建筑用地时，市政当局应保留 50%（如维也纳）或近 70% 的社会住房份额，[①] 并能够以低于房地产成本的价格将其出售给慈善房地产开

①　"The Social Democrats' Position on Housing," SPÖ, https://www.spoe.at/wofuer-wir-stehen/leist-bares-wohnen/.

发商。加大对住房的补贴力度，规定居民租金与收入水平相协调，降低个人所得税税率。为了保护奥地利宝贵的土地资源，维护奥地利本土居民居住权，还规定禁止非长期居住在奥地利的外国人在奥地利购买土地，规定集中式住房和社区建筑不得私有化，在奥地利全境范围内开展住房运动，扩大社会住房规模。通过社会公平的空间规划，奥地利社会民主党认为能够将现有的居住空间再次供所有人使用。与"红色维也纳"时期一样，它认为住房是人民基本需求，充分的住房是市场无法满足的公共任务，必须由政府出手制定相关政策，维持住房市场稳定。它一再强调"住房政策应将我们的社区和城市发展为所有人的良好居住空间，并在其中营造满足各人群需求的居住环境，以促进居民之间的沟通与团结"。[①] 它希望通过社会民主的住房政策，确保居住区、邻里、村庄和地区是包容性的生活空间，将成为既没有贫穷也没有富裕的贫富差距较小的地区。希望社区成为能够为邻里提供相互交流的生活空间，将社区打造成和谐的、互帮互助的地方，通过打造这样的社区增强社会凝聚力。

此外，奥地利社会民主党认为公共设施政策的中心问题是为全部人创造未来前景，因为高质量的公共基础设施意味着更多自由和平等的机会，尤其是在农村及基础设施薄弱的边远地区。为了提高农村地区的生活水平，增进城乡之间的交流互动，它认为必须保证适当的流动性。流动性政策包括连接宽带网络、畅通运输网络、更新交通手段以及推动更多人能够更多地参与运输政策和城市规划而采取的一切措施。为此，奥地利社会民主党在执政期间主持铺建大量铁路干线，完善市内交通设施，这极大地便利了人们出行，尤其是解决了农村地区人口及其他社会或经济弱势群体，如妇女、移民、年轻人、老年人等独立生活的一大问题，也为奥地利成为远近驰名的旅游国家提供了良好基础设施。

二　教育事业改革

奥地利马克思主义在文化方面的理论，强调要通过文化教育，提高工人

---

① "The Social Democrats' Position on Housing," SPÖ, https：//www. spoe. at/wofuer-wir-stehen/leist-bares-wohnen/.

阶级阶级意识，强调对科学教育的尊重，推动文化知识民主化发展，增强无产阶级对意识形态话语权的掌控。"红色维也纳"时期，奥地利马克思主义者在弘扬社会主义文化、发展适合工人阶级需要的教育等方面做出了重要努力。二战后的奥地利社会民主党也强调教育的重要性，并将教育看作工作的重点。它认为，教育是社会参与的基础，是建立在社会平等团结基础上的民主社会实现的必要手段，是每个人创造美好生活的前提，也是经济、社会和文化发展以及社会繁荣的前提，对实现社会真正民主十分重要。它致力于建立一个没有特权、公共的、免费的、包容性的教育系统，打破教育的阶层限制，使人人都有获得平等教育的权利。因而，它每年在教育方面的财政预算支出较大，占国民经济收入的 5% 以上，[①] 强调要加大对教育的投入，要建立民主学校（公立学校），强调无论父母的教育水平和社会声望如何，每个儿童都享有同等受教育的权利，禁止父母利用自身的教育水平与社会声望为子女谋取教育特权。针对儿童教育，它认为要为 6 岁至 14 岁的孩子提供免费的全日制学校，并根据孩子的兴趣、爱好和能力进行差异化培养，杜绝任何加重学生负担的课外补习行为。注重开放式的学校管理，为学生提供一个可以接触外部环境的机会，将体育运动、文化与艺术教育作为学生必修课，加强学生团结合作意识，为学生提供更多创造性发展的机会。建立各种学校内部民主组织，赋予学生投票权。开设政治教育课程，教授奥地利政治民主文化，培养学生政治参与意识，从而从小培养学生的政治自信心。它认为，良好的基础教育是争取平等机会的最重要事项，为适龄儿童创造合适的生活与学习空间十分重要且必要，强调要改善基础教育。它认为，幼儿园对儿童成长至关重要，儿童早期的基本技能、语言技能、社交技能、早期价值观等的形成以及提高基本是在这里进行的，因而要重视儿童教育，主张要在基础教育领域开展一项儿童教育事业的扩展运动，由政府财政出资建设更加全面、优质的育儿和教育设施，塑造全天开放、无休的为儿童提供良好基础教育的环境与场所。在高等教育方面，它致力于提供宽松的政策，促进大学教

---

① "Statistik Austria"，http://www.statistik.at/web_de/statistiken/menschen_und_gesellschaft/bildung/bildung-sausgaben/081128.html.

学和研究更好地发展，强调必须确保在国际范围内，奥地利境内大学成为人人都可以进行学习和开展研究的地方；尽可能推动大学阶段免费教育的普及，降低入学限制，为研究提供必要的资金支持，解决大学发展中长期的资金不足问题，并尽可能地鼓励和支持所有有价值的思想创造及研究；完善学生补助金制度，为贫困学生提供尽可能多的补助以帮助其完成学业。

针对社会教育，奥地利社会民主党认为学校教育只是教育的一部分，终身教育对个人成长及社会发展起着至关重要的作用。它强调，所有公司都要为劳动者提供有利于其职业发展及个人成长的定期培训，公司负责职工培训费用的所有支出，据统计，到 2015 年每名公司员工每年花费在带薪培训上的时间高达 23 小时。① 此外，建立各种各样的职业学校，建立青年理事会维护青年员工的基本培训权利；建立完善的职业资格考试与认证系统，提高职业教育社会认可度及工人的技能素质；支持继续完善并发展成人教育。它认为，成人教育能够提高学习者独立获得知识的能力，确保更多的人能够在学校或其他正式培训中获得未掌握的技能，使每个人都能够有权利改变自己的职业并完成第二次教育培训，对于那些无法成功完成其初始培训的基础教育并且因此而严重影响了他们参加社会活动机会的人来说，成人教育尤为重要。它希望通过这种社会教育，为人人提供再教育机会，为国家培养技能成熟的工人。成人教育政策受到了社会的欢迎，据统计，从 1995 年到 2019 年，全奥地利参加成人教育的 25 岁至 65 岁人口占比从 7.7% 上升到 14.7%，其中有些年份比例更高达 15.8%，② 可见成人教育政策满足了人民对通过再教育改善生活状态的愿望，是一项比较成功的政策。此外，为了营造尽可能良好的教育氛围，奥地利社会民主党主张要完善公共教育基础设施，如建设公共图书馆、媒体中心、博物馆等，其任务是使奥地利国民都能获得科学和教育的机会，促进全民对教育文化的热爱，推动全民学习热潮。

---

① "Statistik Austria", http://www. statistik. at/web_ de/ statistiken/menschen_ und_ gesellschaft/ bildung/erwachsenenbildung_ weiterbildung_ lebenslanges_ lernen/betriebliche_ weiterbildung/index. html.

② "Statistik Austria", http://www. statistik. at/web_ de/statistiken/menschen_ und_ gesellschaft/bildung/index. html.

总体来看，二战后奥地利社会民主党在发展教育方面仍做了很大的努力，但随着国际国内形势的变化，奥地利社会民主党的教育目标发生一定变化，不再致力于通过文化教育培养工人阶级马克思主义思想意识及阶级意识，放弃了奥地利马克思主义将文化教育作为无产阶级与资产阶级争夺文化霸权的手段的观点，而仅仅将教育看作一项人民享受的权利。因而，从某种程度来看，二战后奥地利社会民主党在教育方面的目标已经偏离了奥地利马克思主义的教育目标。

三　重建医疗卫生事业

"红色维也纳"时期，奥地利马克思主义者建立了一套独特的医疗卫生体系，二战后，奥地利社会民主党重新执政，并在"红色维也纳"时期医疗卫生体系基础上重新建立了新的公共医疗卫生系统。奥地利社会民主党致力于建设完善的公共卫生系统，仍旧保持"红色维也纳"时期的宗旨，强调要为所有人提供一流的医疗保障服务，致力于为所有人提供平等享有医疗保护、健康生活及良好工作环境的基本权利。奥地利社会民主党人主张建立基于平等团结的公共卫生系统，其中，规定不论私人利益如何，都要根据平等利益原则为所有人提供保险服务。1956年，奥地利颁布《一般社会保险法》，将人人都能平等地享有医疗保险写入法律，并规定获得医疗保险是人民的基本权利。[1] 公民一旦就业就会立刻被纳入医疗保险基金系统中，随后他们将收到一张不仅涵盖医疗保险，还涵盖养老金和失业保险的保险卡。此后，随着医疗卫生体系的不断健全，医疗卫生保障覆盖范围越来越广，到1980年，覆盖范围已经包括医院护理和预防性检查等项目。奥地利社会民主党强调，卫生系统的服务必须能够为每个人提供基于需求的、全面的、合适的和及时的护理，每个人都享有高质量的护理权，这种护理费用由公共资金或遗产税支付。健全的医疗护理系统可确保老年人及残疾人能够参与社会活动，减轻家庭负担，提高国民幸福感，更有利于国家社会稳定发展，因而它指出必须建设大量专业护理中心，扩大护理行业的规模，努力建立一个在全

---

[1]　"The Health Care Systems of the Individual Member States"（PDF），European Parliament，1998.

国范围内统一的、透明的、公正的公共护理系统，提高护理人员工资并为医护人员提供更好的工作环境。除建立完善的护理系统外，社会民主党还认为完善的医疗卫生系统的公共所有权应该建立在患者知情权与决定权基础上，必须以确保患者可以对自己的治疗做出独立决定的方式来组织，以完善社会保险体系，降低被保人患病破产风险。

2008 年全球金融危机造成奥地利经济衰退，大量的公共医疗支出加重了财政负担，医疗改革成为当时的重要问题。2010 年，为了应对不断上涨的医疗成本及财政负担问题，奥地利社会民主党 2013 年通过了医疗改革法，致力于建立新的初级医疗保健模式，与更好的护理相协调，提高护理人员医护水平与效率，减少医疗卫生支出，并通过积极与世界卫生组织合作来解决医疗方面的财政问题。① 这一改革目标主要通过主要利益相关者之间的合作和统一决策，以及遵守预算上限的规定来实现，该预算上限规定，到 2016 年，财政医疗支出应减少到 34 亿欧元。② 改革通过建立相关协议，设立行政管理层，按目标管理卫生系统来弥合医疗卫生系统问责制鸿沟。但是，这需要国家出台法律规定疾病基金与区域政府之间的合作治理的界限，明确分工事项。医疗改革中规定医疗保健支出的预算上限，避免了医疗支出混乱、财政不明现象的出现，短期内减轻了公共医疗卫生的财政支出负担，但是，这次医疗改革并不是结构性改革，也没有吸引其他利益相关者的资金投入，没有充分利用利益相关者资金以更好地进行承包管理和提供跨护理环境的服务，没有从根本上解决医疗支出过剩问题。因而，这项改革只是治标不治本，并不能从根本上解决问题。

四 完善社会保障与福利体系

二战后，奥地利社会民主党认为社会保障的目的是帮助人民摆脱贫困，保障每个人免于匮乏，鼓励人民参与社会、政治和文化生活，帮助人民获得

① Hofmarcher Maria，"The Austrian Health Reform 2013 Is Promising but Requires Continuous Political Ambition"，*Health Policy*，Vol. 118，No. 1，2014.

② Hofmarcher Maria，"The Austrian Health Reform 2013 Is Promising but Requires Continuous Political Ambition"，*Health Policy*，Vol. 118，No. 1，2014.

有尊严的生活和实现梦想的机会，这实际上已经与奥地利马克思主义早前的主张相违背。奥地利马克思主义认为社会保障与福利是改善工人阶级生存环境，维护工人阶级权利，减少资产阶级剥削的手段，目标仍是实现社会主义，而不是建立福利国家。尽管目标发生变化，但无论是战前还是战后，奥地利社会民主党始终将社会保障制度看作其政策与纲领的重要一环，在其执政或参政期间，通过对国内公共资源的垄断以及强有力的领导权，积极推行其社会保障及福利政策，致力于将奥地利建成福利国家。1978年5月，奥地利社会民主党将实现共产主义的目标改为建立福利国家，并将其写入党纲，指出福利国家致力于实现最广泛的平等、自由、公正、相助等四大价值，努力为实现人的自由与尊严，为实现完全平等权和社会公正而斗争。它认为只有实现这些价值，才能保障所有人在和平与自由中过上美满生活，因而秉持这些原则。奥地利社会民主党在具体施策中，积极推进失业、健康、养老金和事故保险制度化，建立涉及社会生活方方面面的社会保障体系。

奥地利社会民主党将养老金列为社会保障制度中的首要关注问题。基于团结精神和公平原则，它希望建立不同于资本市场上的私人养老金体系的社会民主式的国家养老金体系。所有职工都直接或间接地通过他们的税收福利缴款并获得相应的养老权利，其中养老金保险占工资的22.8%，雇主支付12.55%，员工自行支付10.25%。① 与依赖于资本市场的私人养老金系统相比，这种基于团结的即付即用养老系统不受危机多发的金融市场的支配，因而更具稳定性，也更能降低老年人晚年生活风险危机。但是，国家养老金并不脱离市场经济，因为只有在经济增长足够快，保持高就业率，人人能够获得比较高的工资待遇时，国家养老金才能为老年人提供更多的支持，也才能进一步降低风险危机，而实际上养老金缴纳的来源也是基于此，只有拥有工作的人才能在无压力情况下缴纳足够的养老金。因此，在其看来，为了维持国家养老金制度的长久稳定，必须实行有利于劳动力工作的劳动力市场政策，推行失业保险势在必行。它规定，失业保险金额缴纳需占员工工资的

① 《奥地利是养老金领取者的天堂》，《欧洲时报》2024年3月1日，http://www.oushinet.com/static/content/europe/CEE/2024-03-01/1213157595658886171.html。

6%，其中雇主支付3%，余下由员工自负。[①]此外，雇主还需要为员工缴纳意外事故保险，以减少失业人群贫困风险，并确保尽可能多的人在法定退休年龄前能够顺利就业。同时，制定最低退休金标准，如果退休人员因贫困残疾等而提前退休导致退休金无法达到国家规定的最低退休金额，则由国家来补齐不足部分以保证退休人员基本生活。对于农民养老问题，社会民主党执政时期将农民纳入低收入阶层，建立农民退休养老制度，根据农场规模发放养老金。可见，奥地利社会民主党人倡导基本养老保障权并保证人人拥有养老金的权利，建立了一套相对完善的养老保障体系。

针对贫困问题，奥地利社会民主党认为必须消除贫困，因而要建立最低保障标准与社会救助制度，以有效减少贫困，使所有人过上有尊严和无畏的生活。对于生活贫困及无经济来源的家庭，根据自愿原则，政府为其提供社会救济金以及廉租房、免费住房等帮助其渡过难关。它认为最低保障是社会保障网络的最后一环，应该反对一切通过破坏社会保障制度、迫使更多的人加入最低保障制度，而建立一个低工资部门的抑制性的、无意义的制度的主张，奥地利社会民主党要建立的是一个具有透明公开性的、能够保证贫困人口平等享有社会经济发展成果权利的社会保障体系，强调坚决与一切贫困做斗争。此外，奥地利社会民主党认为为了经济发展，帮助贫困人口摆脱贫困，就必须营造安全稳定的社会环境，因而其坚决反对任何形式的暴力行为，主张通过和平共处方式来定义奥地利社会，强调和谐社会的重要性。同时，法治社会的建立及国家主权的维护基础之一是国家对使用武力的垄断，相关项目既不能外包也不能私有化，只能由指定的国家机构执行。国家应一方面通过有针对性的社会政策来应对社会上的犯罪现象，另一方面建立民主合法的现代警察、军事机关来对内维护社会稳定，对外有效保护联邦领土免受可能的威胁。

总体而言，奥地利社会保障体系包括对因公发生意外而进行的社会补偿制度，补助项目繁多的社会补助制度，针对老年人养老问题的养老金制度，针对低收入人群的社会救济制度以及社会保险制度等。其制度基本考虑到了一个人从出生到死亡整个人生过程中可能遇到的各种重大风险，是一个无所

---

① Statistik，arbeiterkammer. at/tbi2014/sozialabgaben_001_. html.

不包的社会保障体系。奥地利社会民主党实行的社会制度本着公平平等原则，惠及每一个国民，极大地缩小了国内贫富差距，经济合作与发展组织报告显示，奥地利是世界上地区之间贫富差距最小的国家之一，其社会保障制度体系完善，维护了社会公平，取得了世界瞩目的成就，[①] 但是其已经丢掉了奥地利马克思主义的核心——实现社会主义，将目标放在建设福利国家，从这点也能看出战后奥地利社会民主党逐渐走上了民主社会主义道路。

第三节　以折中思想为指引实行永久中立政策

永久中立政策是二战后奥地利社会民主党面对国际局势所做出的重大决策，是奥地利在大国夹缝间求生的无奈选择，但同时永久中立政策也为奥地利恢复发展国内社会经济赢得了相对稳定的国际环境，奥地利国内迅速得到恢复在很大程度上得益于此政策的施行。

一　永久中立政策确立的背景及内容

永久中立政策产生于二战后，奥地利被四国占领时期，是面对战后美苏在欧洲争霸，捍卫主权而采取的外交政策。二战后期，同盟国逐渐取得了战争的主动权，为了进一步协调盟国之间的行动，加速战争的胜利结束，并就战后国际安排进行磋商，1943 年 10 月，苏、美、英三国召开莫斯科会议，会上首次讨论了奥地利问题并就奥地利问题通过了《莫斯科宣言》。宣言承认奥地利是法西斯侵略的受害国，并表示要将奥地利民族从法西斯的奴役下解放出来，帮助其实现国家与民族的独立，"奥地利这个首遭希特勒侵略之害的自由国家要从德国统治下解放出来"，"希望看到重新建立一个自由和独立的奥地利，并为奥地利人民以及面临同样问题的毗邻国家寻求作为持久和平唯一基础的政治与安全而开辟道路"。[②] 与此同时，奥地利问题又不单单是

---

① "OECD Economic Surveys： *Austria* 2013"，OECD iLibrary，https：//www. oecd-ilibrary. org/economics/oecd-economic-surveys-austria – 2013_ eco_ surveys-aut – 2013 – en.

② 〔英〕迈克尔·鲍尔弗、约翰·梅尔：《四国对德国和奥地利的管制 1945—1946 年》，安徽大学外语系译，上海译文出版社，1980，第 431 页。

民族解放问题，由于奥地利被占领后参加了协约国与同盟国作战，因而仅仅将奥地利单纯看作受害国又明显有些偏颇，因而宣言也指出奥地利"参加希特勒德国一方作战，应负有不可逃避的责任"。[①] 可以说这样的判断十分中肯，也体现了当时奥地利尴尬的处境与国际地位。尽管在分析奥地利的功过上，美苏英三方达成了一致意见，但在如何裁定奥地利责任方面并没有达成一致，因而这次会议并没有解决奥地利问题。此后，在多次重要会议上，奥地利问题都成为会议所要讨论的重要议题之一。1945 年 7 月，苏、美、英、法四国政府签署了四国分区占领的协议，共同对奥地利进行管制。最终，在波茨坦会议上，有关奥地利作为战败国赔偿问题，各方做出了一定让步，也达成了相对来说各方都较满意的协议。

由于奥地利地理位置的重要性，二战结束后，美苏之间意识形态对立，两大国都希望将奥地利拉入其所在意识形态阵营。在各方长期博弈下，1954 年，苏、美、英、法、奥再次召开会议，奥地利外长利奥波德·非格尔申明，奥地利不会加入任何军事同盟。[②] 1955 年 2 月 25 日，苏联与奥地利双方进行会谈，与反对奥地利实行中立政策，试图将其拉入北大西洋公约组织的美国不同，苏联方面明确表示从奥地利撤军，并禁止其加入任何军事同盟，"奥地利不得加入任何联盟和军事同盟……奥地利的领土不得用来建立外国军事基地"。[③] 此后，苏奥双方又多次就细节问题进行会谈，苏联率先公开表示支持奥地利中立政策，并于同年 4 月 15 日发布《莫斯科备忘录》，重申奥地利和苏联之间达成的协议，即当奥地利恢复其国际地位时，其将像瑞士一样保持永久中立。此后，奥地利颁布象征其政治权力与独立主权恢复的《重建独立和民主的奥地利国家条约》，强化其能够根据自己意志决定采取何种对外政策的外交形象。这使美国最后不得不接受奥地利中立政策。同年 5 月

---

① 〔英〕迈克尔·鲍尔弗、约翰·梅尔：《四国对德国和奥地利的管制 1945—1946 年》，安徽大学外语系译，上海译文出版社，1980，第 431—432 页。

② 〔苏〕安·安·葛罗米柯、鲍·尼·波诺马廖夫主编《苏联对外政策史 1945—1980》下卷，韩正文、沈芜清等译，中国人民大学出版社，1988，第 228 页。

③ 〔英〕杰弗里·巴勒克拉夫、雷切尔·F. 沃尔：《国际事务概览，1955—1956 年》，陆英等译，上海译文出版社，1985，第 160 页。

15 日，四国与奥地利签署了《重建独立和民主的奥地利国家条约》，五个月后从奥地利撤军。四国撤军第二天，奥地利颁布了一项宪法性质的法令，该法令强调永久中立是奥地利捍卫独立主权与领土不受侵犯的正确选择，宣布奥地利自愿宣布永久中立，并将尽一切可能维护和践行这种中立政策。为了确保中立的实施，奥地利宣称，将永不参加军事联盟，永不允许外国在其领土上建立军事基地，从而确立了奥地利在国际上的永久中立。

奥地利在赋予永久中立以法律保障同时，对永久中立做了解释说明："中立首先应被理解为非交战国对交战国的关系状态。一个国家宣布永久中立，按照国际法，它主要有下面这些权利和义务：永久中立国有义务用其拥有的一切手段对外捍卫其领土完整，因此，永久中立也大都是武装的中立；永久中立国有义务不建立可能使它卷入一场战争的联系，因此，它不得参加军事联盟和不允许外国在其领土上建立军事基地。"[①] 从而将永久中立局限于军事中立方面，即奥地利不得采取任何损害一个集团而直接给另一个集团带来军事利益的行为。同时这也意味着，这种中立并不限制其在国际条约允许下在文化和经济领域表达自身权利的自由。该法律的颁布为奥地利永久中立提供了制度支持，如果其他国家违背奥地利永久中立政策强行将其拉入军事阵营，则奥地利可根据国内法与国际法对这种行为进行制裁；同样，如果奥地利本身违反其永久中立政策，例如对其他国家进行无端挑衅行为，则必然受到国际法制裁。

二 永久中立政策的实践状况

永久中立政策的贯彻实施有一个不断变化的历程，奥地利对永久中立的理解与态度也随着时间的推移而不断变化。在永久中立政策生效之初，奥地利社会民主党认为奥地利所有的外交行为都必须遵守中立原则，所有的外交成果也都应遵守中立原则。然而，在冷战结束时，这种中立原则衍变成为主要原则而不是唯一原则。这种衍变实际上与其对中立原则的理解变化有关。尽管奥地利社会民主党一直以来强调奥地利在外交上始终坚持中立原则，但

是对中立的范围及倾向性的理解又不断发生变化，早期为了避免卷入两大意识形态阵营的纷争中，其一再强调只是军事上的中立，但后期随着世界格局与形势的变化，在政治上却越来越采取亲西方的倾向。

早期，奥地利严格遵守中立政策，并避免发动战争，奥地利总理同时也是奥地利社会民主党人的朱利叶斯·拉布表示，奥地利永远不会发动一场战争。但是在涉及未来捍卫永久中立问题上，奥地利社会民主党认为必须建立军队，并强调该军队主要进行防御性工作。奥地利建立军队的决心受到了西方的肯定，被认为是捍卫永久中立的重要举措，英国外交部部长的 D. J. 斯旺就曾公开对其表示赞赏，"奥地利军队正在被建成一支士气高昂的部队，这表明了该国捍卫中立的决心"。[1] 为此，奥地利建立起具有防御功能的军队体系，并不断重申奥地利军队绝不进行主动发动战争或威胁邻国安全的行为，这种待遇是同为二战战败国的德国、日本、意大利等不曾拥有的。

奥地利早期严格按照中立条约谨慎保持与北约和华约两大军事组织的关系，尽管其与《重建独立和民主的奥地利国家条约》的签约国以及瑞典和瑞士等其他中立国一直保持良好的关系，但它与这两个对立集团中的任何一个都没有建立正式关系，即没有加入任何一个集团并陷入与集团对立阵营的纷争中。20 世纪 50 年代末北约试图拉拢奥地利，北约声称，拉拢奥地利只是为未来和平而进行联合防御，奥地利作为西方国家有责任加入这种为了避免战争而建立的"防御组织"中，同时北约许诺加入组织并不会危及其中立。经过深入思考，奥地利社会民主党领导人认为一旦加入北约就意味着要承担军事责任，不可避免地破坏其中立性，因而否决了一切与北约代表进行谈判的可能，并表示坚持不加入任何形式的军事组织。联合国成立后，为奥地利中立的实践设定了新的条件。与其他军事组织不同，联合国更像国际社会稳定的组织者，但联合国作为一个国际组织，在一些情况下也涉及对外派兵等军事行动，作为中立国的奥地利加入联合国是否违背其一直以来避免加入军事组织及军事行动的中立原则，成为奥地利国内热议的问题。尽管在当时，

---

[1] Erwin A. Schmidl, "Lukewarm Neutrality in a Cold War?", *Journal of Cold War Studies*, Vol. 18, No. 4, 2016.

奥地利境内很多人包括社会民主党内部一些人认为加入联合国可能会对其中立性产生威胁，但是奥地利社会民主党领导人认为问题不在于一个中立国能否成为联合国的一员，而在于一个中立国加入联合国必须遵循哪些政策，这些政策既是对中立国保持其中立性的规范，又能使其在严格遵循这些规范的同时更好地履行作为联合国一员的职责。因而，最后奥地利加入了联合国并谨慎地遵守联合国公约，对一些涉及制裁的措施采取谨慎态度，例如在20世纪六七十年代，联合国对罗德西亚（今津巴布韦）和南非的制裁中，奥地利以和平时期对中立国没有影响为由而拒绝参与，这很好地解决了其担心因加入联合国而造成中立性被破坏的问题。但是，奥地利却积极参与联合国维和行动，事实上奥地利在国际舞台上发挥了积极作用，这种作用的产生通常被认为是其采取了积极中立政策。1960年，奥地利为联合国在刚果的行动派遣了一支医疗队，此后更是在联合国的组织下多次派出医疗队和军事部队等进行维和，在20世纪70年代，奥地利甚至成为联合国主要的维和部队派遣国之一，几乎1/10的维和部队来自奥地利。这种做法赢得了世界的赞誉，奥地利走出了一条不同于瑞典、瑞士等中立国的中立道路，取得了巨大的外交成就。很多国际组织纷纷驻扎在奥地利首都，维也纳成为国际谈判和会议的重要场所。如1957年，维也纳被选为国际原子能机构（IAEA）成立大会的东道国；1965年石油输出国组织（OPEC）总部迁至维也纳；此后，维也纳更是成为欧洲安全与合作会议（欧安会）的主要机构所在地；等等。

永久中立政策在奥地利得到了很好的贯彻执行，但冷战结束以来，奥地利对中立政策的态度发生了一定变化，其在政治上更加倾向于西方，这其实与欧洲安全环境的转变有很大关系，对欧洲安全环境的维护使其很大程度上代替了1956年《中立法》的义务。1995年1月，奥地利加入欧盟，尽管官方仍声称加入欧盟的优先事项是保持其中立性，但实际上自从选择加入欧盟后，所谓的中立性就受到了挑战。尽管法律专家也指出加入欧盟会对中立性产生影响，而有所疑虑，但奥地利政府强调中立和欧洲团结是相容的，而早前作为中立国的爱尔兰已经加入欧盟，同年芬兰与瑞典两个中立国也与奥地利一道加入了欧盟，这使奥地利更加确信加入欧盟并不违背中立原则。此后，奥地利又加入了北约的和平伙伴关系计划（PFP）。至此，奥地利政府宣扬的永久中立政策，再也不像开始时其宣称的那样不加入任何军事组织，因为尽管和平伙伴关系计划宣称是维护和平的组织，但在北约组织之下的任何分支机构实际上都是为这一军事组织服务的，事实上加入这一计划后的奥地利也同其他国家一样必须参加北约军事演习，这对北约之外的其他国家安全产生极大威胁，并不利于和平的实现，也与奥地利中立的初衷相悖。

三　对永久中立政策的评价

永久中立政策为奥地利赢得了独立发展的机会，为此后其在冷战时期稳定发展提供了条件。永久中立意味着奥地利不仅能够避免陷入冷战时期两大军事联盟相互对立的漩涡中，而且能够同双方都进行经济合作与文化交流。同时，由于其中立性以及地理位置，其成为西欧与苏联往来的缓冲区。尤其是奥地利加入联合国后，利用地理位置及中立国身份获得了大量国际资源，也获得了较为稳定的国内国际环境，使其能够在冷战中独善其身，进行经济社会恢复与建设，在战后能够很快恢复国民经济。

尽管强调中立，但是这种中立与瑞士模式的永久中立又有所区别。奥地利于1955年申请加入联合国，而瑞士在是否加入联合国问题上则保有谨慎的中立态度，直到2002年才正式加入联合国。奥地利著名历史学家格拉尔德·施图尔茨指出："奥地利联邦政府、议会和各政党之所以致力于四国占领军的撤出，是因为它们想永远消除奥地利分裂的潜在危险。为此，奥地利准备在必要时付出高昂的代价。"① 这个代价就是实行中立政策，放弃一些结盟带来的权利。从政策实行初衷来看，奥地利的中立已经摆脱瑞士的中立模式，其一开始只是为了维护国家独立，避免奥地利被分裂的危险出现，而瑞士的中立则更多是建立在独立主权基础上的，为了维护本国利益而采取的独立外交政策。从历史进程来看，奥地利选择中立有自愿因素，然而这种自愿是建立在在大国博弈夹缝中寻求自我生存的基础上的，带有一丝无奈。尽管奥地利马克思主义者早前也对中立表示赞同，强调奥地利应该实行类似于瑞

---

① 王海霞：《奥地利社会民主党研究》，北京广播学院出版社，2003，第143页。

士模式的中立政策，但在实际发展中奥地利与瑞士已经形成两种并不相同的中立模式。奥地利社会民主党强调其实行中立，但其外交政策为积极的和平外交政策，因而我们可以看到奥地利积极参与国际事务，积极应对各种国际问题并根据利害关系做出符合其国家利益的决策。而这与谨慎的瑞士完全不同，瑞士认为对国际事务、国际问题应保持一定距离，以免卷入国际争端而威胁其中立。直到现在，瑞士仍未加入欧盟，而奥地利则积极加入欧盟并成为欧盟内比较活跃的国家。这种对中立政策的积极理解，为奥地利赢得了国际掌声，奥地利从二战后国家几近分裂、独立主权几近丧失、国际声望较低的中西欧小国一跃成为当今世界上广受好评的国家，国际地位不断提高。就奥地利国内而言，永久中立政策为其经济社会繁荣发展营造了良好的国际环境，众多国际组织入驻奥地利，因其中立身份，各国都乐于与其进行经济交流与合作，也受到国际资本投资的青睐。而随着其加入欧盟、北约和平伙伴关系计划，奥地利永久中立政策已经越来越失去其法律意义，由一个具有法律效力的概念逐步向接近安全与防务领域概念的方向转化，并扎根于奥地利的民族认同中，成为其民族文化的一部分，成为奥地利人身份认同的一个重要因素，不断塑造着奥地利独特的民族文化。

此外，永久中立政策也是在奥地利马克思主义思想对战后奥地利社会民主党施策的影响下形成的。卡尔·伦纳就曾积极倡导中立政策，而这种政策也是对奥地利马克思主义一贯奉行的折中主义的践行。在论述如何实现社会主义时，伦纳指出，国家从来都不是统治阶级的执行委员会，法律也不仅仅代表统治阶级的利益。因而，他认为国家实际上是中立的，可以容纳任何内容，填充社会主义，国家就变成社会主义国家，填充资本主义，国家就变成资本主义国家，单看人们怎么选择。从其对国家中立性的描述上来看，实现社会主义也只是一种选择，而不是必然结果，这就抹杀了两种意识形态的天然对立，以及不认同社会主义代替资本主义的历史趋势。而另一位奥地利马克思主义者鲍威尔提出"整体社会主义"，走一条与传统社会主义（苏联模式）不同，又与资本主义模式不同的道路，则更毫不掩饰地表示其折中思想。在国家道路选择上的折中，最后在外交上必然会显示出来，因为一个国家既要与社会主义国家开展外交，又要与资本主义国家开展外交，而这两类模式的国家在意识形态上的天然对立，导致双方必然会对该国进行拉拢，道路的折中性必然使其产生两不得罪的心理，这就使中立政策必然成为其外交政策。尽管绝大部分奥地利马克思主义者并没有能够看到奥地利永久中立政策制定并实施的那一天，但他们的主张为永久中立政策奠定了理论基础，永久中立政策是奥地利马克思主义理论思想在新时空的对外实践。

小　结

　　二战后，奥地利社会民主党的实践逐渐偏离科学社会主义，在行动上也渐渐摆脱了奥地利马克思主义思想的引导，逐渐用建立福利国家代替建立社会主义社会的目标，简化了社会主义的本质要求，但是总体来看仍受到奥地利马克思主义理论思想的影响。无论是它维护社会经济稳定的重要政策——"社会伙伴关系"，还是在市场经济调节、处理国有企业与中小企业关系问题等方面的政策，无论是建立完善的福利保障体系，还是在国际上采取永久中立政策，都体现了折中主义色彩，展现了其走"第三条道路"的努力，这点与二战前由奥地利马克思主义指导的奥地利社会民主党实践方向相一致。从这一角度来看，奥地利马克思主义对二战后奥地利社会民主党施策有着重要影响。奥地利社会民主党在二战后的实践仍带有奥地利马克思主义理论思想的印记。但是，我们也不得不承认，二战后奥地利社会民主党确实也逐渐丢掉了马克思主义的指导思想。如果说二战前奥地利社会民主党还曾对外宣传坚持科学社会主义（虽然是它自己理解的科学社会主义），二战后奥地利社会民主党则不断修改党纲，不再以马克思主义为指导思想，放弃科学社会主义并公开宣传民主社会主义，最后彻底走上了民主社会主义道路。

第六章
对奥地利马克思主义理论
及其实践的评析

卡尔·伦纳在《现代社会变化》中指出，每个时代、每个国家"都有自己的马克思主义"，从而指出奥地利马克思主义是符合时代要求，适应奥地利土壤的马克思主义。奥地利马克思主义者寄希望于用知识改变奥地利政治命运，因而提出一系列围绕奥地利统一发展的政治主张，他们认为不能盲目接受马克思的全部理论，将马克思主义教条化，应该对新形势下的资本主义进行重新分析，根据变化的情况采取新的措施夺取政权。这种分析判断对新时代中国特色社会主义建设，乃至世界各社会主义国家根据本国实际发展社会主义具有重要启示意义。奥地利马克思主义理论与实践作为特定环境下的产物，对国际工人运动发展、西方马克思主义形成与发展有过重要影响，但它又存在一定局限性，以下对其经验教训进行系统总结与评价，以期为我国社会主义发展提供借鉴。

第一节　奥地利马克思主义的历史贡献

奥地利马克思主义者申明以马克思主义理论为基础研究经济、哲学、文化、民族、社会主义等问题，对马克思主义进行重新阐释并根据本国实际情况创新理论指导革命实践活动。恩格斯曾多次对奥地利社会民主党予以赞扬。1889 年，恩格斯撰写《可能派的代表资格证》一文，向奥地利社会民主党揭示"可能派"的虚假性，对其致力于奥地利社会主义运动的工作表示赞扬。奥地利马克思主义作为曾活跃在历史舞台上的一支重要力量，其历史意义却一度被低估甚至忽略，事实上，该流派诸多理论及实践对世界社会主义运动曾产生深远影响，需要进行重新评估。

一　奥地利马克思主义的理论贡献

首先，奥地利马克思主义针对民族问题提出的一系列民族理论，虽然存在一些不足，在当时更是受到了共产国际的批评，但却推动了当时社会主义理论家们对马克思主义民族问题研究的进程。通过对奥地利马克思主义民族理论的批判，吸收借鉴前人研究成果，斯大林进一步对民族问题进行研究，推动了马克思主义民族理论的深入发展。民族文化自治理论是在不改变国家权力结构的基础上，通过民主制度、民族平等与自治谋求国家统一与民族自由，而实现无产阶级民主制国家必然需要改变现有的资本主义国家权力结构，因而其民族理论并不能从根本上解决当时的民族问题。但是对当时统一国家制度下的国家，尤其是社会主义国家来说，探讨民族文化与政治问题则具有现实意义。与此同时，鲍威尔民族文化共同体理论说明，人们生活中的民族意识与认同并不会因为政治认同而被消解，二者之间并不存在非此即彼的矛盾。而民族文化区域自治作为奥地利马克思主义者解决民族与国家分裂问题的手段，意在维护民族国家的统一，而并不是民族问题上的"去政治化"，它给予民族文化与认同以充分重视，看到文化在民族统一中的重要性，这是以往乃至苏联时期都未曾高度重视的。民族文化与认同在民族国家政权稳定中起着重要作用，历史上因未重视民族文化与认同问题而造成惨痛教训的事例并不在少数，例如，民族文化与认同问题甚至成为苏联解体的重要因素之一。因而，奥地利马克思主义的民族理论在当前仍有研究价值。

其次，奥地利马克思主义者在政治经济学方面的分析对当时、当下以及未来都有深远影响。希法亭在判断资本主义进入垄断阶段的基础上，对世界资本主义的变化进行了深入分析，对"当时资本主义国家日益加强经济干预的情况作了考察"，[①] 为列宁正确分析时代特征提供了知识储备。列宁曾高度称赞希法亭，并认为当时所有研究帝国主义问题的论述基本与其所总结

---

① 李忠尚：《"新马克思主义"论》，中国人民大学出版社，2011，第32页。

的思想有关。在此基础上，列宁得出"帝国主义是资本主义的最高阶段"这一判断时代历史方位的科学论断。在对金融资本定义及分析上，希法亭认为"卡特尔本身是以大银行的存在为前提的"，"离开银行的帮助，一家大工业企业也不能存在"。① 通过对银行资本与工业资本地位、关系的分析，希法亭认为垄断出现后，与之前资本最大的不同点就在于金融资本的产生。尽管希法亭没有指出生产和资本的集中发展到了会导致而且已经导致垄断发生的阶段，是金融资本形成的最重要的因素之一，但是他"着重指出了资本主义垄断组织的作用"。② 在此基础上，列宁进一步考察金融资本，完善了金融资本的定义。即使在今天我们仍旧看到很多学者在研究希法亭的政治经济学思想，这足以表明其政治经济学思想并没有完全过时，仍具有研究的理论价值。

再次，在文化教育方面的分析上，奥地利马克思主义是西方较早认识到资本主义文化出现分裂现象的流派，一些观点在今天看来仍具有现实意义。奥地利马克思主义的文化理论实际上是一种带有十分强烈政治目的的文化理论。奥地利马克思主义者将文化与政治挂钩显然具有进步性，强调文化领导权应该掌握在工人阶级手中，看到资本主义社会文化存在不平等的割裂现象，提出知识民主化以提高工人阶级知识文化水平。同时，他们也看到文化的产生与发展同社会经济有着密切关系，但又并没有一味强调经济基础的决定作用，具有一种文化唯物主义的色彩。其强调对工人进行文化教育宣传，实际上与列宁的"灌输论"思想具有某种程度的异曲同工之妙。列宁认为工人阶级由于其主客观原因并不能产生自觉的阶级意识，无产阶级政党要想唤醒工人阶级的阶级意识，吸引工人投身到反抗资产阶级统治的革命中来，就只能对其从外部进行思想灌输，"阶级政治意识只能从外面灌输给工人，即只能从经济斗争外面，从工人同厂主的关系范围外面灌输给工人。只有从一切阶级和阶层同国家和政府的关系方面，只有从一切阶级的相互关系方面，

---

① 《列宁全集》第54卷，人民出版社，2017，第372页。
② 《列宁全集》第27卷，人民出版社，2017，第362页。

才能汲取到这种知识"。① 而对于如何进行有效的"灌输"，促进工人阶级觉醒的问题，列宁也给出了答案，他认为，应该组织党的队伍到所有阶级当中去，而不仅仅是到工人中去，"决不能只是作出往往可以使实际工作者，尤其是那些倾心于'经济主义'的实际工作者满意的那种回答，即所谓'到工人中去'。为了向工人灌输政治知识，社会民主党人应当到居民的一切阶级中去，应当派出自己的队伍分赴各个方面"。② 而奥地利马克思主义者也强调要培养工人阶级的阶级意识，从其开创图像统计学的教学方法可以看出，他们并不认为无产阶级能够从内部自身产生阶级意识，更不可能自行树立马克思主义思想。在奥地利马克思主义宣传教育中，反对过分强调经济决定作用，他们通过开办研究所、成人学校以及承担大众知识普及任务的维也纳社会与经济博物馆等措施来传播马克思主义及奥地利马克思主义思想。从这一角度来看，奥地利马克思主义文化理论是对马克思主义文化理论继承与发展。当今世界，文化话语权仍旧在资本主义国家手中，一些发达资本主义国家不断通过文化向世界输出意识形态并借机实行文化殖民主义，无产阶级与资产阶级争夺意识形态话语权的战斗愈演愈烈，而无产阶级要想取得意识形态话语权，不妨从奥地利马克思主义的文化理论中汲取思想精华，努力建立属于无产阶级的文化领导权。

最后，奥地利马克思主义的社会主义理论具有一定的理论价值。在探讨如何进行社会主义革命，实现社会主义问题时，奥地利马克思主义者既不主张发动大规模的无产阶级革命，又拒绝走资产阶级议会民主道路。他们看到了资产阶级议会选举虚伪性的一面，并对其进行严厉批判，虽然对十月革命无产阶级专政有所不满，但后来他们在看到苏俄社会主义建设取得的成就时也开始转变早前态度。他们强调奥地利国情的独特性，俄国经验并不一定适应每个国家，每个国家都应该按照实际情况开展社会主义革命，走属于自己的马克思主义道路。他们试图打破革命与议会道路的对立局面，寻找"第三条道路"，使奥地利社会主义得以顺利实现。沿着这条路，奥地利社会民主

---

① 《列宁选集》第 1 卷，人民出版社，2012，第 363 页。
② 《列宁选集》第 1 卷，人民出版社，2012，第 363 页。

党不断对其理论进行继承与发展，在战后大国夹缝中竭力保持自身独立，赢得议会席位，始终保持第一大党的地位。尽管奥地利马克思主义理论在社会主义方面存在诸多问题，甚至带有改良主义色彩，但是奥地利马克思主义者不拘泥于苏联对社会主义、马克思主义理解的一种模式，也拒绝接受僵化、教条、修正地理解马克思主义的政治观，而是从奥地利现实出发，努力探索适合本国的社会主义理论、制度、道路的可能性，这种精神值得所有社会主义国家在探索本国发展道路的过程中去学习。

二 奥地利马克思主义的实践经验

奥地利马克思主义的实践中最为著名的就是"红色维也纳"时期其进行的带有社会主义色彩的实践，这不仅使维也纳一跃成名，也为战后奥地利社会民主党执政后的社会实践奠定基础。就其实践目标而言，大部分的社会政策致力于为工人阶级提供在当时来说获得更多权利的公平机会，基本上是积极的。奥地利社会民主党围绕住房、教育、医疗三个关乎人民生命健康及尊严的项目开展活动，抓住了矛盾的关键。这三者虽为不同社会项目，但相辅相成、互为支撑。住房承担着部分教育功能，干净卫生的住房环境能够减少疾病的发生；教育旨在提高工人阶级及其后代知识水平及身体素质；因而医疗卫生也渗透其中，保证一个健康体魄受教育的权利。从很大程度上，这些社会改革更是成功的，一方面改善了工人阶级生存环境，使其享有生存权、健康权、受教育权等；另一方面，其社会改革目标不仅仅停留在关乎生存等基本问题上，而是更强调对工人阶级阶级意识的培养。其社会改造具有社会主义性质，它试图通过对所控辖区维也纳的社会主义改造而最终引起全国乃至全世界的关注，获得全国人民的支持，进而最终获得对整个国家的控制权，从而实现社会主义。这是一种超越了传统意义上的社会民主主义改革的方式，而试图通过建立一个更加复杂立体的，既有教育内容又有象征力量的政党文化组织和活动网络，来促进维也纳工人阶级的阶级意识发展，进而夺权的、具有创新意义的方式，对社会主义运动具有借鉴意义。战后，奥地利社会民主党在此基础上不断完善其社会保障及福利政策，将奥地利建设成为一个高福利的国家，对中西欧国家建设现代民主国家产生了重要影响。

战后，奥地利社会民主党继承奥地利马克思主义的意志，在其思想的指导下不断探索符合奥地利当下发展的政策实践。针对被四国占领，在大国夹缝中求生存这一现实，奥地利社会民主党主张奥地利要保持独立，不能成为大国的附庸，因而提出"永久中立"政策，并在很长一段时期内积极履行其中立国职责，而其"永久中立"又不同于瑞士以及北欧三国的中立模式，更加强调保持国家的独立自主，并不排斥对国际事务的参与，这使其国际声誉良好，为小国独立发展并提高国际地位提供了范本。在处理内部事务时，其针对不同利益团体利益纠纷，进一步保障多方利益的平等获得性，出台了协调各方利益关系的"社会伙伴关系"政策。这一政策受到了各利益集团的欢迎，使各利益集团，尤其是工人阶级拥有与资本家谈判、直接参与国家大政方针讨论与制定的机会。很少有国家能出现如奥地利一样劳资关系如此和谐的局面，体现了奥地利马克思主义极力追求的平等民主思想。尽管这一政策有弥合阶级差别的倾向，也并不利于无产阶级阶级意识的培养，但就现实而言，该政策使奥地利成为当今世界上工人罢工最少的国家之一，一定程度上维护了工人阶级的利益，促进了社会稳定发展，开创了民主社会主义的新形式，值得我们研究。

在社会保障与福利上，战后，奥地利社会民主党延续第一共和国时期的政策，并尽可能扩大福利范围，完善社会保障制度，建立了一套较为完善的社会保障体系，保证了人们的衣食住行医无后顾之忧。此时的社会福利更加关注所有劳动人民的社会权利，强调社会福利政策不仅仅是一种保障人民生活的最低保障政策，也是维护人民生存权、健康权等的体现。尽管这种全网络式的社会福利政策给国家带来了财政负担，一些社会问题也没有得到彻底解决，但是在社会保障政策长期的施行下所获得的社会稳定和谐状态，使人们越来越认同这种观点——社会经济发展离不开良好的社会政策，将社会维度纳入发展政策的制定中是每个国家取得进步与发展的关键因素。欧洲委员会前主席雅克·桑特指出，一个国家的经济发展离不开良好的社会政策，

"没有经济的发展就不可能有社会的进步；但是，反过来讲，没有社会政策的发展也不可能有经济的繁荣"，"社会向度不是花费或负担，而是能使我们应对未来挑战的力量源泉，包括国际竞争"。① 正因为此，社会政策越来越被认为是一种生产性要素，它可以减少贫困，缩小贫富差距，缓和阶级矛盾，促进社会公平，提高劳动力素质，为经济建设提供动力。从这个层面来看，奥地利马克思主义者率先建立较为完善的社会保障制度，二战后又不断完善社会保障体系，以其实践效果促进了人们对社会保障的认识与重视，为各国在发展经济的同时关注人的生存际遇，为社会政策是生产性要素成为国际共识做出了重要贡献。

　　文化教育方面，奥地利社会民主党在全国建立了完善的文化教育网络。它将教育作为优先事项，采取一切措施推动教育发展，强调人人都有受教育的权利。建立文化组织网络，推动文化艺术与经济齐头并进发展。早期的教育及文化组织网络建立是以传播无产阶级文化、集体主义文化，摒弃资本主义、个人主义式的文化为己任，帮助无产阶级掌握文化领导权、意识形态话语权。通过建立大量文化组织编织起一个松散的文化网络，将人民联合起来，并定期举办文化研讨、讲座、艺术表演等活动，满足了维也纳人民的文化需求，是兼具艺术与文化传播功能的高水平的文化政策，使维也纳的文化体验成为当时苏联以外所独有的。在一个社会主义政党控制的大都市里，这样的文化政策为社会主义文化发展提供了良好环境。二战后，虽然其社会主义色彩变得越来越黯淡，但是其很好地延续了奥地利马克思主义致力于发展文化与教育的传统，仍将文化教育看作社会发展的重要因素，秉承文化教育是第一要务的理念，对教育进行改革，建立起覆盖全社会、针对所有人群的相对平等的教育系统，注重对奥地利独特文化的挖掘与保护，为文化发展扫除一切障碍，推动奥地利文化教育繁荣发展。时至今日，奥地利维也纳仍旧是文化艺术之都，其文化教育水平居世界前列。

　　此外，在维护国际共产主义运动中工人阶级团结方面，奥地利马克思主义也有着一定贡献。奥地利马克思主义者一直以来致力于国际工人运动的团

---

　　① 王凤鸣、谢有光：《社会政策是"生产性要素"》，《光明日报》2008年6月4日，第11版。

结与统一。他们将国际工人团结看作党行动的一个重要任务，将其写入社会民主党党纲。奥地利马克思主义者也多次提出要加强国际工人团结的思想主张，希法亭就曾在研究金融资本时，指出资本主义国家对外实行殖民压迫的帝国主义政策，世界市场形成后，面对强大的帝国主义势力及帝国主义国家之间的勾结，单个国家工人阶级力量明显不足以对抗强大的敌人，工人阶级应该与其他阶级联合起来，并加强世界无产阶级的联合。鲍威尔与伦纳也曾指出，面对强大的帝国主义势力，单个国家要想获得革命的成功，必然需要不同国家工人阶级及政党的相互支持。奥地利马克思主义者认为各国工人政党及工人阶级面对着同一个敌人，且"只有一个敌人——世界资产阶级"，[①]不应因主张分歧而分道扬镳，因而他们多次组织左、中、右派进行协商，缓解三者因为政见不一而造成的紧张局面，恢复各国工人政党的联系，促进工人斗争的团结，维护国际团结与统一，"统一所有加入联合会的各社会党的活动，确定一致行动，努力恢复联合全体革命无产阶级的国际"。[②] 然而，他们的目标最终并未达成，其成立的"新国际"也只是右派与中派的联合，并与第三国际相对立，对国际工人运动沿着马克思主义正确的道路开展革命起到了不良影响，事实上也与其维护国际工人团结的初衷背道而驰。

实践发展的走向往往并不能被人们清楚地预知到，但奥地利马克思主义者为世界工人阶级联合、防止党内分裂做出的努力不应该被忽视。国际工人之间的团结问题涉及多方面内容，情况无比复杂，仅仅指望一个小国政党去解决不同国家工人政党之间的各种复杂问题，实现各国工人阶级的国际联合，显然是不可能的。奥地利马克思主义者没有能够加强国际工人之间的联合，最终两个国际还是走向分裂，也在情理之中，不能对其求全责备，而要看到，奥地利马克思主义提出的一系列具体主张具有深远意义，尤其是在当下，如何吸取其经验教训，促进工人阶级国际团结，是我们更应该考虑的。而面对两个国际分裂、互相敌对的局势，奥地利马克思主义者不断奔走呼

---

① 〔苏〕C. A. 莫吉列夫斯基：《第二国际的复活（1919—1923 年）：革命高潮时期国际改良主义中心的历史》，杭州大学外语系俄语翻译组译，人民出版社，1982，第 175 页。

② 〔苏〕伊·布拉斯拉夫斯基编《第一国际第二国际历史资料：第二国际》，中国人民大学编译室译，生活·读书·新知三联书店，1964，第 289 页。

号，试图充当缓和两个国际关系的中间人，致力于推动两个国际的合并，维护工人阶级的团结，这种努力也值得肯定。此外，奥地利马克思主义者对世界各国的工人运动都采取了支持的态度，在国际社会上予以声援，为工人阶级运动如火如荼开展提供动力，在某种程度上对壮大各国工人阶级在19世纪末20世纪初反抗资产阶级的斗争中的力量有利。

三　对西方马克思主义的影响

奥地利马克思主义理论为西方马克思主义理论提供了重要的学术资源，例如，其文化霸权理论与葛兰西的文化霸权理论遥相呼应。越来越多的研究已经将奥地利马克思主义纳入与西方马克思主义共同的研究范畴。我们很难去考证双方学者是否有深入交流与沟通，但我们可以相信，二者的理论都建立在对资本主义文化进行充分分析的基础上，二者充分分析了资产阶级对文化的控制，发现这一控制形成了对无产阶级文化的霸权，进而形成要实现无产阶级掌握话语权的文化霸权思想也就顺理成章了。我们能够看到奥地利马克思主义与西方马克思主义的部分流派的交流，尤其是当我们考察二者之间的相似点时，明显可以看到二者在对待马克思主义的态度、对待资本主义的态度、理论渊源等方面上的相似。

就对待马克思主义的态度来看，二者起初都主张坚持马克思主义，但认为马克思主义某些观点、理论"过时"，需要对其进行"补充"或"修正"。二者都反对将马克思主义作教条化式理解，反对苏联马克思主义对真理的垄断及教条化理解，反对将一党的学说变成科学的权威，也反对第二国际中所谓正统马克思主义对马克思主义的歪曲。它们认为这种对马克思主义教条化的理解及对马克思主义真理的垄断，看似是维护马克思主义，防止马克思主义被误读，实际上是否认了多样性的存在，违背了马克思主义的精神实质，而事实上，任何社会主义政党及个人都有权根据本国实际及变化的时代对马克思主义进行解读，但又要避免脱离实际对马克思主义进行歪曲理解，因为只有这样才能克服马克思主义的当代危机，在遵照马克思主义精神实质的前提下，不断丰富与发展马克思主义，使马克思主义始终焕发出生机活力。即使是 20 世纪 70 年代后，西方马克思主义理论流派层出不穷，如出现分析的马克思主义、女权主义马克思主义、生态学马克思主义、文化的马克思主义等，它们也都或多或少地以马克思主义的立场或某些理论作为自己的理论支撑。由此可见，尽管二者强调对马克思主义的"补充""修正"，在对马克思主义的理解上也存在一定偏差与误解，但总体而言，仍可将这两种理论归属于国外马克思主义理论范畴。

就对待资本主义的态度而言，奥地利马克思主义与西方马克思主义都坚决采取具有马克思主义倾向的理论、方法批判资本主义。我们能够清晰看到其对资本主义的分析，奥地利马克思主义指出资本主义的剥削与压迫造成了民族分裂、文化分裂、人民困苦以及政治经济的不自由不民主，揭露了资产阶级民主选举的虚伪，以及资本主义向垄断过渡后对殖民地及世界的广泛压迫等问题，与此同时，其对资本主义国家日益加强的经济干预做了考察，提出更倾向于用社会主义代替资本主义的对策。西方马克思主义理论也是从批判资本主义角度来展开其理论构架的。卢卡奇提出著名的"物化"理论，认为资本主义社会出现了"物化"现象，要超越"物化"就要进行"总体性革命"，运用主客体辩证法恢复人的存在与历史进程的总体性。法兰克福学派提出著名的社会批判理论，对资本主义进行意识形态批判、工具理性批判、美学批判、大众文化批判等，并喊出要采取"大拒绝"方式拒斥资本主义。及至以后列斐伏尔的日常生活批判、本雅明的文化批判、德波的景观社会批判、鲍德里亚的消费社会批判等等，都旗帜鲜明地对资本主义展开猛烈攻击。而生态学马克思主义、女权主义马克思主义、文化马克思主义、分析的马克思主义等也都对资本主义进行了不同程度的批判。

就理论渊源来看，被称为奥地利马克思主义之父的卡尔·格律恩堡是法兰克福学派的学术载体——法兰克福社会研究所的第一任所长，他致力于马克思主义研究，在担任所长期间，培养了大批西方马克思主义者，影响了法兰克福学派的理论旨趣与学术方法。[①] 而格律恩堡也是将马克思主义理论系统而完备地传播到奥地利的第一人，对于奥地利马克思主义者而言，他们大

---

① 殷华成：《奥地利马克思主义研究》，中国社会科学出版社，2014，第 167 页。

多受到格律恩堡思想的影响。借此渊源，奥地利马克思主义者在开展文化研究时也曾与法兰克福学派进行了一定交流与合作，尽管因第二次世界大战爆发以及双方在一些观点上的分歧，最终没有建立长效的交流合作机制，但不可否认二者的相互交流为推动各自的理论研究提供了某种启发，从这方面来看，格律恩堡对奥地利马克思主义与西方马克思主义理论发展都有着不同程度的影响。而二者理论在不断发展中也互相受到了对方的影响，如早期西方马克思主义的奠基人葛兰西对文化霸权的理解与奥地利马克思主义者对文化霸权的理解有着某种异曲同工之处等。同时，二者在理论形成过程中都吸收了当时先进的科学文化成果、新的哲学思潮以及马克思主义思想理论，是建立在对马克思主义"补充""修正"的主观愿望之上的理论。此外，在一些具体理论上，奥地利马克思主义对后继的西方马克思主义进行深入研究提供了线索或理论支持。

首先，伦纳的《私法制度及其社会功能》标志着西方马克思主义法学的诞生，而他本人亦被西方马克思主义法学家誉为继马克思恩格斯之后的"首位杰出的马克思主义法学家"。在此基础上，葛兰西分析了法在资本主义社会中的作用，提出了法律功能二元论；此后，阿尔都塞也在伦纳对法的研究的启发下，提出法律是一种意识形态，这些理论推进了西方马克思主义法学的形成与发展。

其次，奥地利马克思主义政治经济学对西方马克思主义政治经济学理论发展有着深刻影响。20世纪初，奥地利马克思主义在政治经济学领域取得了重大成就，几乎所有奥地利马克思主义者都有对政治经济学进行研究，产生了诸如《金融资本——资本主义最新发展的研究》《驳庞巴维克对马克思的批判》《资本的积累》《马克思对李嘉图的批判》等政治经济学著作，对西方马克思主义政治经济学发展影响深远。保罗·斯威齐认为希法亭的《驳庞巴维克对马克思的批判》是对马克思经济学和现代正统经济学之间观点的根本差别所做的最准确、清晰的分析，对马克思主义政治经济学研究影响深远。希法亭用唯物史观的逻辑分析政治经济学，打通了政治经济学与哲学的通道，强调用社会与历史的眼光分析马克思主义劳动价值论的意义，从哲学层面赋予马克思劳动价值论以新的解释方式，可以说西方马克思主义政治经济学研究基本都是沿着其开创的这一新的研究道路进行的。法兰克福学派经济学家格罗斯曼就是受奥地利马克思主义政治经济学影响的典型代表。他试图在鲍威尔的数学模型上建立一个演绎系统来证明马克思预言的正确，指出资本主义过度积累的趋势将在利润率超过一定时期限度时产生衰落。① 美国学者马丁·杰伊与澳大利亚左翼经济学家亨里克·库恩都认为格罗斯曼深受奥地利马克思主义影响。库恩认为，奥地利马克思主义者对格罗斯曼的影响在于坚持马克思主义的研究立场，为社会主义运动提供马克思主义经济学与哲学层面的理论支持，格罗斯曼对民族问题、政治经济学问题的研究也是其早年曾在维也纳学习，不断与奥地利马克思主义者密切接触的结果。② 而他于 1929 年出版的代表作《资本主义制度的积累和崩溃的规律》，也基本延续了鲍威尔与希法亭等奥地利马克思主义者解释经济危机的思路，并强调在方法上要坚持马克思主义。罗曼·罗斯多尔斯基赞成格罗斯曼关于资本主义危机理论及使用价值、竞争、利润等的观点，并在自己的研究中采纳了奥地利马克思主义政治经济学的一些观点，运用了大量奥地利马克思主义研究政治经济学的方法。从某种意义上说，格罗斯曼与罗斯多尔斯基的政治经济学研究，是奥地利马克思主义政治经济学研究传统的延续。

再次，奥地利马克思主义在社会主义方面的研究对西方马克思主义理论家产生了一定影响。西方马克思主义流派中著名的"马克思学"创始人吕贝尔就是其中代表之一，他的很多观点都与奥地利马克思主义理论有着相似之处。他继承了格律恩堡马克思主义理论研究的传统，与奥地利马克思主义者交往甚密，强调其创立的"马克思学"不受意识形态限制，不援引作者的派别属性、政治倾向，将其变成一个包罗万象，涉及众多学科的领域。而奥地利马克思主义理论中反对暴力革命与专政，希望通过相对民主、和平的方式

① 〔美〕马丁·杰伊：《法兰克福学派史（1923—1950）》，单世联译，广东人民出版社，1996，第 25 页。

② Rick Kuhn, "Henryk Grossmann, a Marxist Activist and Theorist: On the 50th Anniversary of His Death", *Research in Political Economy*, Vol. 18, No. 2, 2000.

建立社会主义的思想，蕴含了伦理社会主义的倾向，基于此，并在新康德主义的指导下，赫尔曼·柯亨创建了"伦理社会主义"，后世关于伦理社会主义的研究也基本沿着这一理路进行。

最后，奥地利马克思主义与西方马克思主义一样，都体现了国外马克思主义学者及其他左翼学者试图冲破理论教条的框框架架，努力回答时代提出的课题的精神实质。奥地利马克思主义形成时间相对于西方马克思主义中其他理论流派较早，美国批评家罗伯特·戈尔曼曾对奥地利马克思主义与西方马克思主义其他流派之间的相互关系及理论牵绊进行了一定梳理，强调要在研究各流派思潮中重新发现马克思主义。

第二节　奥地利马克思主义理论与实践的局限性

奥地利马克思主义理论及其实践具有一定局限性，尽管奥地利马克思主义者多次强调要坚持马克思主义思想，但是在理论创立与发展中，他们却因各自的理论意趣不同、对马克思主义与资本主义理解不足，而在一些理论上存在对马克思主义歪曲的现象。他们因对资本主义抱有某种幻想，提出的一系列针对资本主义的政策主张，无法真正解决资本主义弊端，相反掩盖了两大对立阶级之间的阶级矛盾。他们在维护工人阶级国际团结上，也因逐渐倾向于与第二国际改良主义分子合作，与共产国际站在敌对的立场上，客观上造成了工人阶级队伍的分裂，不利于工人阶级国际斗争的开展。而这些局限性是我们必须看到且应该坚决批判的。

一　一定程度上歪曲了马克思主义

尽管奥地利马克思主义理论中有很多闪光点，奥地利马克思主义者也强调坚持马克思主义，但是他们普遍认为，马克思主义理论存在某些"过时"观点或缺乏某些观点，需要引入新的理论对其进行"补充"，但他们的"补充"并不是尽善尽美，甚至一些理论在一定程度上歪曲了马克思主义。

在哲学理论上，奥地利马克思主义深受新康德主义与马赫主义的影响，强调对历史唯物主义的"修正"，但其并不是单纯抛弃历史唯物主义，在理论上更强调将马克思主义解释为一种社会学体系和"有关社会生活及其因果发展规律的科学"。[①] 奥地利马克思主义者用新康德主义、马赫主义"补充"马克思主义，认为传统的马克思主义缺乏哲学维度，他们从哲学上"补充"马克思主义，将马克思主义看作一门具体的社会科学，认为马克思主义所探究的是事物的因果联系，以此解决党派内部及党派之间的哲学纷争。他们结合自然科学发展的最新理论成果来丰富发展马克思主义无可厚非，但其用于丰富发展马克思主义的理论并不是真正的科学理论。列宁在《唯物主义和经验批判主义》《最近的自然科学革命和哲学唯心主义》中多次对马赫主义、新康德主义进行批判，他指出唯物主义的基本特征是承认科学的客观实在性，[②] 然而马赫主义、新康德主义的本质是背离唯物主义的认识论，因而不可避免地陷入了信仰主义、唯心主义。用这样的理论"补充"马克思主义显然不能真正推动马克思主义发展。

在夺取政权手段问题上，奥地利马克思主义者并不像第二国际伯恩施坦等人那样主张完全放弃暴力革命，他们强调暴力革命手段是实现社会主义的关键，但是却将暴力革命手段限制在极其狭窄的范围内，提出了"防御性暴力""阶级力量均势""社会力量因素"等理论，指出只有在敌人破坏革命成果及发动反革命政变，或无产阶级力量超过资产阶级力量时，才能够发动暴力革命夺权。与暴力革命手段相比，他们更加倾向于运用议会民主的和平方式。马克思恩格斯在《共产党宣言》中明确指出，"只有用暴力推翻全部现存的社会制度"才能达到共产党人的目的。即使革命形势发生变化，马克思恩格斯也从未主张放弃暴力革命手段或将革命手段仅仅限制于防御领域，相反，他们对任何企图放弃暴力革命手段的言论及行为都进行了严厉批评。列宁也极力劝告社会民主党人不要听信资本主义可能实现民主的和平的空话，他指出，"如果不进行一系列革命，不在各个国家进行反对自己的政府

---

① 李忠尚：《"新马克思主义"论》，中国人民大学出版社，2011，第 32 页。
② 《列宁全集》第 18 卷，人民出版社，2017，第 309 页。

的革命斗争，任何一点儿民主的和平都是不可能的"。① 从这点看，尽管奥地利马克思主义者从未公开谈论过放弃暴力革命，但实际上将暴力革命手段当作一种被动防御的手段，与放弃暴力革命手段无异。由此引申到无产阶级专政观点上，奥地利马克思主义者认为无产阶级专政并不是唯一形式，无产阶级应该将专政看作从反民主反革命的危险中拯救民主的一种手段。"第一，无产阶级似乎并不是始终和到处都把专政作为自己努力追求的目标，而只不过是应该和必须在历史本身迫使它这样做的地方决心实行专政；第二，无产阶级只有在历史条件迫使它实行专政的情况下才必须坚持专政。"② 与此同时，他们认为长期的无产阶级专政有可能造成新的官僚主义的产生。因此，他们反对无产阶级专政，并不将之作为实现社会主义的普遍规律。这实际上是调和马克思主义与机会主义的折中主义。

在社会主义路线问题上，奥地利马克思主义者看到第二国际修正主义的错误，但又不愿意走苏联式的社会主义道路，强调马克思主义本土化的重要性，具有进步意义，但是他们的马克思主义本土化道路却是所谓的"第三条道路"，也就是既不同于第二国际也不同于苏联的，"不左不右""不偏不倚"的"中间道路"，这种主张影响了奥地利马克思主义理论与实践的开展，造成其理论与实践往往带有鲜明的折中性、空想性。但在道路与主义面前，没有中间路线可走。斯大林指出，所谓中间路线会引起思想混乱，西方社会民主党发生堕落，最终走上改良主义道路堕落的原因正在于此。③ 列宁更是一针见血地指出这种"中间路线"给无产阶级造成的极大伤害，他强调任何政党都要做出抉择，要么选择社会主义，要么选择资本主义，"中间的道路是没有的"。④ 从本质来看，其中间道路显然也并不符合马克思主义，这也导致其最后越来越走上民主社会主义道路。

---

① 《列宁全集》第 26 卷，人民出版社，2017，第 317 页。
② 中共中央马克思恩格斯列宁斯大林著作编译局资料室编《鲍威尔言论》，生活·读书·新知三联书店，1978，第 180 页。
③ 《斯大林选集》上卷，人民出版社，1979，第 497 页。
④ 《列宁全集》第 26 卷，人民出版社，2017，第 318 页。

二　无法解决资本主义的弊端

奥地利马克思主义者指出资本主义的剥削与压迫造成了民族分裂、文化分裂、人民困苦以及政治经济的不自由不民主，揭露了资产阶级民主选举的虚伪性以及资本主义向垄断过渡后对殖民地及世界的广泛压迫等问题，与此同时，他们对资本主义国家日益加强的经济干预做了考察，提出更倾向于用社会主义代替资本主义的对策。但是奥地利马克思主义理论与实践因其不彻底性，并不能彻底解决资本主义的弊端，更不能使奥地利实现社会主义。

奥地利马克思主义者敏锐地捕捉到了资本主义的新变化，通过对金融资本进行研究，指出资本主义进入垄断阶段，帝国主义对世界上落后国家及地区进行殖民统治，其分析具有进步意义，但他们提出的"有组织的资本主义"方案则具有空想性，对资本主义抱有幻想。尽管希法亭一再强调，"有组织的资本主义"可以从根本上改变资本主义无政府状态，幻想依靠资本主义国家力量消灭资本主义经济危机，进而实现社会主义。他没有看到资本主义的本质是私有制，垄断的发展并不能使资本主义摆脱无政府状态，垄断的出现并不会使竞争消失，垄断组织内部、垄断组织之间、垄断组织与非垄断组织之间等都存在着竞争。而资本主义经济危机发生最根本的原因是生产社会化与生产资料私有制之间的矛盾，资本主义无政府状态只是这一根本矛盾的一个表现。因而，"有组织的资本主义"并不能解决资本主义的弊端，事实上，随着资本主义经济危机大爆发，"有组织的资本主义"宣告破产。

在改善工人阶级生活方面，奥地利马克思主义者竭尽所能，施行了一系列有利于改善工人阶级生存现状，提高其生活水平的政策措施，受到了工人阶级的欢迎。但是，在不改变资本主义社会制度情况下的福利政策，并不能够从根本上解决工人阶级受压迫剥削的问题。相反，只强调通过政策措施来改善工人阶级生活状况，使奥地利马克思主义者产生了一种错觉，即只要社会民主党获得政权就可以通过颁布政策，改善人民生活状况，进而实现社会主义。因而，战后，奥地利社会民主党将建立福利国家作为党奋斗的目标，进而彻底放弃科学社会主义，走上民主社会主义道路，非但没有消灭资本主义，反而越来越成为资本主义统治的拥趸。

在企业社会化与国有化方面，奥地利马克思主义者认为大企业的社会化和小企业的合作化，能够提高社会生产力，消除资本家的经济剥削，这种观点具有合理性，但他们却寄希望于采取法律手段，由国家或政府颁布法律、政策向资本家征税和补偿等方式来将企业收归国有或集体所有。他们认为这种方式能够被资本家接受，并避免对社会稳定秩序的破坏，严重低估了资产阶级的反抗力量。从事实来看，对企业的社会化、国有化以及合作化进程也并不十分理想，资本家对这些政策并不买账，他们并不愿意乖乖将企业交给社会。同时，已经国有化的企业也并不具备社会主义性质，国有化企业的控制权仍被控制在资产阶级手中，资本主义生产方式从根本上并没有改变，只是组织方式发生了一定变化。

在处理阶级问题方面，奥地利马克思主义者从一开始就认为要将更多的阶级团结在工人阶级身边，赢得更多群众的支持，壮大无产阶级队伍以应对强大的资产阶级，这一初衷值得肯定。但此后，为了获得更多选票，奥地利社会民主党开始无差别对待所有阶级，在处理工人阶级与资本家雇主之间矛盾时，也采取较温和的态度，将劳资双方矛盾单纯地理解为个别人与社会化组织之间的利益矛盾。后期，他们更是建立了"社会伙伴关系"模式来调节劳资双方矛盾，而"社会伙伴关系"彻底掩盖了资产阶级剥削本质，麻痹了工人阶级，使工人阶级认为该模式能够使其获得与资产阶级平等协商的地位，将工人阶级争取自身权益的斗争限制在了谈判桌上，工人阶级丧失了革命斗争性，无益于解决资本主义内部阶级矛盾。

三　对国际工人运动产生的消极影响

奥地利马克思主义理论及其实践对国际工人运动发展产生了重要影响，尽管其在理论与实践方面都有着比较重要的贡献，但是也对世界社会主义运动发展造成了不良影响，助长了改良主义风气的气焰，以建设福利国家代替共产主义目标，最终导致社会民主党与共产党领导的工人阶级联合分裂，两个国际对立。

首先，助长了改良主义风气的气焰。尽管奥地利马克思主义者对第二国际改良主义有过批判，认为第二国际已经不能成为团结工人阶级的同盟组织；但因为其理论的折中性，又认为第二国际并不是不可以争取的，第二国际思想家的一些理论也存在一定的合理性，尤其是他们与第二国际领导人考茨基长期保持密切联系，对第二国际抱有同情。因而，在促成两个国际联合过程中，他们的主张明显向第二国际倾斜。在夺取社会主义政权手段问题上，他们虽然不放弃革命主张，但是也认为奥地利及其他西方国家由于阶级力量对比等因素，和平夺取政权才是正解，因而事实上已经放弃革命，倾向改良。列宁曾批评道："他们想不花任何代价就进入我们共产党的会场，他们希望通过统一战线的策略使工人相信改良主义策略是正确的，而革命策略是不正确的。"① 此外，列宁还指出，第二国际与奥地利马克思主义者主导的第二半国际同流合污，第二国际和第二半国际的代表扮演了要挟无产阶级向资产阶级做政治让步的角色。然而，各国工人阶级并不能轻易识破它们的花招，而在其带领下不断朝着改良主义方向发展。

其次，以福利国家代替共产主义的目标。奥地利马克思主义者取得对维也纳的控制权后，采取了改善工人阶级生存状况的福利措施，取得了良好成效。二战后沿着这条道路，奥地利社会民主党继续发展福利保障事业，并将建设福利国家作为党奋斗的目标。尤其是奥地利马克思主义者的"红色维也纳"实践，在当时西方社会引起的轰动不亚于苏联社会主义实践，受到了西方各国社会民主党的关注。尽管其政策实施的目的是促进工人阶级社会主义意识的广泛确立，获得更多工人阶级及其他群体的支持，进而取得国家政权，建立社会主义。但在后期衍变中，改善人民生活，赢得选票则代替了建立社会主义国家的目标，建设福利国家成为其终身事业，而这影响了一大批曾效仿奥地利马克思主义者"红色维也纳"实践的西方社会民主党。西方社会民主党执政或参与执政的国家看到"红色维也纳"实践成效，加之其国内存在的各种改良传统，在不断发展中慢慢也抛弃了科学社会主义转而投向民主社会主义，并将建设福利国家作为党的最终目标。

---

① 《列宁全集》第43卷，人民出版社，2017，第142页。

最后，从长远来看，客观上造成了工人阶级内部的分裂。尽管奥地利马克思主义者在主观上致力于维护国际工人阶级团结并为之付出了巨大努力，做出了重要贡献，我们不应该对其进行苛责，但是对其客观上造成工人阶级内部分裂的事实我们也不能过分忽视。奥地利马克思主义者主导的第二半国际与第二国际合并后，并不是继续寻求与共产国际的联合，而是明确地站在与共产国际相对立的立场上，并对苏联社会主义进行了猛烈批评，在面对强大的资产阶级敌人时，没有做到搁置争议，共同面对敌人，而是刀口向内，造成了工人阶级内部的混乱，社会民主党与共产党之间相对立，鸿沟越来越大。时至今日，社会民主党与共产党组织仍旧存在沟通不足等问题，在面对资本主义新变化、国际局势变动等问题上仍未能达成一致意见，显然这与其促进国际工人阶级团结初衷相悖，不利于国际工人运动的长期开展。

充分认识奥地利马克思主义者在国际共产主义运动中正反两方面的影响，有助于我们认识到要打破世界资本主义的枷锁必然需要各国工人阶级的国际联合。其努力向世界各国工人阶级政党传达了一个积极向上的信号：全世界的无产阶级面对的是日趋强大且已经通过垄断而联合起来的资产阶级，要想取得无产阶级革命胜利，必须摒弃争议，让渡部分政党利益，做到求同存异，如果工人阶级不采取联合手段，是不可能取得社会主义革命在全世界范围内的胜利的。他们试图充当左右两个国际中间人的角色，实际上与其一直秉承的中间路线分不开，而这也给了我们启示：国际社会主义运动无中间选择，维护国际社会主义运动团结，绝不能抱着两不得罪的调和心理，只有从根本问题入手，求同存异，并在原则问题上保持强硬态度，始终将马克思主义作为团结无产阶级政党的基本原则，才是正确选择。奥地利马克思主义者为维护国际团结统一做出的努力值得我们肯定，但造成的消极影响我们也要予以充分认识及批判。

第三节　奥地利马克思主义对当代中国马克思主义的启示

奥地利马克思主义理论及其实践是马克思主义奥地利本土化的重要体

现，是奥地利马克思主义者立足本国国情、经过长期艰辛探索后取得的成果，彰显了马克思主义与时俱进、理论与实践相结合的精神品质。充分认识奥地利马克思主义理论及其实践的经验与教训，取其精华，去其糟粕，可以为中国特色社会主义理论与实践发展提供一定启发。

一 对马克思主义中国化、时代化与大众化的启示

奥地利马克思主义理论尽管有不足之处，但其形成与发展历程也充分体现了马克思主义本土化、大众化与时代化。习近平总书记多次强调，要"深刻认识马克思主义的时代意义和现实意义，锲而不舍继续推进马克思主义中国化、时代化、大众化"。[①] 在百年未有之大变局下，面对复杂多变的国内国际形势，我们一方面要坚持马克思主义指导思想不动摇，另一方面要根据变化的时代特征及本国国情，努力开辟马克思主义中国化时代化新境界。

首先，立足本国国情，推动马克思主义中国化发展。马克思主义哲学强调事物具有普遍性与特殊性。马克思主义本土化正是马克思主义作为真理的特殊性表现。马克思主义理论所面对的每个国家都是具体的、直观的，每个国家的国情、历史文化传统及习俗宗教等各不相同。要极大地实现马克思主义对各国社会主义事业的正确指导，必须使其能够与各国实际情况相结合，实现本土化，而这也是马克思主义真理性力量的集中体现。历史上，我们曾经见证过将马克思主义教条化理解，将苏联模式作为唯一正确道路来发展的惨痛经历。历史与实践也屡次证明，苏联社会主义模式是苏联马克思主义本土化的产物，并不是放之四海而皆准的法则，各国要根据国情实现马克思主义本土化。

奥地利马克思主义产生于奥地利内忧外患之际，政治上受到周边大国的排挤；经济上一些重要资源部门被外国及大资本家垄断；民族众多且有民族分裂倾向；文化上受德国文化影响深远，国内文化领导权却被资产阶级控制；社会动荡、人民困苦。奥地利急需一种理论解决现实问题，在此背景下，马克思主义传入奥地利。奥地利马克思主义者根据国情，一再强调要走

---

① 《习近平谈治国理政》第2卷，外文出版社，2017，第65页。

奥地利道路，他们探索出了符合奥地利发展的奥地利马克思主义理论，提出了民族文化自治理论、金融资本理论、帝国主义理论、文化霸权论等相对来说符合其国情的理论，并在这些理论的指导下展开实践，走出了一条不同于苏联社会主义的道路。但是因为二战打断了发展及理论的折中性，在实践中奥地利社会民主党不断对资本主义进行妥协，其社会主义实践遭到致命性打击，战后奥地利社会民主党虽然仍受到了奥地利马克思主义思想的影响，从某种程度上仍继承了奥地利马克思主义理论的意志，但是逐渐抛弃了奥地利马克思主义的纲领，中断了马克思主义本土化进程，最终放弃了科学社会主义。

中国特色社会主义道路是中国共产党经过长期探索找到的符合中国实际与国情的社会主义道路。近代中国饱受帝国主义奴役之苦，各阶级仁人志士先后开展了各种救亡图存的斗争，但因未认清当时中国国情及性质，未能触动统治阶级及帝国主义统治根基，多以失败告终。中国共产党以其坚强的决心、顽强的斗志、敢于创新的精神冲破了将马克思主义教条化的樊笼，反对将苏联经验教条化理解，将马克思主义与中国国情相结合，走出来一条符合中国革命与建设的道路，创立了毛泽东思想。改革开放以来，党根据实际情况需要，在继承马克思主义基本原理的基础上，不断丰富和发展理论，创立了邓小平理论，形成了"三个代表"重要思想和科学发展观。新时代以来，在总结实践经验的基础上，又创立了习近平新时代中国特色社会主义思想，它与前面不同阶段形成的党的理论思想是一脉相承的，都是对马克思主义的继承与发展，是根植于中国大地，不断追求理论创新与发展的优秀成果。在党的带领下，中国迎来了从站起来、富起来到强起来的伟大历史飞跃。习近平总书记指出，"马克思主义中国化时代化这个重大命题本身就决定，我们决不能抛弃马克思主义这个魂脉，决不能抛弃中华优秀传统文化这个根脉。坚守好这个魂和根，是理论创新的基础和前提，理论创新也是为了更好坚守这个魂和根"。[1] 今后，我们仍要不断探索创新发展马克思主义中国化的途径，吸收借鉴奥地利马克思主义者将马克思主义本土化的经验教训，坚持

---

① 习近平：《开辟马克思主义中国化时代化新境界》，《求是》2023 年第 20 期。

以马克思主义思想为指导，坚持科学社会主义道路，警惕民主社会主义思潮的意识形态渗透，坚定不移地走中国特色社会主义道路，杜绝任何改旗易帜的行径，不断创新理论，避免僵化教条，立足我国现实国情，把马克思主义基本原理同中国具体实际相结合、同中华优秀传统文化相结合，不断赋予科学理论鲜明的中国特色。一方面，要学习马克思主义基本原理，懂得马克思主义的基本立场、基本理论与基本方法，学会运用马克思主义基本原理认识、分析、处理各种具体问题；另一方面，要用社会主义核心价值观来激活中华优秀传统文化的生命力，传承中华优秀传统，促进中华优秀传统文化与社会主义文化建设相融合，引导人民树立正确的历史观、价值观、民族观、文化观、国家观，创造更加符合人民情感需求、人民喜闻乐见、大众的、兼具娱乐与教育意义的社会主义文化，增强人民对中华民族、对国家的民族认同感与爱国情怀，进而为中华民族伟大复兴的中国梦提供文化助力，让马克思主义在中国牢牢扎根。

其次，坚持与时俱进，促进马克思主义时代化发展。马克思主义是时代精神的精华，与时俱进是其永葆生机活力的理论品质。马克思主义与时俱进的理论品质要求每个马克思主义者都能用科学的眼光、开放的态度、发展的视角对待马克思主义，从实践中揭示客观世界的本质及发展规律，研究马克思主义世界观与方法论，推动马克思主义理论方法的现实运用，丰富和发展马克思主义。马克思主义理论不是僵化的、封闭的体系，它是在吸收借鉴人类思想文化发展历程中一切优秀成果，在分析时代特点与发展特点基础上形成的。马克思主义的顽强生命力就在于与时俱进，紧跟时代步伐，随时代不断发展。

奥地利马克思主义自诞生之日起就公开宣布将马克思主义与奥地利实际相结合（尽管部分理论观点对马克思主义的理解存在偏差），充分发挥了马克思主义与时俱进的理论品质。针对民族问题，其首先澄清民族这一概念，强调民族问题产生的根源是资本主义社会对人的压迫，为其他社会主义国家对民族问题进一步开展研究提供了理论基础。奥地利马克思主义对金融资本的研究、对帝国主义的研究、对垄断的研究都推动了马克思主义政治经济学的发展，是马克思主义对资本主义进入新阶段的新认识。总体来看，奥地利马克思主义做出了具有原创性的理论贡献，能够对时代课题进行比较科学的回答，从某种程度上发现和揭示了资本主义的新变化与新特点，形成了鲜明而又有特色的理论特质，对社会主义革命与建设具有一定前瞻性、指导性价值，尽管奥地利马克思主义者对马克思主义的理解存在一定偏差，但从初衷来看，奥地利马克思主义理论的产生是建立在对马克思主义理论的丰富和发展基础之上的，而部分理论观点也确实有利于马克思主义理论的丰富与发展，这是我们必须肯定的。

中国特色社会主义始终坚持与时俱进的理论品质。百余年来，中国共产党始终走在时代前列，坚持马克思主义，反对教条主义与经验主义，不断推进理论创新，形成了与时俱进的理论传统，形成了中国革命、建设、改革与发展的理论成果与实践经验，丰富和发展了马克思主义，推动了马克思主义理论的延续性发展，使马克思主义在不同时代都能焕发出青春活力。习近平总书记指出："只有聆听时代的声音，回应时代的呼唤，认真研究解决重大而紧迫的问题，才能真正把握住历史脉络、找到发展规律，推动理论创新。"① 中国特色社会主义发展也要不断坚持马克思主义与时俱进的理论品质。今后，在推动我国马克思主义时代化进程中，要坚持以时代为导向，立足国际国内形势，关注和回答时代提出的重大课题，加强对当代资本主义及其变化的分析与研究，吸收借鉴国外马克思主义及其他优秀理论研究新成果，不断赋予马克思主义以生机活力。作为国外马克思主义的一支，奥地利马克思主义在历史上为社会主义理论与实践发展做出过一定贡献，但也要考虑到奥地利马克思主义理论发展中存在的问题。例如，奥地利马克思主义因始终无法摆脱折中性，将马克思主义理论与马赫主义、新康德主义、第二国际内部思想及新哲学思想等杂糅在一起，在力图丰富和发展马克思主义的同时，又在一定程度上歪曲了马克思主义。因此，为避免产生同样问题，我们在致力于马克思主义时代化的同时，又要坚持马克思主义基本原理，学会辨别各种思想理论，在创新理论时要对理论进行反复论证，真正做到丰富和发

---

① 习近平：《在哲学社会科学工作座谈会上的讲话》，人民出版社，2016，第14页。

展马克思主义。同时，也要注意做好意识形态工作，坚持马克思主义在意识形态领域的指导地位，从根本上铸牢中华民族共同体意识的基础。

最后，坚持人民至上原则，推动马克思主义大众化。马克思曾指出，理论只要说服人，就能掌握群众；理论一经掌握群众，也会变成物质力量。习近平总书记在云南考察时强调，"我们要传播好马克思主义，不能照本宣科、寻章摘句，要大众化、通俗化"。① 实现马克思主义大众化是马克思主义理论品质的内在要求，是每个社会主义政党推进社会主义事业的内在要求。

奥地利马克思主义者在推进社会主义建设过程中，一再寻求将马克思主义大众化的方法。奥地利马克思主义者认为社会主义文化教育应该体现在生活的方方面面，通过解决工人阶级迫切关心的问题而传递社会主义思想，推动马克思主义大众化的实现。他们将关乎人民利益的社会问题作为突破口，将马克思主义与社会政策相结合，如在住宅项目中掺入文化教育功能，在装饰中设计能够反映马克思主义文化的装潢、雕塑等；在学校推行无阶级差别待遇的教育，采取无阶级差别的教育方法，注重实践活动，将社会实践纳入马克思主义教育活动中来；帮助成立青年社会主义协会或社团，让青年自己主动去了解世界、国情及民情，帮助他们提高关心国家时事政治的政治素养与政治觉悟，不断提高青年知识文化水平；建立广泛的文化组织，创办不同类型的报刊，频繁举办普及与宣传社会主义知识的讲座，营造广泛的社会主义文化氛围；等等。这些做法打破了具体实物创造与意识形态宣传之间的屏障，在解决现实问题、维护人民权利的同时，传递社会主义价值观念，不断营造一种无产阶级文化氛围，培育公民社会主义意识，增强人民对社会主义与国家认同。同时，其根据工人阶级文化水平普遍较低的实际情况，创新教育方法，发明了图像统计学，建立专门博物馆，用简单易懂的图像方式实现文化知识普及化，实现了马克思主义大众化传播。

中国共产党在推动中国特色社会主义建设过程中也一直致力于马克思主义大众化传播。中国共产党成立之初就通过开办夜校、识字班、学习小组、

---

① 《习近平强调要把马克思主义本土化讲好》，新华网，http://www.xinhuanet.com/2020-01/20/c_1125484440.htm。

报纸等向工人传播马克思主义。战争年代，更是通过不拿百姓一针一线，力所能及地帮助百姓，采取张贴墙报、文艺表演等群众喜闻乐见的宣传方式，宣传马克思主义。毛泽东同志对当时马克思主义大众化宣传提出要求，强调要用群众喜闻乐见的方式开展。① 这一要求贯穿我国马克思主义大众化始终。社会主义革命和建设时期，进行关乎人民利益的三大改造，开展"三反""五反"运动，开展爱国教育运动等，增强人民对社会主义的信心；改革开放后，不断完善社会保障体系，取消农业税，实行九年义务教育，将人民富起来作为一项重要任务；新时代以来，中国共产党更是立足于人民实际问题，强调要以人民为中心，习近平总书记在党的二十大上再次强调，必须坚持以人民为中心，"维护人民根本利益，增进民生福祉，不断实现发展为了人民、发展依靠人民、发展成果由人民共享，让现代化建设成果更多更公平惠及全体人民"。② 中国完成了脱贫攻坚、全面建成小康社会的历史任务，实现第一个百年奋斗目标，明确"五位一体"总体布局和"四个全面"战略布局，确定稳中求进工作总基调，制定一系列具有全局性意义的区域重大战略，统筹发展和安全，正确处理了全部与局部，当前与长远、国内与国外等各种关系，适应矛盾的变化，以更多的精力抓好经济社会发展，在经济、政治、文化、社会、生态等各领域取得了一系列成就。这些都体现了中国共产党站在群众立场上实现马克思主义大众化。中国切实为人民服务、坚持以人民为中心的态度赢得了世界的掌声。英国共产党总书记罗伯特·格里菲思认为，"中国取得的成就都深深植根于马克思关于如何改变社会、如何实现绝大多数人利益的理论"。③ 当然，我们不能陶醉于已有的成就中，还要继续加强民生建设，切实解决人民所急、所想的问题，让改革开放成果真正惠及全体人民。今后，我们要在继承以往经验基础上，继续加强对马克思主义大众化的研究，学习借鉴奥地利马克思主义大众化的方法，创新马克思主义在中

---

① 《毛泽东选集》第2卷，人民出版社，1991，第534页。
② 习近平：《高举中国特色社会主义伟大旗帜 为全面建设社会主义现代化国家而团结奋斗——在中国共产党第二十次全国代表大会上的报告》，人民出版社，2022，第27页。
③ 《专访：马克思主义始终活跃并一直影响着英国——访英国共产党总书记罗伯特·格里菲思》，新华网，http://www.xinhuanet.com/2018-02/24/c_1122447203.htm。

国大众化发展的方法，研究人民群众关心的重要问题，倾听群众心声，回应现实需要，杜绝任何形式主义，要用马克思主义理论方法解决现实中群众关心的问题，将马克思主义融入人民日常生活中去，使马克思主义真正深入人心。

除此之外，随着中国综合实力的增强，中国更应坚持以人民为中心，并积极承担世界责任，为全世界人民贡献力量，这也是实现共产主义最终目标的必然要求。共产主义的最终目标是解放全人类，促进每个人自由而全面地发展，因而共产主义不是某一国、某一地区小范围的，而是全世界范围的。中国共产党坚持走中国式现代化道路，进一步围绕人民群众需求开展各项工作，切实维护人民利益，让发展成果惠及人民，不断增强人民的获得感和幸福感，并以国内发展带动国际发展，积极承担世界责任，发出正义声音，努力为世界贡献中国智慧、中国方案，惠及全世界人民，让世界人民看到中国共产党以人民为中心的坚强决心与发展成效，以此吸引世界人民关注，推动新时代党的创新理论最新成果国际传播，为世界社会主义崛起贡献力量。

二　对新时代中国特色社会主义建设的启示

在世界经济一体化，文化多样化的今天，故步自封、夜郎自大将使一个国家无法屹立于世界民族之林，学习永远在路上。今天我们在坚持理论自信的同时，也应该看到国外先进理论成果的价值，尤其是国外马克思主义优秀理论成果，应该成为我们学习、甄别并提高理论研究水平的有力助手。应在坚持文化自信自强的基础上，从外来文化中挖掘自我发展的价值因素，积极开展多元文化交流互鉴的平等对话，推进民族文化和世界文化相接轨，提高中华文明的国际传播力和竞争力，形成同国家实力和国际地位相匹配的国际话语权。对待奥地利马克思主义理论研究成果亦是如此。奥地利马克思主义在经济、民族、文化、法律等方面都有自己独到的见解，并形成了丰富的理论成果。其对资本主义阶段性的判断，对金融垄断的研究，对民族文化认同、文化共同体、工人阶级与新阶层、经济民主与政治民主关系等的关注与分析，是以往学术界未曾深入探讨的，而随着资本主义的发展，学界对民族问题、帝国主义、文化共同体等理论再次产生了兴趣。

我国是世界上迄今为止唯一一个历经千百年沧桑，能保持自身独特文化传统及在民族构成和国家疆土上保持基本一致的国家。我国是一个统一的多民族国家，文化多样，民族之间交往密切，各民族对国家与中华民族有着比较强烈的认同感。然而，随着世界民族运动浪潮袭来，我国的国家统一以及民族团结等也面临着挑战。奥地利马克思主义的民族理论能够为我们提供解决问题的方法，并看清西方宣扬的民族国家模式的本质。西方民族国家模式是在资本主义发展过程中形成的，符合资产阶级利益，具有资本主义性质，西方资本主义国家一方面打着民族国家理论的旗号，煽动单一民族脱离既有国家，成立单一民族国家；另一方面对自己国内民族问题又甚少谈论或避而不谈，以维护资产阶级统治，这需要我们警惕。此外，随着全球化发展，民族与民族之间交往更加密切，民族之间差异也越来越小，民族之间交往打破了地域限制，民族的非地域性特质越来越凸显，这时如果仍按民族划分区域，则极易造成民族分离分子利用区域自治煽动本地区民族情绪，谋求国家主权。因此，重新审视民族文化自治理论也成为我们解决民族问题的现实要求，如何既能够维护民族团结统一，增强民族向心力，又能充分借鉴民族文化区域自治理论有益成果为我所用，值得我们思考。

近些年来，由于社会情况的变化，新阶层不断出现，社会主义国家如何定位新出现的阶层在国家构成中的地位，如何看待其与工人阶级关系，以及其在无产阶级专政中的作用，成为一个摆在我们面前的问题。伦纳很早就对新阶层进行关注，他认为无产阶级结构发生变换，新的阶层出现，他密切关注中间阶层的变化，认为新兴起的阶层没有阶级属性，但是因其社会地位，容易对工人阶级产生好感。[①] 他认为随着劳动合同的法律化，这些工人在法律上与有产阶级一样拥有了保护其合法权益的法律保障。他着重从法律角度对新阶层权益进行分析，有试图用法律调和阶级关系的嫌疑。他妄图在资本主义制度框架内，通过法律帮助工人阶级获得权力而达到无产阶级解放，没有看到这个"法律"也是资本主义框架内的法律，归根到底具有资本主义属

---

① Tom Bottomore and Patrick Goode, eds., *Austro-Marxism*, Oxford: Clarendon Press, 1978, p. 28.

性，因而其主张并不能使无产阶级真正成为国家的主人。但是，从另一角度看，其对新阶层的关注，看到新阶层与工人阶级之间的密切关系，对当今我国看待新出现的社会阶层，以及使新阶层认识到自身具有的工人阶级属性，将新阶层团结到实现社会主义共同目标上来，有着重要现实意义。而谈及法律，在社会主义制度下，伦纳的法律研究对我国全面推进依法治国方略有着现实意义。在社会主义制度下保证工人阶级的合法权利必然要求健全的法律制度，通过法律赋予工人阶级获得当家作主的权利的合法性，保证其在经济民主与政治民主中地位平等，而社会主义法治社会的建立也必然需要依靠含新阶层在内的工人阶级。

此外，奥地利马克思主义者对夺取政权、实现社会主义的途径进行了探索，其主张有别于伯恩施坦、考茨基等完全放弃暴力革命手段的做法，强调争取普选权采取议会斗争方式，同时又不放弃以暴力手段（防御性暴力）夺取政权。虽然奥地利马克思主义者在这方面的主张存在严重缺陷，后期也导致革命的失败，但其对社会主义议会民主的探索及可行性分析，值得我们再次审视。对采取普选制度能否实现无产阶级夺权的问题，长久以来，我们受苏联影响，认为这是一种改良主义，对其采取完全贬斥态度。当然奥地利马克思主义者在普选夺权问题上确实存在幼稚想法，尤其是虽然其不放弃暴力革命手段，但采取消极的防御性暴力的主张显然是需要严厉批评的。但就是否存在通过普选制夺权的可能性来看，仍需进行广泛的讨论。恩格斯在晚年曾对普选制表示赞同，在提到社会民主党成就时，指出利用普选权，工人阶级及其政党获得了飞速的成长，然而面对工人阶级及其政党所采取的这种合法手段，资产阶级政府无计可施，"资产阶级和政府害怕工人政党的合法活动更甚于害怕它的不合法活动，害怕选举成就更甚于害怕起义成就"。[①] 当然，恩格斯在谈论普选制的同时并没有放弃暴力革命手段，但我们也不能否定奥地利马克思主义者及其他社会主义者提出的普选制（或议会民主）为实现社会主义提供了另一条可供考虑的途径。奥地利马克思主义的防御性暴力与职能民主夺权就是试图将普选与暴力两种方式结合起来的做法，虽然奥地

---

① 《马克思恩格斯文集》第 4 卷，人民出版社，2009，第 545 页。

利马克思主义者最终因害怕暴力革命造成社会动荡，而错失了反抗资产阶级反动派与法西斯的有利时机，以致革命失败，但其出发点确实是试图找寻二者的平衡点，是以最小的损耗而达到无产阶级稳步夺取政权的一次尝试。在当时，这种主张确实容易落入"和平长入社会主义""麻痹工人阶级"的陷阱，但在今天，世界社会主义处于低谷时期，资本主义仍然处于支配地位，各资本主义国家通过福利措施、员工持股等手段调节劳资关系、缓和劳资矛盾，工人阶级也已经不同于马克思生活的年代那样处于极端贫困状态，工人阶级阶层分化，更多新的阶层产生，需求更加多元化，且工人生活也与资本家有着更加复杂的利益关系，因而在联合工人阶级时，采取的策略也应发生变化。与此同时，二战后人们对和平的向往、民主制的发展，也使发动暴力革命的代价越来越高，而发生频率也越来越低，但旧的统治阶级又不可能会乖乖退出历史舞台，必然会负隅顽抗，无产阶级的夺权成功又必然需要依靠暴力手段。在此情况下如何做到既不放弃暴力革命手段，又不忽视另一种和平夺权途径，如何将两种手段很好地结合起来，是当下资本主义国家工人阶级夺取政权最应该思考的问题。而中国特色社会主义的创立，尤其是党的十八大以来，随着中国特色社会主义进入新的发展阶段，新时代十年伟大变革取得了举世瞩目的历史性成就，再次证明中国特色社会主义模式的正确，中国牢牢地守住了自己的社会主义阵地，探索出的符合本国发展模式的发展道路也为世界各国、各民族探索符合本国、本民族发展道路提供了经验借鉴，为世界社会主义运动增添了中国力量，贡献了中国智慧，提供了中国方案，世界社会主义将目光投向中国，标志着社会主义的主要阵地开始转向东方。

奥地利社会民主党在取得维也纳地区的控制权后，以维也纳为根据地，以奥地利马克思主义理论为指导，提出了一系列具有可行性的政策主张，进行了一系列社会主义改革，成效显著。在此后的长期执政中，奥地利社会民主党致力于为人民服务，积极推动国有化，赋予人民合法权益，进行一系列社会改革，完善社会保障制度，缓解阶级矛盾，使奥地利得以较平稳地度过2008年金融危机，即使在整个欧洲经济仍然不景气、存在难民危机、失业严重的当下，奥地利社会仍表现出稳定状态，这不得不说是一个奇迹。奥地利能够度过危机，从根本来看是因为奥地利社会民主党始终将人民利益放在首位，中国特色社会主义发展也要坚持以人民为中心，坚持在大政方针制定上将人民利益放于首位，在实践中多听取群众呼声，真正做到一切为人民，将人民团结到社会主义现代化建设上来。

此外，在推进中国特色社会主义建设时，要坚持理论与实践结合。理论只有与实践相结合才能发挥其价值。习近平总书记强调，要"坚持实践第一的观点"。① 实践是马克思主义哲学的核心，坚持理论与实践相结合，必须坚持一切从实际出发，坚持正确理论的指导，避免理论与实践相脱离，理论一旦脱离实践，不能被实践所用，将失去鲜活的生机，就有如一潭死水，无法成为生命的依托。奥地利马克思主义者从一开始就关心现实，针对奥地利社会现实问题提出了一系列理论主张，并将这些理论主张应用于现实中指导实践活动。他们反对苏联对马克思主义教条化理解，反对苏联将马克思主义真理垄断，不断探索符合奥地利发展的社会主义道路。"红色维也纳"时期，奥地利马克思主义者进行了轰轰烈烈的社会主义实验，将其理论最大限度地应用于实际，无论是兴建公共住宅、完善基础设施还是改善文化教育、医疗保障等措施，都闪耀着理论的光辉。在奥地利马克思主义思想的指导下，"红色维也纳"实践取得了举世瞩目的成就，向世界传达出其马克思主义信仰，彰显了理论自信。

奥地利马克思主义关于无产阶级文化霸权、文化知识民主化等的相关研究，以及"红色维也纳"时期为培育无产阶级意识而进行的一系列思想文化宣传工作，对新时代中国特色社会主义文化建设有一定启发。中国共产党历来高度重视宣传思想文化工作，百余年来，根据不同时期的历史使命与工作重心，在全局和战略上始终坚持做好党的宣传思想文化工作，在思想文化领域取得了一系列重要思想理论文化成果。新民主主义革命时期确立党领导宣传思想文化工作的原则，形成"唤起工农千百万，同心干"的强大力量；新中国成立初期，党中央强调"在全国范围内和全体规模上来宣传马列主义，用马列主义教育人民"，使人民群众摆脱旧社会不良思想影响，推动主流意

---

① 习近平：《辩证唯物主义是中国共产党人的世界观和方法论》，《求是》2019 年第 1 期。

识形态在全国范围内迅速确立；在改革开放和社会主义现代化建设进程中，党的宣传思想文化工作始终围绕党和国家的重大改革措施，强调宣传"为人民服务、为社会主义服务"，为中国特色社会主义建设提供了良好的舆论环境。2023 年 10 月，习近平总书记在对宣传思想文化工作作出重要指示时，强调"宣传思想文化工作事关党的前途命运，事关国家长治久安，事关民族凝聚力和向心力，是一项极端重要的工作"。① 党的十八大以来，以习近平同志为核心的党中央对宣传思想文化工作作出系统谋划和部署，推动新时代宣传思想文化事业取得历史性成就，意识形态领域形势发生全局性、根本性转变，习近平新时代中国特色社会主义思想更加深入人心，主流意识形态不断巩固壮大，全党全国各族人民文化自信明显增强，中华民族焕发出强大的凝聚力和向心力。新征程上，我们要着力加强党对宣传思想文化工作的领导，坚持习近平新时代中国特色社会主义思想的科学指引，在全面建设社会主义现代化国家的伟大实践中不断增强宣传思想文化工作的责任感与使命感，肩负起奋力谱写新时代中华民族现代文明新华章的重要使命。中国特色社会主义在建设中也要不断坚持理论与实践相结合的原则，坚持一切从实际出发，坚持道路自信、理论自信、制度自信、文化自信，用理论武装党员干部队伍，并指导其开展实践活动，更好地推动中国特色社会主义建设与发展。

小　结

在对国外学术理论进行研究时应该秉持马克思主义基本立场与方法，立足我国实际，辩证地看待其理论，取其精华，去其糟粕。习近平总书记强调，在对待国外学术思想与方法上，"如果不加分析把国外学术思想和学术方法奉为圭臬，一切以此为准绳，那就没有独创性可言了"。② 研究奥地利马

---

① 《习近平对宣传思想文化工作作出重要指示强调　坚定文化自信秉持开放包容坚持守正创新为全面建设社会主义现代化国家　全面推进中华民族伟大复兴提供坚强思想保证强大精神力量有利文化条件　蔡奇出席全国宣传思想文化工作会议并讲话》，《人民日报》2023 年 10 月 9日，第 1 版。

② 《习近平谈治国理政》第 2 卷，外文出版社，2017，第 341 页。

克思主义的目的不仅仅是对一个国外马克思主义流派的理论与实践进行介绍，而更多的是通过对其理论与实践的研究，能够为我国理论与实践发展提供一定启示。我们要用辩证的眼光看待奥地利马克思主义理论主张，一方面我们要看到其理论的局限性并予以批判；另一方面我们也应该看到其理论价值所在并予以借鉴，接受其理论与实践的不完美一面，充分认识其在社会主义发展进程中的历史贡献，对奥地利马克思主义的理论观点及实践进行仔细甄别，学习借鉴其理论所长及实践经验，做到为我所用。

参考文献

（一） 经典著作

[1]《马克思恩格斯全集》第 4 卷，人民出版社，1958。

[2]《马克思恩格斯全集》第 7 卷，人民出版社，1959。

[3]《马克思恩格斯全集》第 22 卷，人民出版社，1965。

[4]《马克思恩格斯全集》第 39 卷，人民出版社，1974。

[5]《马克思恩格斯文集》第 1—5 卷，人民出版社，2009。

[6]《马克思恩格斯选集》第 1—4 卷，人民出版社，2012。

[7]《列宁选集》第 1—4 卷，人民出版社，2012。

[8]《列宁全集》第 10 卷，人民出版社，2017。

[9]《列宁全集》第 18 卷，人民出版社，2017。

[10]《列宁全集》第 26 卷，人民出版社，2017。

[11]《列宁全集》第 28 卷，人民出版社，2017。

[12]《列宁全集》第 33 卷，人民出版社，2017。

[13]《列宁全集》第 43 卷，人民出版社，2017。

[14]《列宁专题文集：论资本主义》，人民出版社，2009。

[15]《斯大林选集》上卷，人民出版社，1979。

[16]《毛泽东选集》第 2 卷，人民出版社，1991。

[17] 习近平：《在哲学社会科学工作座谈会上的讲话》，人民出版社，2016。

[18]《习近平谈治国理政》第 2 卷，外文出版社，2017。

[19] 习近平：《携手建设更加美好的世界——在中国共产党与世界政党高层对话会上的主旨讲话》，人民出版社，2017。

（二） 中文著作

[1]《第二国际》，中央党校国际工人运动史教研室编印，1986。

230

［2］《第二国际、第三国际和维也纳联合会柏林会议记录》，北京编译社译，生活·读书·新知三联书店，1966。

［3］方章东：《第二国际思想家若干重大理论争论研究》，中国社会科学出版社，2018。

［4］高放等主编《当代世界社会主义文献选编》，中国人民大学出版社，1990。

［5］洪谦主编《西方现代资产阶级哲学论著选辑》，商务印书馆，1964。

［6］侯鸿勋、郑涌编《西方著名哲学家评传》第8卷，山东人民出版社，1985。

［7］《机会主义、修正主义资料选编》编译组选编《第二国际修正主义者关于帝国主义的谬论》，生活·读书·新知三联书店，1976。

［8］蓝瑛、谢宗范主编《社会主义流派政治思想述评》，上海社会科学院出版社，1988。

［9］李忠尚：《第三条道路——“新马克思主义”与中国崛起之真谛》，人民出版社，2010。

［10］李忠尚：《“新马克思主义”论》，中国人民大学出版社，2011。

［11］刘佩弦、马健行主编《第二国际若干人物的思想研究》，中国人民大学出版社，1994。

［12］路飞：《小国大教育——瑞士、奥地利、卢森堡创新教育研究》，浙江工商大学出版社，2014。

［13］孟飞：《奥地利马克思主义理论与实践》，社会科学文献出版社，2018。

［14］社会党国际文件集编辑组编《社会党国际文件集》，黑龙江人民出版社，1989。

［15］世界知识出版社编辑《各国社会党重要文件汇编》第2辑，世界知识出版社，1962。

［16］苏联科学院国际工人运动研究室编《国际工人运动——历史和理论问题》第2卷，杭州大学外语系俄语教研室译，工人出版社，1984。

［17］唐虹：《和谐社会与竞争力：瑞士和奥地利“共识民主”模式及其面

临的挑战》，中国社会科学出版社，2019。

[18] 王海霞：《奥地利社会民主党研究》，北京广播学院出版社，2003。

[19] 王绳祖主编《国际关系史资料选编》上册第 2 分册，武汉大学出版社，1983。

[20] 王幸平：《奥托·鲍威尔民族理论研究》，中国社会科学出版社，2017。

[21] 王学东主编《国际共产主义运动历史文献》第 15 卷，中央编译出版社，2015。

[22] 严平编选《伽达默尔集》，邓安庆等译，上海远东出版社，2003。

[23] 殷华成：《奥地利马克思主义研究》，中国社会科学出版社，2014。

[24] 殷叙彝等：《第二国际研究》，中央编译出版社，1998。

[25] 中共中央党校科学社会主义教研室国外社会主义问题教学组编《社会党重要文件选编》，中共中央党校科研办公室，1985。

[26] 中共中央马克思恩格斯列宁斯大林著作编译局国际共运史研究室编《国际共运史研究资料》第 3 辑，人民出版社，1981。

[27] 中共中央马克思恩格斯列宁斯大林著作编译局资料室编《鲍威尔言论》，生活·读书·新知三联书店，1978。

[28] 〔奥〕埃里希·策尔纳：《奥地利史：从开端至现代》，李澍泖等译，商务印书馆，1981。

[29] 〔奥〕埃·普利斯特尔：《奥地利简史》下册，陶梁、张傅译，生活·读书·新知三联书店，1972。

[30] 〔苏〕安·安·葛罗米柯、鲍·尼·波诺马廖夫主编《苏联对外政策史 1945—1980》下卷，韩正文、沈芜清等译，中国人民大学出版社，1988。

[31] 〔奥〕奥雷尔·舒伯特：《1931 年奥地利工商信贷银行危机》，沈国华译，上海财经大学出版社，2018。

[32] 〔奥〕奥托·鲍威尔：《到社会主义之路》，王志涵译，生活·读书·新知三联书店，1964。

[33] 〔奥〕奥托·鲍威尔著，殷叙彝编《鲍威尔文选》，人民出版社，2008。

[34] 〔德〕伯恩施坦:《社会主义的历史和理论》,马元德等译,东方出版社,1989。

[35] 〔苏〕C. A. 莫吉列夫斯基:《第二国际的复活(1919—1923 年):革命高潮时期国际改良主义中心的历史》,杭州大学外语系俄语翻译组译,人民出版社,1982。

[36] 〔英〕戴维·麦克莱兰:《马克思以后的马克思主义》,林春、徐贤珍等译,东方出版社,1986。

[37] 〔英〕G. D. H. 柯尔:《社会主义思想史》第 3 卷下册,何慕李译,商务印书馆,1986。

[38] 〔英〕杰弗里·巴勒克拉夫、雷切尔·F. 沃尔:《国际事务概览,1955—1956 年》,陆英等译,上海译文出版社,1985。

[39] 〔奥〕卡尔·伦纳:《私法的制度及其社会功能》,王家国译,法律出版社,2013。

[40] 〔波〕莱泽克·科拉科夫斯基:《马克思主义的主要流派》第 2 卷,马翎等译,黑龙江大学出版社,2016。

[41] 〔德〕鲁道夫·希法亭:《金融资本——资本主义最新发展的研究》,福民等译,商务印书馆,1994。

[42] 〔德〕路德维希·费尔巴哈:《费尔巴哈哲学著作选集》上卷,荣震华、李金山等译,商务印书馆,1984。

[43] 〔美〕马丁·杰伊:《法兰克福学派史(1923—1950)》,单世联译,广东人民出版社,1996。

[44] 〔英〕迈克尔·鲍尔弗、约翰·梅尔:《四国对德国和奥地利的管制1945—1946 年》,安徽大学外语系译,上海译文出版社,1980。

[45] 〔澳〕尼尔·德·马奇、〔美〕克劳福德·古德温编《两难之境:艺术与经济的利害关系》,王晓丹译,中国青年出版社,2014。

[46] 〔美〕史蒂芬·贝莱尔:《奥地利史》,黄艳红译,中国大百科全书出版社,2009。

[47] 〔英〕佩里·安德森:《西方马克思主义探讨》,高铦等译,人民出版

社，1981。

[48]〔南〕普·弗兰尼茨基：《马克思主义史》上册，徐致敬等译，生活·读书·新知三联书店，1963。

[49]〔德〕文德尔班：《哲学史教程》下卷，罗达仁译，商务印书馆，1996。

[50]〔英〕休·希顿－沃森：《民族与国家——对民族起源与民族主义政治的探讨》，吴洪英、黄群译，中央民族大学出版社，2009。

[51]〔苏〕伊·布拉斯拉夫斯基编《第一国际第二国际历史资料：第二国际》，中国人民大学编译室译，生活·读书·新知三联书店，1964。

[52]〔奥〕尤利乌斯·布劳恩塔尔：《国际史》，杨寿国等译，上海译文出版社，1986。

（三） 中文论文

[1] 习近平：《辩证唯物主义是中国共产党人的世界观和方法论》，《求是》2019 年第 1 期。

[2]〔奥〕布鲁诺·克赖斯基：《民主和社会主义是钥匙——对奥地利马克思主义的思想与社会民主党实践的回顾》，苏萍译，《中共中央党校学报》1991 年第 4 期。

[3]〔俄〕H. M. 扎哈罗娃：《奥地利的市场经济模式》，傅南译，《国外财经》1995 年第 2 期。

[4] 孟飞：《麦克斯·阿德勒的马克思主义哲学观探析》，《中共南京市委党校学报》2014 年第 5 期。

[5] 商德文：《奥托·鲍威尔经济思想评析》，《当代经济研究》1992 年第 2 期。

[6] 王凤鸣、谢有光：《社会政策是"生产性要素"》，《光明日报》2008 年 6 月 4 日，第 11 版。

[7] 姚顺良：《希法亭对马克思资本主义理解模式的逻辑转换》，《南京大学学报》（哲学·人文科学·社会科学）2009 年第 9 期。

[8] 殷叙彝：《从"有组织的资本主义"到民主共和国崇拜——论鲁道夫·希法亭的国家观》，《当代世界社会主义问题》2003 年第 2 期。

［9］赵尚峰：《奥地利和谐社会的建立》，城市发展与社会政策国际学术研
讨会论文，上海，2010 年 10 月。

（四）外文著作

［1］Anson Rabinbach, *The Crisis of Austrian Socialism: From Red Vienna to Civil War, 1927－1934*, Chicago: University of Chicago Press, 1983.

［2］Anson Rabinbach, ed. , *The Austrian Socialist Experiment*, Boulder: Westview Press. 1985.

［3］Anton Pelinka, *Austria: Out of the Shadow of the Past*, Boulder: Westview Press, 1998.

［4］Bruno Kreisky, *The Struggle for a Democratic Austria: Bruno Kreisky on Peace and Social Justice*, New York: Berghahn Books, 2000.

［5］Ephraim Nimni, ed. , *National Culture Autonomy and Its Contemporary Critics*, London: Routledge Taylor&Francis Group, 2005.

［6］Eve Blau, *The Architecture of Red Vienna 1919－1934*, Cambridge: MIT Press, 1999.

［7］E. von Steinitz, ed. , *Erinnerungen an Franz Joseph I. : kaiser von Österreich, apostolischer könig von Ungarn*, Berlin: Verlag für kulturpolitik, 1931.

［8］Ewa Czerwińska-Schupp, *Otto Bauer (1881－1938): Thinker and Politician*, Leiden: Brill, 2017.

［9］G. Brook-Shepherd, *The Austrians*, London: HarperCollins Publishers Ltd. , 1995.

［10］Helmut Gruber, *Red Vienna: Experiment in Working Class Culture*, New York: Oxford University Press, 1991.

［11］Julius Braunthal, *The Tragedy of Austria*, London: Victor Gollancz Ltd. , 1948.

［12］Karl Renner, *Die neue Welt and der, Sbzialismus*, Salzburg: Alpenland Verlag, 1946.

［13］Karl Renner, *Die Stellung des Genossenschaftswesens der Wirtschaft Österreich*,

Wien: Manz Verlasbuchhandlung, 1947.

[14] Karl Renner, *The Institution of Private Law and Their Social Functions*, London: Routledge & Kegan Paul, 1949.

[15] Katrin Kohl and Ritchie Robertson, eds., *A History of Austrian Literature 1918－2000*, New York: Camden House, 2006.

[16] Kurt Shell, *The Transformation of Austrian Socialism*, New York: State University of New York, 1962.

[17] L. G. Redmond-Howard, ed., *Austria and Austrian People*, London: Simpkin, Marshall, Hamilton, Kent & Company, Limited, 1914.

[18] Mark E. Blum, *Austro-Marxists 1890－1918: A Psychobiographical Study*, Lexington: The University Press of Kentucky, 1985.

[19] Mark E. Blum, William Smaldone, ed., *Austro-Marxism: The Ideology of Unity*, Leiden: Brill, 2015.

[20] Max Adler, *Marxisitische Probleme*, Stuttgart: J. H. W. Dictz, 1913.

[21] Max Adler, *Lehrhuch der materialistischen Geschichtsauffassung*, Berlin: E. LauB, 1930.

[22] Melanie A. Sully, *Continuity and Change in Austrian Socialism: The External Quest for the Third Way*, New York: Columbia Press, 1982.

[23] Mesch and Josef Zuckerstaetter, eds., *Nationale Arbeitsberiehunsen und ohnnolitik in der EU 2004－2014 Wirtschaftswissenschaftliche Tarungen der AK Wien Reihne Band 18*, Wien: OEGB Verlag, 2015.

[24] Norman Fairclough, *Critical Discourse Analysis: The Critical Study of Language*, London: Longhan, 1995.

[25] Otto Bauer, *Deutschtum und Sozialdemokratie*, Wien: Europa Verlag, 1975.

[26] Otto Bauer, *The Question of Nationalities and Social Democracy*, MN: University of Minnesota Press, 2000.

[27] Otto Neurath, *Lebensgestaltung und Klassenkampf*, Berlin: Laub, 1928.

［28］ Otto Neurath, *Empirical Sociology*, Holland: D. Reidel Publishing Company, 1973.

［29］ Otto Neurath, *Personal Life and Class Struggle*, Holland: Reidel Publishing Company, 1973.

［30］ Otto Neurath, *Wissenschaftliche Weltauffassung*, *Der Wiener Kreis*, Holland: D. Reidel Publishing Company, 1973.

［31］ Ruth Wodak, Anton Pelinka, Gunter Bischof, eds. , *Neutrality in Austria*, New York: Routledge, 2018.

［32］ Schorske Carl E. , *Fin-de-Siècle Vienna: Politics and Culture*, New York: Alfred A. Knopf, 1981.

［33］ Susan R. Henderson, *Building Culture: Ernst May and the New Frankfurt Initiative, 1926 – 1931*, New York: Peter Lang Publishing, 2013.

［34］ T. Bottomore and P. Goode, eds. , *Austro-Marxism*, Oxford: Clarendon Press, 1978.

［35］ Wasserman, Janek, *Black Vienna: The Radical Right in the Red City, 1918 – 1938*, New York: Cornell University Press, 2014.

［36］ Zilsel Edgar, *Die Geniereligion. Ein kritischer Versuch über das moderne Persönlichkeitsideal*, *mit einer historischen Begründung*, Frankfurt am Main: Suhrkamp Verlag, 1990.

（五） 外文论文

［1］ Andreas Novy, Vanessa Redak, Johannes Jäger, "The End of Red Vienna Recent Ruptures and Continuities in Urban Governance", *European Urban& Regional Studies*, Vol. 8, No. 2, 2001.

［2］ Anton Pelinka, "Austrian Social Partnership: Stability Versus Innovation", *West European Politics*, Vol. 10, No. 1, 1987.

［3］ Ewald Nowotny, "The Austrian Social Partnership and Democracy", *Working Paper*, Vol. 93, No. 1, 1993.

［4］ Giinther Sandner, "From the Cradle to the Grave Austro-Marxism and Cultural Studies", *Cultural Studies*, Vol. 16, No. 6, 2010.

[5] Hofmarcher Maria, "The Austrian Health Reform 2013 Is Promising but Requires Continuous Political Ambition", *Health Policy*, Vol. 118, No. 1, 2014.

[6] Jill Lewis, "Red Vienna: Socialism in One City, 1918 – 27", *European Studies Review*, Vol. 13, No. 3, 1983.

[7] Josef L. Kunz, "Austria's Permanent Neutrality", *The American Journal of International Law*, Vol. 50, No. 2, 1956.

[8] Markus Marterbauer, "Austrian Economic and Social Partnership and European Integration", *Economic and Industrial Democracy*, Vol. 14, No. 1, 1993.

[9] Margarete Haderer, Politics and Space: Creating the Ideal Citizen through Politics of Dwelling in Red Vienna and Cold War Berlin, Ph. D. diss. , University of Toronto, 2014.

[10] Michael Turk, "Otto Neurath and the Linguistic Turn in Economics", *Journal of the History of Economic Thought*, Vol. 38, No. 3, 2016.

[11] Rick Kuhn, "Henryk Grossmann, a Marxist Activist and Theorist: On the 50th Anniversary of His Death", *Research in Political Economy*, Vol. 18, No. 2, 2000.

[12] Robert W. Gilbert, "Austria's Social Partnership: A Unique Extralegal System of Labor-Management Cooperation", *The Labor Lawyer*, Vol. 3, No. 2, 1987.

[13] Solomon Wank, "Desperate Counsel in Vienna in July 1914: Berthold Molden's Unpublished Memorandum", *Central European History*, Vol. 26, No. 3, 1993.

[14] Steven C. Roaeh, "Minority Rights and the Dialectics of the Nation: Otto Bauer's Theory of the Nation and Its Contributions to Multicultural Theory and Globalization", *Human Rights Review*, Vol. 6, No. 1, 2004.

［15］ William M. Johnston, The Austrian Mind: An Intellectual and Social History 1848 – 1938, Ph. D. diss., University of California, 1972.

［16］ Wolfgang Maderrthaner, "Austro-Marxism: Mass Culture and Anticipatory Socialism", *Austrian Studies*, Vol. 14, No. 1, 2006.

附录 1
奥地利马克思主义主要理论家生平[*]

1. 维克多·阿德勒

维克多·阿德勒（Victor Adler，1852 – 06 – 24—1918 – 11 – 11），奥地利社会民主党领袖、创始人。1952 年 6 月 24 日出生于布拉格，父亲是名犹太商人。曾在维也纳大学攻读化学，后改习医学。1881 年毕业后从事医生职业。1883 年始与社会民主党人接触，从事工人运动，在恩格斯与倍倍尔的影响下，1885 年加入早期社会民主党，成为奥地利宣传马克思主义的先驱。1888 年 12 月 31 日—1889 年 1 月 1 日奥地利举行社会民主党海因菲尔德代表大会，通过他提出的《海因菲尔德宣言》（《原则宣言》），实现党的统一，他当选为主席。1889 年创办并主编党刊《工人报》，参加第二国际的创立。1905 年当选为奥地利帝国议会议员，热衷于合法的议会斗争。第一次世界大战期间支持政府进行帝国主义战争，反对无产阶级革命，蜕变为社会沙文主义者，持中派立场。1918 年 10 月底奥匈帝国崩溃前夕，一度出任伦纳领导的临时政府外交部长，主张德奥合并。在奥地利第一共和国成立前夕，于 11 月 11 日卒于维也纳。

2. 奥托·鲍威尔

奥托·鲍威尔（Otto Bauer，1881 – 09 – 05—1938 – 07 – 04），奥地利社会民主党主要领导人之一，党内重要的理论家，一生著作颇丰，在 20 世纪初对奥地利社会主义运动和工人运动有着显著的贡献。1881 年 9 月 5 日出生于维也纳的一个犹太富商家庭。早年，鲍威尔就展现出对社会主义和工人运

---

[*] 本部分内容根据奥地利社会民主党网站、《中国大百科全书》、G. D. H. 柯尔《社会主义思想史》第 4 卷下册、谷歌学术、全知识网、维基百科等整理而成。

动的浓厚兴趣，中学时期他就接触到马克思主义，在维也纳大学求学时结识了奥地利马克思主义其他代表人物，并加入了社会民主党。1904 年写信寄给考茨基一篇有关马克思主义经济危机理论的文章，后发表在考茨基主编的刊物《新时代》上。1907 年发表《民族问题和社会民主党》。同年，与伦纳等人共同创办党的理论刊物《斗争》，并担任奥地利社会民主党国会党团的秘书。1912 年担任《工人报》编辑。1918 年，担任奥地利第一共和国外交部部长，一年后被迫辞职。1920 年，担任奥地利社会民主党书记，并成为奥地利立宪国民议会议员。1923 年，社会主义工人国际成立后，担任执行委员。1926 年 10 月 30 日至 11 月 3 日，奥地利社会民主党大会在林茨召开，他参与起草《林茨纲领》并在大会上做报告。1934 年，二月起义失败后，被迫流亡国外。1938 年，希特勒吞并奥地利并威胁捷克斯洛伐克，鲍威尔匆忙离开捷克斯洛伐克逃往法国巴黎。1938 年 7 月 4 日，鲍威尔因心脏病发逝世。

3. 鲁道夫·希法亭

鲁道夫·希法亭（Rudolf Hilferding，1877 - 08 - 10—1941 - 02 - 11），奥地利马克思主义政治经济学家，他被普遍认为是社会民主党在 20 世纪最重要的理论家。他于 1877 年 8 月 10 日出生在奥地利维也纳一个犹太家庭，父亲是一家保险公司职员。1901 年获得医学博士学位。1902 年以后，他加入奥地利社会民主党，后又参加了德国社会民主党。1904 年，他与马克斯·阿德勒一起创办了《马克思研究》。为驳斥庞巴维克对马克思政治经济学的诘难，他写就《驳庞巴维克对马克思的批判》一书，使其名声大噪。1906 年他被邀请担任德国社会民主党党校的政治经济学教授，但由于普鲁士王国阻挠未就任，遂担任《前进报》政治编辑。1910 年出版了他最重要的经济学著作《金融资本——资本主义最新发展的研究》。曾担任德国社会民主党记者，魏玛共和国时期德国社会民主党首席理论家、议员，参与 1918 年德国十一月革命，1920 年，加入德国国籍，并成为德国社会民主党领袖之一。1923 年、1928—1929 年任财政部部长，1929 年因经济危机而辞职，之后一直代表德国社会民主党担任国会议员至 1933 年。1933 年辗转流亡于瑞士苏黎世和法国巴黎。1940 年，随着法国战败，他被迫逃往西班牙。然而，在逃亡途中，他被纳粹德国的特工逮捕，并被关押在一座集中营中，在那里，他遭受了严重的虐待和折磨，最终于 1941 年 2 月被迫害。

4. 卡尔·伦纳

卡尔·伦纳（Karl Renner，1870 - 12 - 14—1950 - 12 - 31），奥地利政治家、奥地利总理（1918—1920、1945）和奥地利总统（1945—1950），被称为奥地利国父。伦纳于 1870 年 12 月出生于奥匈帝国摩拉维亚的一个贫困农民家庭，高中毕业后参军入伍。1890—1896 年在维也纳大学学习法律。大学期间，伦纳结识了奥地利马克思主义者马克斯·阿德勒，阿德勒向他介绍了社会主义理论，他们共同组建了一个马克思主义学习小组系统地研读马克思的《资本论》。1896 年，大学毕业后加入奥地利社会民主党。1899 年，伦纳出版了他的第一部重要著作《国家与民族》。1904 年，在《马克思研究》的创刊号上发表了令他名声大噪的《私法的制度及其社会功能》。1907 年起为奥匈帝国议会议员，1907—1914 年，伦纳担任国家议会州议会的社会民主党代表，1918 年当选为奥地利共和国总理，1920 年辞去总理职务，此后长期担任社会民主党的主要领导人。1931—1933 年任国民议会议长。1938 年支持德奥合并。1945 年纳粹德国崩溃，苏联军队占领奥地利，伦纳协同苏联官员成立临时政权。1945 年 4 月任新成立的奥地利第二共和国首任总理，同年 12 月 20 日，伦纳当选为奥地利第二共和国总统，1950 年 12 月 31 日他因心脏病突发去世。

5. 马克斯·阿德勒

马克斯·阿德勒（Max Adler，1873 - 01 - 15—1937 - 06 - 28），奥地利法学家、政治家、社会哲学家，毕业于维也纳大学，法学博士。1873 年 1 月 15 日出生于维也纳一个犹太知识分子家庭。1892 年考入维也纳大学法学专业，1896 年毕业后，在法院进行实习，次年加入一家律师事务所。1903 年，在卡尔·伦纳和鲁道夫·希法亭的协助下，他在维也纳建立了一所工人学校。1904 年他和希法亭创办了《马克思研究》。1934 年 2 月参加反对保守势力的二月起义，起义失败后被捕，获释后回到维也纳大学任教，1937 年 6 月 28 日去世。

6. 弗里德里希·阿德勒

弗里德里希·阿德勒（Friedrich Adler，1879 – 07 – 09—1960 – 01 – 02），1879 年 7 月 9 日出生于维也纳，父亲是维克多·阿德勒。弗里德里希·阿德勒于 1897 年开始学习化学。后来，他在苏黎世大学获得数学和物理学博士学位。除了学术工作外，他还在工人协会发表演讲，并在奥地利社会民主党日报《民权报》工作，于 1910 年成为该报的主编。

1911 年，弗里德里希·阿德勒响应党的号召，回到维也纳，成为奥地利社会民主党执委会四位秘书之一，并接管"选举宣传"部门。1911 年至 1916 年，担任奥地利社会民主党书记。1913 年，他成为奥地利社会民主党理论刊物《斗争》的联合编辑。1914 年 8 月 8 日，弗里德里希·阿德勒为抗议《工人报》上刊登的一篇美化"战争贷款获得批准的 8 月 4 日"为"战争日"的文章，愤而辞去了党委书记的职务。1916 年 10 月 21 日，弗里德里希·阿德勒枪杀了奥地利前领导人卡尔·格拉夫·施图尔克赫（该人在一战中极力主张发动战争和对人民实行专制），随后被判处死刑。1918 年 11 月 1 日，奥匈帝国崩溃前夕，他被赦免并出狱。1918 年 11 月 3 日成立的奥地利共产党邀请他担任该党主席，但他拒绝了。他主张学习俄国，建立苏维埃政权，最后失败了。他支持从 1919 年 1 月开始自发组建工人委员会，并帮助组建了帝国劳工委员会。弗里德里希·阿德勒于 2 月成为制宪国民议会议员。同年 3 月，奥地利工人委员会团体——帝国劳工委员会选举他为主席。他与奥托·鲍威尔一起阻止议会夺取权力，因为他认为奥地利没有任何单独由议会统治的机会。作为出席伯尔尼国际社会主义会议的奥地利代表团成员，他参与了 1921 年 2 月在维也纳成立的第二半国际的筹备工作，并出任秘书，积极促成第二国际与共产国际的协商合作。两个国际合并失败后，推动第二国际与第二半国际合并事宜，促成社会主义工人国际的成立，并被选举为书记。

二月起义后，弗里德里希·阿德勒被任命为党的资产管理者，并为流亡者和西班牙战士提供法律和物质援助。1940 年，由于法西斯的迫害，他经巴黎、法国南部、西班牙和里斯本，流亡至美国。1941 年，弗里德里希·阿德勒担任美国工会支持的难民援助组织劳工援助项目主席。事实上，第二次世界大战后，他对奥地利社会民主党的政治影响越来越小。他将兴趣完全集中在科学工作上。晚年，开始为他的父亲写传记，但未完成。1960 年 1 月 2 日在苏黎世去世。

附录 2
奥地利社会民主党与共产党
及其他政党简介[*]

一 奥地利社会民主党

奥地利社会民主党（Sozialdemokratische Partei Österreichs，SPÖ）是一个已有 130 多年历史的传统中左翼大党，是欧洲执政时间最长、最具特色的社会民主党之一。二战前是奥地利马克思主义理论主要践行者，二战后其进行的"社会伙伴关系"、永久中立实践以及社会福利、国有化等独特的社会治理实践在欧洲及国际社会享有盛名。其在执政期间，施行了一系列有利于国际国内稳定发展的政策，即使是在金融危机期间，仍能保持国内经济社会一定发展。

1867 年 12 月 15 日，奥地利工人在首都维也纳的鲁道夫海姆剧场举行了"维也纳第一工人教育联合会"成立大会，宣告奥地利第一个全国性的工人组织——维也纳第一工人教育联合会的诞生，这是奥地利社会民主党建立的雏形。1869 年德国社会民主工党成立，成为世界上第一个在民族国家建立的无产阶级政党，此后欧美许多国家以德国社会民主工党为榜样，纷纷在本国建立起自己的工人阶级政党，奥地利社会民主党就是其中之一。1888 年 8 月 30 日，奥地利第九届工人代表大会召开，大会通过了《社会民主工党纲领》，宣布成立奥地利社会民主工党。1888 年 12 月 30 日至 1889 年 1 月 1

＊ 本部分内容根据奥地利各主要政党网站、中华人民共和国驻奥地利共和国大使馆网站、新华网、奥地利政府网站、维基百科及国内相关前沿研究资料整理而成。

日，在海因菲尔德举行联席代表大会，正式成立奥地利社会民主工党。① 大会通过了《海因菲尔德宣言》，这是奥地利社会民主党历史上的第一个正式纲领。该宣言指出，工人阶级被奴役和贫困的根源是生产资料私人占有，现代国家是代表资产阶级利益的阶级国家，只有消灭了私有制，才能达到建立社会主义的目的；在社会主义条件下，生产资料实行公有制；社会民主党应当帮助工人准备迎接这样的社会制度，并运用一切适合于人民的法律观念来实现它。可以说奥地利社会民主党的产生既是世界社会主义运动的产物，也是奥地利先进分子积极参与奥地利无产阶级工人运动的结果。1889 年 7 月 14 日，奥地利社会民主党参加了第二国际成立大会。1899 年 9 月，通过了《布尔诺方案》，要求将奥匈帝国改革为一个民主联邦国家。1890 年 5 月 30 日获得维也纳市议会选举的参选权。此后，在议会的众议院选举中，获得 87 个席位，成为议会第二大党。1911 年，成为议会第一大党。1916 年 10 月，社会民主党领导人卡尔·伦纳主持召开临时国民议会，制定临时宪法，1918 年宣布第一共和国成立。1919 年 2 月 16 日，第一次宪法国民议会选举，女性第一次获得投票权。社会民主党成为第一大党并与基督教社会党组成执政联盟。同年 5 月的维也纳市议会选举中，社会民主党以绝对的优势获得维也纳的管辖权，并以此为据点，开展了其轰轰烈烈的社会主义实验，这一时期也被称为"红色维也纳"。

1933 年，基督教社会党领导人、联邦总理恩格尔伯特·陶尔斐斯采取极端手段，对社会民主党及其他左翼活动进行限制、迫害。1934 年 2 月，社会民主党发动武装起义，史称"二月起义"，起义以以社会民主党为首的左翼势力失败告终。起义失败后，社会民主党被认定为非法组织而被取缔，领导层中多数被逮捕或驱逐。此后，纳粹德国吞并奥地利，德奥合并，奥地利境内一切党派活动被禁止。

二战后，奥地利社会民主党人积极投入重建奥地利，争取民族独立的斗

---

① 此后，受德国社会民主工党的影响，很长一段时间内奥地利社会民主党名称都为"奥地利社会民主工党"，直至 1945 年，在奥地利马克思主义者、奥地利社会民主党主要领导人卡尔·伦纳和阿道夫·舍尔夫的倡议下，奥地利社会民主工党与奥地利革命社会党合并，改名为"奥地利社会党"，1991 年 6 月又更名为"奥地利社会民主党"。

争中，采取了一系列具有特殊意义的政策措施，在维护奥地利社会经济稳定发展上功不可没。1945 年，伦纳当选为第二共和国总理。奥地利社会民主党在奥地利联合执政或单独执政长达 50 多年，苏联解体以前，奥地利社会民主党除 1966—1970 年在野之外，其余时间一直单独执政或联合执政。1971—1983 年，在布鲁诺·克赖斯基领导下的社会民主党单独执政。1983—1986 年与自由党联合执政，1987—2000 年与人民党联合执政。进入 21 世纪后，2007—2016 年与人民党再次联合执政。2019 年立法选举中赢得了21.2% 的选票，是全国委员会五个政党中第二大党。社会民主党支持奥地利加入欧盟，2023 年 6 月，社会民主党领导人换届选举，安德里亚斯·巴布勒（Andreas Babler）拔得头筹，成为新任领导人。

二　奥地利共产党

奥地利共产党（Kommunistische Partei Österreichs，KPÖ）成立于 1918年，是奥地利最早成立的政党之一，早期成员来自奥地利社会民主党左翼，机关报为《人民之声》，党代表大会每三年举行一次，是奥地利共产党的最高机构。1918 年 11 月 3 日，在俄国十月社会主义革命的影响下，卡尔·施泰因哈特、露丝·菲舍尔、卢西安·劳拉特等社会民主党左翼人士在维也纳开会决定建党，初名为"德意志 – 奥地利共产党"。1919 年 2 月 9 日，该党召开第二次代表大会，修改党名为"奥地利共产党"，确定党的主席为施泰因哈特，确立了党的临时纲领及斗争目标。同年 12 月 7—8 日，奥地利共产党召开第三次代表大会，做出了反对政府、抵制议会选举的决定。早期领袖为弗朗茨·科里松（Franz Koritschoner）。党内著名人物有，阿尔弗雷德·克拉尔（Alfred Klahr）、恩斯特·菲舍尔（Ernst Fischer）、弗兰兹·马雷克（Franz Marek）、菲利克斯·克雷斯勒（Felix Kreissler）、伊娃·普里斯特（Eva Priester）。

1931 年，奥地利共产党举行了历史性的第十一次代表大会，通过了《社会与民族解放纲领》，提出了旨在反对法西斯和社会民主党右翼，呼吁建立劳动人民的统一战线的主张。然而，随着法西斯势力代表陶尔斐斯上台执政，1933 年 3 月宣布实行"权威管理制度"，当局宣布奥地利共产党为非法组织，其机关报也遭停刊，迫使该党转入地下活动。处于地下状态的奥地利共产党与社会民主党内的"左倾激进工人反对派"联手，积极开展了反对法西斯主义的斗争，积极保护工人阶级的权益和民主自由。这一联盟在艰难的地下斗争中，成为反对法西斯统治的有力力量，为保卫人民的权利而不懈奋斗。1938 年 3 月 11—12 日，纳粹德国军队以武力占领了奥地利，13 日便宣布将奥地利并入德国。在这种严酷的形势和条件下，奥地利共产党勇敢地扛起了争取本国民族解放与独立的旗帜。面对法西斯的铁蹄，奥地利共产党坚定地抵制纳粹德国的侵略，为保卫奥地利的独立和自由而英勇斗争。其积极组织和领导反抗运动，与其他反法西斯的力量合作，无畏地抵抗压迫和暴政。奥地利共产党发表声明表示，"对奥地利人民来说，争取独立的斗争并没有结束。它永远也不承认强加给它的外国统治"。[1] 奥地利共产党在国家危难之际，以坚定的意志和不屈的精神，为保护本国的尊严和民族利益而付出了巨大的牺牲，成了抗击纳粹暴政的坚强堡垒。

1945 年，奥地利第二共和国成立，奥地利共产党、社会民主党与人民党联合组建临时政府，党的领导人约翰·科普勒尼希（Johann Koplenig）担任政府副总理。由于英美等国的干涉，奥地利共产党在同年 11 月的议会选举中受到排挤，仅获得 5.4% 的选票，在议会中占 4 个席位。1949 年 10 月，奥地利共产党与社会民主党联合参与议会选举，获得 5 个议会席位。在 20 世纪 50 年代末至 60 年代初，奥地利共产党经历了一系列重要事件，这些事件对该党的发展和战略产生了深远影响。1950 年奥地利共产党领导工人阶级针对物价与工资问题进行游行罢工，被资产阶级政党污蔑为"共产主义政变"。1956 年的苏共二十大对斯大林的个人崇拜进行了批判，这一事件直接影响了奥地利共产党在国内的声誉和形象。1957 年，奥地利共产党召开了第十七次全国代表大会，会上对斯大林的功过是非进行了客观评价，既对斯大林的过错进行了批评，但同时又肯定了他在苏联社会主义建设和国际工人运动中的

---

① 〔苏〕波波夫主编《国际工人运动和民族解放运动史》第 2 卷，卢武、史奇译，生活·读书·新知三联书店，1964，第 225 页。

贡献。然而，在 1959 年的国民议会选举中，奥地利共产党遭遇了巨大的挫折，未能达到选举门槛，未能赢得任何议席，这使该党在国内政治舞台上的影响力急剧下降。此后，奥地利共产党议会代表再也未能进入国民议会。

然而，奥地利共产党并未因此而放弃斗争。在 1961 年召开的第十八次代表大会上，该党提出了通过和平道路走向社会主义的口号，并强调了继续进行阶级斗争和改革的重要性。其认识到，奥地利走向社会主义可以通过和平方式，但这不意味着不发动斗争，也不意味着工人阶级不能进行阶级斗争。此外，该党明确了重新进入议会的任务，强调要重新夺回失去的政治地位。此后，在 20 世纪 60 年代关于捷克斯洛伐克"布拉格之春"的国际大讨论中，奥地利共产党内部出现分裂，约有 1/3 党员退党，奥地利共产党开始走向衰弱。1966 年，奥地利共产党放弃了独立候选资格，选择支持奥地利社会民主党参加全国委员会选举。这一战略性转变展现了其为实现更广泛的进步目标而做出的牺牲与努力，为政治合作与联盟构建注入了新的动力。但也正是从此开始，奥地利共产党逐渐沦为奥地利边缘型政党。

1982 年 1 月，奥地利共产党召开党特别代表大会，党的领袖弗朗茨·穆里强调了社会主义模式的多样性，并指出不存在普遍适用的社会主义模式，无论是苏联的、欧洲共产主义的还是其他的。代表大会通过了新的奥地利共产党纲领，其中强调了社会主义进步是在矛盾产生和解决的过程中前进的观点，认为社会主义的进步并非意味着没有矛盾，而是表现为通过解决矛盾逐步接近所追求的目标。

然而，到了 1990 年 1 月，在奥地利共产党第二十七次代表大会上，涉及的党的方针路线的许多原则问题引发了激烈争论，严重影响了党的团结和内部一致。这种内部分歧导致了党内部的深刻分裂，对党的政治影响不可低估。在同年 10 月的议会选举中，奥地利共产党仅获得了 25682 张选票，占总选票的 0.5%，排名第七，其政治地位受到了严重削弱。尽管如此，奥地利共产党仍然在努力调整和适应变化中，寻求重新振兴和团结，以应对未来的挑战。

苏联解体后，奥地利共产党的处境更加艰难。为了应对苏联解体的严峻挑战，恢复党的政治地位，奥地利共产党进行了改革，但是这次改革并未成功，反而再次造成了党内部的分裂，约有 1/3 的党员退党。1991 年 6 月，奥地利共产党召开第二十八次代表大会，大会重新修订了党章，删除"马克思列宁主义"的提法，但是保留了"马克思主义政党"的提法，宣布奥地利共产党是一个非教条的马克思主义政党。尽管其做了巨大努力扭转衰弱局面，但是受内外因素影响，在 1994 年和 1995 年的两次国民议会选举中仍获有史以来最低选票。

2003 年 6 月，奥地利共产党召开了第三十二次代表大会，此次会议对新自由主义的再分配政策和公共财产私有化政策进行了批判。它强烈反对欧盟的军事化，并坚决主张进一步维护和发展奥地利的中立地位，这体现了党内对于国家主权和独立的高度关注。2004 年 12 月，奥地利共产党召开了第三十三次代表大会，会议对奥地利共产党章程进行了修订。该新修订的党章规定了奥地利共产党作为国际共产主义革命和左翼运动的一部分的地位，并明确表示奥地利共产党将保持独立，积极参与欧洲左翼党团活动。2004 年加入欧洲左翼党（EL），总部设在维也纳。

这一时期的奥地利共产党仍旧面临着内外部挑战，尤其是党内纷争以及意识形态的分歧。然而，通过召开代表大会和修订党章，奥地利共产党再次明确作为马克思主义政党的性质及自身定位，并努力保持其在奥地利及国际政治舞台上的影响力。这一事实显示了奥地利共产党逐步适应变化，为寻求党的发展壮大和团结统一而做的巨大努力。在这一努力下，2005 年后，奥地利共产党的影响力有所恢复，在施泰尔马克州选举中表现突出。

2007 年 12 月，奥地利共产党第三十四次代表大会通过了《奥地利共产党解决债务问题的行动计划》，强调坚决抵制和打击极端右翼主义，主张欧洲和平团结。2011 年 2 月，奥地利共产党第三十五次代表大会通过了《发挥主导作用　为了社会和谐的决议》，对新自由主义进行了猛烈抨击。2014 年 10 月，第三十六次代表大会通过了《女性运动政治纲领》，强调保护女性权益，重视女性在社会中的地位。2021 年 6 月 20 日，奥地利共产党在维也纳举行第三十八次代表大会。在代表大会上，奥地利共产党讨论了党的基本方向并选举联邦执行委员会。奥地利共产党联邦执行委员会（BUVO）由 27 人组成。联邦执行委员会由州组织和联邦组织任命，每三年由党代表大会确认一次。联邦执行委员会大约每两个月举行一次会议，讨论政治决策，确保遵守政党会议决议并决定政党预算。联邦委员会由主席、财务官员、妇女代表和 5 名联邦发言人组成。联邦委员会接管党执行委员会的管理和执行工作，筹备联邦执行委员会会议并制定预算和项目，而联邦执行委员会从其成员中选出联邦委员会，负责管理奥地利共产党的日常业务。这使奥地利共产党组织内部结构更加科学，党员与党员之间关系更加紧密，党中央与基层党组织之间关系更加亲密。

在奥地利共产党一系列努力下，近些年，奥地利共产党在地方选举中获得了一个又一个的胜利，政治影响力逐渐扩大，在奥地利国内政治地位不断提升。2017 年，该党在施泰尔马克州首府、奥地利第二大城市格拉茨的议会选举中赢得 10 个席位，仅次于奥地利人民党。2021 年 9 月 26 日，在格拉茨市议会选举中，该党赢得 28.9% 的选票和 15 个席位，在该地区出人意料地击败奥地利人民党；同年 11 月 17 日，该党党员埃尔克·卡尔出任格拉茨市市长。2023 年 4 月 23 日，在萨尔茨堡州选举中，该党支持度大涨，获得31383 张选票，得票率 11.7%（上届选举仅获 1014 张选票，得票率 0.4%），取得萨尔茨堡州议会 4 个席位，成为 2023 年度奥地利选举中最大的黑马。

三　基督教社会党

基督教社会党（Christlichsoziale Partei Österreichs，CS）成立于 1887 年，其前身为基督社会运动组织以及基督社会工人协会，成员包括中小业主、天主教下层教士、政府官员、地主、信奉天主教的保守农民以及部分与其组织有依存关系并信奉天主教的工人。起初该党路线极为保守，支持等级制度，受到贵族及皇室的支持。该党政治理念为反对工业化，反对资本主义。时任维也纳市长的卡尔·吕格尔（Dr. Karl Lueger）为该党制定了在政治上"反犹太主义"的纲领，以所谓"在最后一个犹太人死掉之前，反犹太主义绝不会停止"来鼓吹其理念。

20 世纪初，基督教社会党分裂为基督教社会党（Die Christlichsoziale Partei）和德意志国家党。分裂后的基督教社会党维持了其天主教准则，德意志国家党则走上反教权的道路，然而，反犹太主义依然为双方根深蒂固的共同理念。

1907 年至 1911 年，基督教社会党为帝国议会下院的最大党，但随后其多数优势被奥地利社会民主党所取代。在一战期间，该党拥护奥匈帝国，但战后转为支持建立奥地利第一共和国。1918 年至 1920 年该党同社会民主党组成联合政府，1920 年同大德意志人民党（Großdeutschen Volkspartei）及乡村同盟结盟，共同掌控政权。基督教社会党党员自 1920 年起占据政府总理职务，1928 年至 1938 年将总统职位也拿到手中。1929 年该党试图与保安团（Heimwehr）接近，但这种合作关系并不稳固，因此很快便重新与大德意志人民党及乡村同盟联合执政。

1933 年该党参与建立祖国前线党（Vaterländischen Front，VF），在整合入祖国前线党之后，解散社会民主党的群众组织保卫共和国同盟。同时，取缔共产党及奥地利纳粹党。祖国前线党具有反犹太主义特征并带有教权法西斯主义烙印。1934 年，基督教社会党武力镇压林茨、维也纳等地的社会民主党所属组织的起义，以 1934 年的《五月宪法》为基础，建立独裁国家。1933 年至 1938 年两位党主席安格柏特道夫斯以及库尔特舒施尼格主政期间，建立了奥地利法西斯主义政权，直至 1938 年奥地利被纳粹德国吞并。

四　奥地利人民党

奥地利人民党（Österreichische Volkspartei，ÖVP）成立于 1945 年。相对于奥地利社会民主党与奥地利共产党来说，是一个相对比较年轻的政党，在政策上偏向保守，在一定程度上继承了战前基督教社会党的传统，其前身也正是保守及极具争议的右派民粹主义政党基督教社会党。创立初期的人民党多数党员来自恩格尔伯特·陶尔斐斯所领导的祖国阵线（陶尔斐斯此前也是基督教社会党成员），但在政治主张上不像基督教社会党一样带有明显的宗教信仰标签。奥地利人民党的支持者主要是公务人员、白领阶层、小企业主、农民及郊区人等。相对而言，蓝领阶级、维也纳都会区的市民较为支持奥地利社会民主党或奥地利自由党。

第二次世界大战后，人民党表示自己是"奥地利的政党"（die österreichische Partei），坚决反马克思主义并自认是中间派政党（Partei der Mitte）。人民党长期与奥地利社会民主党（SPÖ）组成中间派大联合政府。人民党除了于1966—1970年短暂地独自执政外，1945—1966年、1986—2000年及2007—2017年与社会民主党组建大联合政府。此外，2017年和2020年先后与奥地利自由党组成右翼联合政府，与绿党－绿色替代组成联合政府。除了2019年6月至2020年1月政府由无党派专业人士接管外，它自1986年起一直是联合政府的成员。

在经济政策方面，奥地利人民党主张经济自由主义，赞成缩减奥地利较大的公共部门、改革社会福利、解除管制。外交政策方面，该党一直支持欧洲一体化。人民党与其他相似的保守派政党相比，较为偏向环境保护主义的立场。

1999年奥地利议会选举中，右翼民粹主义政党奥地利自由党崛起成为第二大党。2000年，人民党结束了与社会民主党长达多年的合作，与奥地利自由党党首约尔格·海德尔组成了执政联盟。尽管海德尔未直接入阁，但自由党的加入引起了欧洲各国的不满，导致欧盟14个成员国对奥地利联邦政府实施了外交制裁。然而，几个月后，由三位欧洲国家前总理组成的代表团的调查结果表明，自由党不会威胁奥地利的民主。于是，欧盟国家撤销了对奥地利的制裁。2002年的奥地利议会选举中，人民党在总理沃尔夫冈·许塞尔的领导下取得了胜利，获得了42.27%的选票。相比之下，海德尔领导的自由党则仅获得10.16%的选票。这一次选举结果表明，奥地利民众对于自由党的支持明显减弱，而人民党在政治舞台上的地位进一步巩固。然而，在2006年的奥地利议会选举中，人民党遭遇挫折，随后经过多次协商，同意与奥地利社会民主党组成执政联盟。新任党首威廉·莫尔特勒（Wilhelm Molterer）出任财政部部长兼副总理，而社会民主党党首阿尔弗雷德·古森鲍尔则担任总理一职。2008年的奥地利议会选举，人民党和社会民主党再次遭遇挫折，但两党总票数仍然维持过半数，继续维持着执政联盟。然而，由于人民党在一些议题上坚持其立场（如学校制度改革），公众对其的批评不断增加。此外，人民党在某些议题上不愿意与社会民主党进行谈判或协商，这引起了评论家和政治对手的讽刺与批评。这种情况导致了政治局势的不稳定，同时也加剧了政府内部的紧张关系。2013 年奥地利议会选举，人民党与社会民主党维持执政联盟。

2017 年，塞巴斯蒂安·库尔茨成为新任的人民党党首。随后，人民党结束了与社会民主党长达 10 年的大联合政府执政联盟，并提前举行了大选。选举结果显示，人民党赢得了 62 个席位，重新夺回了第一大党的地位。年仅 31 岁的库尔茨成为新任的奥地利总理，并再次与右派民粹主义政党奥地利自由党组成了右翼联合政府。

然而，2019 年，由于奥地利自由党爆发了伊维萨事件，奥地利执政联盟于 2019 年 5 月 18 日瓦解，并宣布提前举行大选。该党主席兼副总理在案发后辞去职务。而奥地利人民党总理也在不久之后因为不信任动议被解除职务，政府倒台。尽管如此，人民党在接下来的选举中议席仍增加至 71 席，并于 2020 年成功组建了与绿党 - 绿色替代组成的联合政府。2021 年，前总理、人民党党首库尔茨"因涉嫌背信、腐败和贿赂接受调查"被迫辞职。2023 年 11 月底，人民党籍的议长再次卷入了一起干预司法的政治丑闻。

五　奥地利自由党

奥地利自由党（Freiheitliche Partei Österreichs，FPÖ）是奥地利的一个右翼民粹主义政党，于 1956 年 4 月 7 日在维也纳成立。该党在奥地利国民议会、全部九个州议会（2017 年）和许多地方议会中拥有席位。党名中"自由"一词的含义并不是通常的古典自由主义，而是民族自由主义。该党的反移民及反欧盟的立场虽被认为是极右派政党主张，但并非具有新纳粹及法西斯主义的特质。其前身为"无党联盟"。1945 年战后第一次国民议会选举中，许多前纳粹党分子失去了选举权。这使一些前大德意志人民党成员、乡村同盟成员以及战后年轻一代的人希望联合组成第三势力，挑战社会民主党和人民党的主导地位。然而，由于成员复杂、思想无法统一，该联盟始终处于松散状态。不断有成员退出，在多次选举中遭遇失败以及持续的内部纷争，最终导致了联盟的解体。尽管该联盟尝试过努力提高自身地位与影响力，但从未真正成为一个有实质影响力的政党。1956 年，联盟解散，自由党正式成立。

安东·莱恩特哈勒（Anton Reinthaller）是自由党的首任党主席，曾担任党卫军旅长。然而，他因长期参与纳粹活动而备受争议。20 世纪 30 年代，莱恩特哈勒作为奥地利法西斯（Austrofaschismus）的成员，支持了纳粹党的德国与奥地利合并政策。他曾在阿图尔·赛斯－英夸特领导的"合并派"内阁中担任农业部部长，并成为帝国议会议员（一直任职至 1945 年）。在他的就职演说中，他明确表示："国家的不二信仰是归属于日耳曼民族！"他多次强调奥地利日耳曼民族与德国合并的意愿。在 1950 年至 1953 年，由于他的纳粹背景，莱恩特哈勒曾被逮捕并监禁。

自由党成立初期，民意支持率仅为 6%，甚至低于其前身"无党联盟"。作为一个政治力量的边缘组织，自由党时而向中左翼的社会民主党倾斜，时而向中右翼的人民党倾斜。1970 年，在党主席弗雷德里希·皮特（Friedrich Peter，前党卫队高阶将领）的领导下，自由党同意与社会民主党合作，并加入了少数政府。这一决定在 1971 年新的国民议会选举中结束了人民党的主导地位。作为回报，社会民主党推动通过了旨在减轻对小党歧视的新选举法，改革了原有的比例代表制选举制度。1980 年，在自由党代表大会上，自由主义派的政治路线获得通过。1983 年的国民议会选举中，尽管自由党只获得了该党历史上最低的得票率 5%，但党主席诺尔伯特·史提格（Norbert Steger）成为副总理，自由党首次参与了由社会民主党领导的多数联合政府。史提格致力于推动本党的自由主义愿景，并努力开拓新的选民群体。

1983 年至 1986 年，自由党支持社会民主党的联合政府。在 1999 年的国民议会选举中，自由党获得 52 席，取得与人民党相同的议席数，以 26.9% 的得票率成为国会第二大党。

2002 年 11 月的选举中，自由党仅以 10.01% 的得票率获得 18 个议会席位，得票率大幅减少，仅微弱领先绿党，排名第三。2004 年的欧洲议会选举中，自由党全国范围内的选票大幅减少，支持率从 1999 年的 23.4% 降至仅有 6.3%。与此同时，自由党唯一获得的议席也被安德雷阿斯·梅尔策（Andreas Mölzer）利用党内事先安排的第一顺位优先权获得，导致自由党首席候选人汉斯·克隆柏格（Hans Kronberger）落选。克隆柏格因此向宪法法庭提起诉讼，试图要求法院判决梅尔策的议席归还给他，但最终因无正当论据而败诉。2004 年 7 月 3 日，自由党特别代表大会举行，乌尔苏拉·哈布纳以 79% 的得票率当选为新主席。然而，自由党内部矛盾仍不断加剧。2005 年 4 月 4 日，哈布纳、副总理胡伯特·高尔巴赫、议会党团总召集人赫尔伯特·施雷伯纳（Herbert Scheibner）以及肯特州长约尔格·海德尔共同转入新成立的奥地利未来同盟，自由党的前景变得不确定。在此期间，党内日常事务由资格最老的自由党理事会成员希尔马·卡巴斯（Hilmar Kabas）暂时代理。

2005 年 4 月 23 日，海因茨 - 克里斯狄安·史特拉赫当选为新任主席，他在党代会上获得了 90.1% 的支持率。作为新主席，史特拉赫以极端排外的形象引人注目。他的竞选海报"维也纳不能成为伊斯坦布尔！（Wien darf nicht Istanbul werden!）"及"用德语取代听不懂的玩意儿（Deutsch statt 'nix verstehen'）"等清晰地表达了他的政治理念，这引起了极大争议。大部分州党部在分裂后继续支持自由党。唯独海德尔领导的肯特自由党整体转向未来同盟。施泰恩凯勒内尔（Steinkellner）领导下的上奥地利州党部开始以"上奥地利自由党"（Freiheitliche Partei Oberösterreichs，FPOÖ）的名义独立运作，2005 年 9 月施泰恩凯勒内尔离职之后，重新与自由党中央协商归队事宜，并于 2006 年 2 月达成协议。福拉尔贝格的自由党党部同样宣布独立于自由党以及未来同盟，但于 2006 年初重新回归自由党旗下。在维也纳及施泰尔马克，自由党州议会党团在未来同盟成立后不久便解散。

2005 年 10 月 2 日举行的施泰尔马克州议会选举中，自由党以微小的差距未能获得席位。这是自由党分裂以后举行的首次选举，施泰尔马克也因此成了唯一一个自由党和未来同盟都没有议会席位的州。2005 年 10 月 9 日举行的布根兰州议会选举中，自由党的得票率减半，席位从原有的 4 席滑落到 2 席，未来同盟未能进入布根兰州议会。2005 年 10 月 23 日举行的维也纳市议会选举中，自由党由首席候选人史特拉赫领军，获得了 14.9% 的得票率，超过了选前预期，而未来同盟则仅获得 1.2% 的选票，未能跨过最低门槛，落选市议会。2006 年国民议会选举后，社会民主党重新成为第一大党，人民党议席减少，最终社会民主党与人民党组建大联合政府，自由党成为反对党。2008 年，党前主席海德尔车祸去世。海因茨－克里斯狄安·史特拉赫其后些微调整自由党的路线，同年提前举行的国民议会选举中，自由党大胜，议席增至 34 席，成为第三大党，社会民主党与人民党皆遭遇在当时来看最差的成绩，最终两党同意继续组建大联合政府，自由党成为最大反对党。

2010 年 10 月 10 日举行的维也纳市议会选举中，自由党首席候选人海因茨－克里斯狄安·史特拉赫获得了 27.1% 的选票，超过了选前自由党所预期的 20% 的目标，比上一届市议会提升了 12.2 个百分点。这使自由党取代人民党成为维也纳市议会的第二大党。自由党在维也纳市议会的席位增加到 29 个。其他政党如社会民主党、人民党、绿党的选票都比之前有所减少。自由党则获得了建党以来最好的成绩，而且之前结束的其他各州选举，自由党都出乎意料地获得了较高选票。这次选举成功背后的原因可能是欧盟东扩带来的移民问题，希腊等国在经济危机中对欧元的冲击，以及自由党调整其激进的排外宣传口号，拉拢已经取得奥地利国籍的老移民，将排外的矛头瞄准了还没有获得国籍的新移民及非欧洲族裔等。根据新的奥地利选举法，选举人的最低年龄降至 16 岁，而一些媒体的调查显示，青少年中约有四成支持自由党。尽管如此，自由党由于其固有的政治理念，无法与其他政党达成联盟组阁。

2013 年国民议会选举中，自由党继续胜利，议席增至 40 席，联合政府社会民主党与人民党遭遇有史以来最差的成绩，两党的选举结果不能令人满意，议席合计仅过半数，最终两党同意维持组建大联合政府，自由党成为最大反对党。2017 年与人民党联合执政。2019 年 5 月因时任主席"通俄门"视频丑闻，执政联盟破裂，自由党退出执政联盟。但在 2023 年大选民调中，自由党支持率遥遥领先。

六 部分新兴政党

（一）绿党

绿党（Die Grünen-Die Grüne Alternative）是奥地利的一个左翼政党。1986年成立，前身是"绿色和平组织"。

1978年，奥地利第一座核电站宣布发电，正式投入使用，奥地利环保人士因担心核危险发动了游行活动，自此奥地利绿色运动产生。六年后，环保活动人士发动了迄今为止最激烈的抗议活动，反对海恩堡多瑙河发电厂，这些环保人士包括后来的绿党政客。在此背景下，1986年，第一个奥地利绿色政党——绿党成立，并参加了同年的议会选举，获得4.82%的选票，在议会中占据了8个议席。1993年，该党改用现名。

1995年12月，绿党在大选中仅仅获得4.81%的选票，遭遇挫折。1999年，因绿党批评北约轰炸南斯拉夫的明确立场以及绿党领导人约翰内斯·沃根胡贝尔（Johannes Voggenhuber）在布鲁塞尔的出色工作，绿党在6月13日的欧洲选举中取得胜利，获得9.29%的选票。1999年10月3日的大选中，绿党以342260票，获得14个席位。2000年2月4日，人民党与自由党一起组建了右翼政府。在接下来的几年里，绿党严厉批评了此届政府，特别是在社会政治以及环境和民主领域。

尽管这一时期绿党未能顺利执政，但在地区选举中表现出色。在首都维也纳，它在2001年3月的选举中获得了12.45%的选票和100个席位中的11个。在2001年3月25日举行的维也纳市区选举中，绿党获得了区长席位，并在第七区以32.55%的得票率成为该区第一大党。

2003年5月，绿党在9个地区议会中的8个（克恩顿州除外）中都有代表，共有30个席位，得票率分别为：维也纳12.45%、蒂罗尔州7.96%、下奥地利7.22%、福拉尔贝格6.03%、上奥地利5.78%、施泰尔马克州5.61%、布根兰州5.49%和萨尔茨堡5.39%。在地方层面，绿党在所有地区首府的市议会中都有代表，并在奥地利各地拥有数百名市议员。2006年，该党在议会选举中一举获得21个议席，成为奥地利议会中仅次于奥地利社会民主党和奥地利人民党的第三大党，由于社会民主党和人民党组成大联合政府，绿党遂成为奥地利最大的反对党。

在政党关系上，奥地利社会民主党和绿党自 2000 年 2 月以来一直处于敌对状态，这实际上不利于奥地利左翼政党的团结。面对人民党与自由党组成的右翼政府，奥地利社会民主党与绿党等左翼政党在国家层面上建立"红绿"联盟，成为现实的选择。2002 年秋，右翼政府因自由党内部纠纷而垮台，总理许塞尔决定于 2002 年 11 月 24 日举行大选。然而，"红绿"多数未能实现：自由党自此首次成为强势政党。

2016 年 12 月 4 日，该党前主席亚历山大·范德贝伦以无党籍身份参与选举，以 51.68% 的得票率击败被认为较有赢面的极右派奥地利自由党的诺伯特·霍费尔，成为奥地利总统。2019 年 9 月绿党在国民议会选举中获得 13.9% 的得票率，是有史以来最好成绩，与人民党联合组阁执政。这是绿党成立多年来，首次进入执政联盟，绿党自此成为解决环境、社会和一般政治问题的重要政治力量。

（二）　新奥地利党和自由论坛

新奥地利党和自由论坛（NEOS-Das Neue Österreich und Liberales Forum）是奥地利的一个自由主义政党，成立于 2012 年，最初名为新奥地利（NEOS-Das Neue Österreich）。2014 年，该党与自由论坛（Liberales Forum）合并，并采用了现在的名称。该党的主席是贝亚特·迈因－赖辛格（Beate Meinl-Reisinger）。截止到 2019 年，该党是奥地利国民议会中规模最小的政党之一，但却获得了 15 个席位。在 2019 年的立法选举中，该党赢得了 8.3% 的选票。新奥地利党和自由论坛在奥地利的 9 个州中有 7 个州的议席，同时还参与了萨尔茨堡和维也纳的政府。此外，该党也是欧洲自由民主联盟党团的成员。

作为自由主义政党，新奥地利党和自由论坛致力于推进个人自由、市场经济和社会公正。它的政策主张包括推动经济创新、提高教育水平、加强环境保护以及改善医疗保健体系。它致力于通过它的参与和倡导，在奥地利政治中发挥建设性的作用，为国家的发展和进步做出贡献。

（三）　奥地利劳动党

奥地利劳动党（Partei der Arbeit Österreichs，PdA）成立于 2013 年 10 月

12 日，总部位于维也纳，前身为"共产主义倡议"（共产主义倡议是奥地利共产党的一个内部团体，成立于 2004 年，旨在在党内宣传马克思列宁主义思想，该组织于 2005 年与奥地利共产党决裂）。成立之初，在《党章》中声明自己的身份为奥地利工人阶级和受资本主义与帝国主义压迫的其他阶层人民的革命政党，强调代表并捍卫劳动人民的利益。其目的是废除一切使人受压迫和被奴役的条件，致力于克服资本主义，建设社会主义社会，实现无阶级社会。成立之初有 100 多名成员。奥地利劳动党参加了共产党和工人党国际会议（IMCWP）。该党现任领导人是蒂博尔·曾克（Tibor Zenker），官方报纸是《劳工报》（*Zeitung der Arbeit*）。

七 近年来奥地利国内政党之间发展态势

自二战以来，奥地利政治结构处于不断演变之中。战后初期至 20 世纪 80 年代，奥地利政治呈现出由中右翼人民党和中左翼社会民主党联合和交替执政的两极化趋势。然而，近年来，这种左右翼权力平衡已被打破。极右翼自由党的崛起改变了奥地利较为平衡的政治格局，自由党一跃成为奥地利第三大政党，而右翼联盟也随之兴起。2017 年大选中，自由党与人民党组成右翼联合政府，使奥地利成为一个由极右翼政党执政的国家。2019 年，中右翼政党人民党超过了中左翼社会民主党，成为奥地利第一大党，极右翼自由党则位列第三，其发展势头更是强劲。长期以来，奥地利社会民主党一直是该国的主要政治力量，也是欧洲左翼阵营中的重要一员。然而，近年来，该党内部出现了频繁的纷争，在 2017 年与 2019 年大选中均表现不佳，处于劣势地位，未能参与执政，成为最大的在野党，发展势头乏力。2023 年 6 月，党内领导人选举中竟然出现乌龙事件，奥地利社会民主党的新领导人上任刚两天，该党就发现，在林茨市举行的代表大会投票结果出了错，使错误的候选人成了新领导人。这更让民众对奥地利社会民主党能力产生怀疑，对新的选举负面影响较大。这一系列变化使奥地利政治格局日趋复杂，左右翼势力的平衡被打破，而右翼势力的崛起给奥地利发展带来了挑战。如何在这样的环境中找到新的平衡点，成为奥地利政治发展的重要课题。

此外，除了社会民主党，奥地利国内还存在着其他左翼势力，如绿党、共产党和劳动党等。这些政党近年来都呈现出了良好的发展势头。尽管其都属于左翼政党，但在理论主张上存在差异，甚至在对待马克思主义的态度上也有所不同，有时甚至会因为政见不同而产生敌对情绪，导致奥地利左翼势力联盟一直无法顺利实现。然而，面对极右翼民粹主义的迅速发展，奥地利的中左翼政党开始团结起来，共同反对右翼极端政党。2019年，自由党因为政治丑闻被迫退出奥地利执政联盟，但从2022年起，它又重新进入地方政府执政，并成功实现了在三个州的联合执政。2024年，奥地利将举行新一届国民议会选举，在早前的民调中，奥地利自由党等右翼民粹主义政党的支持率排名第一，比排名第二的政党高出6到10个百分点，右翼势力发展势头迅猛。这些变化使奥地利政治格局更加复杂，左右翼势力之间的博弈更加激烈。在这样的情况下，奥地利的左翼政党面临着更多的挑战和机遇，其开始认识到需要团结起来，为奥地利社会的进步和稳定做出更大的贡献，以应对右翼极端势力的崛起，避免极右翼政党通过选举再次成为执政党。2024年1月27日，由奥地利社会民主党、绿党和气候倡议组织"周五为未来"等党派、协会和工会组成的中左翼联盟在维也纳等地举行反右翼抗议活动，约8万人参加。

近年来，奥地利政坛呈现出明显的结构性右转倾向。极右翼自由党已成为奥地利主流政党，而中左翼的社会民主党则发展乏力，左翼绿党与共产党虽影响力有所提升但难以抵御右翼势力的崛起，民粹主义倾向也越发显著。这一现象与国际环境变化密不可分。欧洲一体化、外来移民和难民危机、金融危机带来的欧洲债务问题、国内经济增长缓慢和高失业率等系列挑战，破坏了奥地利相对平衡的社会经济体系，损害了民众利益，引发了民众对执政党的不满情绪不断加剧。面对这些危机，传统中左翼主流政党社会民主党未能将其"社会民主"理念彻底贯彻到现实政策中，也未能提出与新自由主义有所不同的替代性议程，执政期间未能兑现政治承诺，社会不平等现象没有得到缓解，失业率居高不下。其长期坚持的福利主义社会模式缺乏可持续性，可见其改良主义配方未能从根本上解决问题，反而使民众对其公正性产生怀疑，导致群众失望，丧失信任感。在这样的政治环境中，奥地利政治正面临严峻挑战，左翼势力需要重新思考并调整政策，以更好地回应民众的需求和关切，找到重新获得支持和信任的路径。

与面对严峻挑战的中左翼政党不同的是，以自由党为代表的右翼政党，巧妙地借助民主主义话语体系，构建政治认同，成功完成了民粹主义的转型，从而获得了国内更多的合法性和政治认同。其由单一议题向全方位转型，通过综合不同领域的政策主张，改变了议题单一化和概括化的状况，更广泛地回应了民众对各种问题的诉求。其提出了众多关乎民生的社会福利政策，并十分注重政策的平民化，使其政治立场更贴近普通民众，满足民众对各种问题的需求。同时，自由党充分利用新兴媒体，揭露中左翼政党的腐败等问题，将自身包装成反对腐败的正义之党。其专注于如何利用媒体吸引眼球、引导舆论，充分发挥网络媒体的功能，在政治中呈现出越来越多的"媒体化"倾向。此外，其通过媒体着力塑造魅力型领袖的政治形象，以此赢得了更多人的支持和认同。通过这些策略，右翼政党成功地扩大了自己的政治基础和影响力。

总体来看，在资本主义条件下，科学技术的不断进步和生产社会化程度的不断提高，必然要求调整和变革那些不适应科学技术进步和生产社会化要求的旧的生产关系，而这又必然造成上层建筑发展变化。资本主义社会生产力发展迅速，但旧有的生产关系已经无法再适应生产力发展，奥地利传统主流中左翼政党以往通过改良方式对资本主义生产关系修修补补，就可以使之与生产力相适应，但实践证明，这种做法并不能真正解决资本主义内部矛盾，也无法从根本上改变资本主义生产关系，资本主义只能向内转向保守，通过自上而下地确立落后的、保守的意识形态来限制生产力发展，维持和平稳定假象。随着危机的多重叠加，社会民主党政策理念弊端日益凸显，无法解决危机，引发群众不满。民粹主义政党的崛起与新兴左翼政党的出现更体现了民众对改良主义失望后的艰辛探索。资本主义国家愈来愈走向两个极端，也表明资本主义固有矛盾不断激化，一旦民众面对经济危机和社会问题的不满情绪加剧时，资本主义只能操控利用民粹主义去掩盖顽疾。

图书在版编目（CIP）数据

奥地利马克思主义理论与实践研究／杨戏戏著 .
北京：社会科学文献出版社，2024.7. --ISBN 978-7
-5228-3769-7

Ⅰ. D752.1；A81

中国国家版本馆 CIP 数据核字第 2024SS5696 号

奥地利马克思主义理论与实践研究

著　　者／杨戏戏

出　版　人／冀祥德
责任编辑／王小艳
文稿编辑／孙少帅
责任印制／王京美

出　　　版／社会科学文献出版社·马克思主义分社（010）59367126
　　　　　　地址：北京市北三环中路甲 29 号院华龙大厦　邮编：100029
　　　　　　网址：www.ssap.com.cn
发　　　行／社会科学文献出版社（010）59367028
印　　　装／三河市尚艺印装有限公司

规　　　格／开　本：787mm×1092mm　1/16
　　　　　　印　张：16.75　字　数：255 千字
版　　　次／2024 年 7 月第 1 版　2024 年 7 月第 1 次印刷
书　　　号／ISBN 978-7-5228-3769-7
定　　　价／98.00 元

读者服务电话：4008918866